Descodificación Biológica

El Arte de Escuchar el Cuerpo

Descodificación Biológica

El Arte de Escuchar el Cuerpo

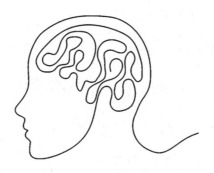

ÁNGELES WOLDER HELLING

Primera edición: mayo de 2017
Primera reimpresión: enero de 2018
Segunda reimpresión: febrero de 2019

Título: *Descodificación Biológica: El Arte de Escuchar el Cuerpo*

© 2016, Ángeles Wolder Helling
© 2016, Instituto Ángeles Wolder

De la presente edición en castellano:
© Gaia Ediciones, 2017
   Alquimia, 6 - 28933 Móstoles (Madrid) - España
   Tels.: 91 614 53 46 - 91 614 58 49
   www.alfaomega.es - e-mail: alfaomega@alfaomega.es

Depósito legal: M. 14.548-2017
I.S.B.N.: 978-84-8445-700-8

Impreso en España por: Artes Gráficas COFÁS, S.A. - Móstoles (Madrid)

A Carles, un gran compañero de camino.

*A mis hijos, Arantxa, Inés y Christian,
los mejores maestros que haya podido conocer.*

A Aníbal, fuente de amor incondicional.

Índice

Agradecimientos

¿Cómo o por dónde comenzar los agradecimientos? Están las gracias que tienen que ver con la construcción humana como mis padres, hermanos y todos los que estuvieron antes. La gente que adopté para que me ayudaran a ver que muchas opciones son posibles, mi familia de alma. A todos los que me formaron como profesional desde el jardín de infancia a las universidades, continuando con las escuelas de NMG, de Descodificación y Transgeneracional. A los que me han permitido poner a prueba y confirmar lo que cuento aquí. A todos los que son apoyo, sostén y que aportan alegría en el camino y también a todos los que son crítica u opiniones distintas, porque se aprende a ver otras posiciones en la vida. A los que creían que tenía que anclar y sin embargo me pusieron alas para volar. La lista de agradecimientos es enorme y siento mucho si en el camino de hacerlo me olvido de alguien que sienta la falta. Es sin ninguna intención.

Este es un libro que se ha construido en equipo, por lo que agradezco la paciente dedicación de su lectura y correcciones a Carles y a mis hijas, que con amor aportaban la ausencia de una coma o retiraban el sobrante de una frase. Al Dr. Hamer, por su visión particular de la salud y la enfermedad que comparto porque la he experimentado. A Vicente Méndez, que me mostró el camino para que las perlas salgan de su concha. A Esther Fernández, que me hizo ver que escribir es reescribir. A Diana Paris, que generosamente se ofreció a revisarlo. A Paloma, que con amor y pasando desapercibida me regala su talento. A todo el equipo de la Escuela de Descodificación Biológica, que han estado animando, construyendo y promocionando este proyecto. A los alumnos que han apoyado a la escuela y han confiado en los profesores que, con opiniones diferentes, nos ayudaba a crecer. También a los que han continuado por otros caminos. A la gente que ha tenido esperanza de una vida mejor poniendo en mis manos sus dolores del alma. ¡Gracias inmensas! Todos han construido este libro y forman parte de él.

Agradezco el haber podido absorber de diferentes escuelas tanto de descodificación como de crecimiento personal. De todos he aprendido y mi camino continúa en ese aprendizaje.

Reconozco la inmensa labor de los centros de formación que nos piden que les acompañemos en el camino de transmitir este conocimiento.

También aprendí de mis compañeras, de mis amigos, de mi familia de origen y de la maravillosa familia que construimos entre todos.

Mi intención con la publicación es contribuir en el despertar de la conciencia con una propuesta que es pensar, razonar, sentir e integrar la biología. Es ¡sé bio-lógico!, que si unos cuantos lo somos, poco a poco habrá más y más, y entre todos contribuiremos a hacer una vida más sana en la Tierra.

ÁNGELES WOLDER HELLING

«Evolucionar es progresar en conciencia y es el camino en el que estamos comprometidos como seres humanos».

ÁNGELES WOLDER HELLING

Prólogo
Un puente hacia la vida

Celebro un libro que no explique los problemas humanos, sin caer en la necesidad de explicar la mente por una parte y el cuerpo por otra. ¿Qué intento transmitir con esta afirmación?: nuestro cerebro, «zanjado» por la cisura interhemisférica, se halla dividido en el hemisferio derecho e izquierdo. Es esta misma división que parece dicotomizara todo: polarizamos bien y mal, alto y bajo, mucho y poco, cuerpo y mente. Nos quedamos limitados por este análisis particional que sesga al objeto de estudio y más cuando este objeto es un ser humano. Estamos demasiado habituados en vivir en una sociocultura que enaltece a la racionalidad e intelectualidad y que ha descalificado a las emociones; hemos usado y otorgado preeminencia al hemisferio izquierdo, que como tal es lógico y brega por la descomposición de partes y que analiza sumativamente para dar cuenta del todo.

Ángeles Wolder Helling, a través de su obra, tiene la capacidad de describir un modelo de trabajo terapéutico complejo —como lo es la Descodificación Biológica— pero con un lenguaje divulgativo, didáctico y claro que hace grata la lectura y el aprendizaje de un modelo efectivo en esta área profesional que motiva a mejorar la calidad de vida. No voy a dedicarme en este prólogo (con el que la autora me ha honrado) a «explicar lo explicado», sino a hacer mención a algunos conceptos que el lector encontrará y que a mí me han generado una concordancia bienvenida.

Uno de los nodos centrales del libro es la concepción de *síntoma*. El síntoma es un fenómeno de alta complejidad que ha sido por muchos modelos terapéuticos «simplificado», es decir, reducido a una simpleza lineal causa-efecto, en el anhelo de buscar un origen psicológico y dejando de lado la multiplicidad de variables que lo componen.

El síntoma puede entenderse como un comportamiento que sale de los canales esperables y funcionales de respuesta frente a las situaciones. Puede interpretarse como una denuncia y constituirse en una explicitación, una señal de alarma de que algún tramo del circuito comunicacional se halla disfuncionando (Selvini Pallasoli 1975, 1988, Abuín, M. R., & Rivera, L. D. 2014; Church *et al.* 2013). El síntoma se define como «alostático». La alostasis es un concepto que se asemeja al de homeodinamia. Según Sterling (1988) y McEwen (2006), la alostasis es el nivel de actividad al que se somete el organismo en toda su fisiología y psicología para mantener la estabilidad y el equilibrio en circunstancias medioambientales en constante cambio. Por lo tanto, la alostasis es indispensable para la supervivencia y complementa a la homeodinamia de la vida humana. Tal lo señala J. Bonet (2003):

> La alostasis es el nivel de actividad requerido por el organismo para mantener la estabilidad en ambientes constantemente cambiantes. Es decir, la actividad necesaria para mantener la estabilidad a través de situaciones de cambio. En otras palabras, la alostasis es un proceso activo que sirve para mantener la homeostasis; o sea, que la alostasis permite mantener la homeostasis.

Aquí el concepto de *homeostasis* debe entenderse como homeodinamia: la homeostasis es un equilibrio estático y no hay nada más interaccionante con el ambiente y con más variables en sinergia que el organismo humano. Es la alostasis, esa tendencia del organismo a construir una respuesta adaptativa de cara a una situación que altera su normal funcionamiento y desestructura su equilibrio. Es un proceso activo, que implica lograr un nuevo equilibrio, puesto que cada vez que en los sistemas se introduce información nueva (que sucede frente a la situación crítica que produce un agente estresante), el organismo aprende. En este sentido, la anunciación del síntoma es la posibilidad de restaurar el equilibrio. Gracias a la fiebre podemos evaluar si existe en el organismo una infección; mediante un dolor abdominal es posible diagnosticar apendicitis o cualquier trastorno gastrointestinal.

Con los síntomas en los sistemas humanos sucede el mismo fenómeno. El síntoma bien interpretado puede conducirnos a la restauración de la funcionalidad. El síntoma como fenómeno complejo es producto de una sinergia entre factores interaccionales, inconscientes, comunicacionales, experienciales, históricos, bioquímicos, orgánicos, endocrinos, neurofisiológicos, cognitivos y emocionales, que convergen para constituir un cáncer, un trastorno bulímico, de pánico, anoréxico, depresivos, de obesidad, de drogadicción, una colitis ulcerosa, cualquier patología autoinmune, psicótico, obsesivo compulsivo, anginas de repetición, gastritis, familiar, de pareja, etc. Cada uno de estos factores influye al resto, potenciando y bloqueando alternativamente los resultados.

En este sentido, hablar de patologías psicosomáticas es afirmar que hay puramente psicógenas y puramente orgánicas. Hoy lejos se encuentra esta afirmación. Absolutamente todos los trastornos, síntomas o enfermedades son el resultado de un entrelazado que observa al contexto, las emociones y los pensamientos, y todo el universo neuroinmunoendocrino.

La descodificación biológica, señala Ángeles, interpreta los síntomas como «la solución inequívoca» al estrés de una situación, como una señal de alarma. El terapeuta no tiene una escucha psicológica sino biológica acerca del síntoma, en el intento de comprender su aparición. En este sentido se alinea con la complejidad que acabo de plantear.

También resulta muy interesante la noción de *conflicto biológico*. Es claro que es tentador emparentar los conflictos con la mente; sin embargo, en descodificación se habla de una alteración biológica. Es el impacto del trauma en nuestras células, que perturba nuestro funcionamiento biológico.

Un factor de importancia que deja ver el texto es la noción de contexto. El contexto es un gran marco categorizante de las acciones que se desarrollan en él. La importancia del contexto fue uno de los elementos más valiosos de los aportes batesonianos (1972, 1979, 1984), entendiéndolo como una matriz de significados sobre las acciones que desarrollan los miembros que interaccionan en él. Si bien Bateson aplicó este concepto a las ciencias sociales, la biología se encargó de observar la influencia del ambiente en las funciones de los genes. La epigenética (del griego *epi*, 'en' o 'sobre', y genética) hace referencia, en un sentido amplio, al estudio de todos aquellos factores no genéticos que intervienen en la determinación de la ontogenia. Es la rama de la biología que estudia las interacciones causales entre los genes y sus productos, que dan lugar al fenotipo. La definición más comúnmente encontrada del término *epigenética* es «el estudio de cambios heredables en la función génica que se producen sin un cambio en la secuencia del ADN». El término fue acuñado por C. Waddington en 1953 para referirse al estudio de las interacciones entre genes y ambiente que se producen en los organismos.

El campo de la epigenética ha surgido como un puente entre las influencias genéticas y ambientales. Es la herencia de patrones de expresión de genes que no vienen determinados por la secuencia genética (la cadena de pares de bases del ADN de cada individuo). Los genes se expresan o no dependiendo de ciertas condiciones bioquímicas, como la metilación del ADN o de las histonas, la forma de la cromatina y otras que se van conociendo. O sea, se modifica la función de los genes sin modificar los genes. Por lo tanto, el epigenoma es el perfil de expresión génica en respuesta al estímulo del contexto. Las experiencias contextuales se traducen en reacciones químicas y actúan en el genoma, dando lugar a cambios a largo plazo en la actividad y función de los genes, y esto producirá consecuencias fisiológicas y comportamentales.

El contexto lleva a construir desde una red social hasta una manera de alimentarse y relacionarse y para esto hace falta el desarrollo de funciones más elevadas y con ello un cerebro más evolucionado. Es esta evolución de la especie la que también se estructura como un efecto que actúa sobre la causa que lo origina. Por lo tanto, de manera recursiva, la influencia del hombre sobre el medioambiente transforma al medioambiente que influencia al hombre. Y esta es la historia de la humanidad.

En la descodificación, Ángeles contextualiza al síntoma. Le otorga sentido en relación con el lugar y el tiempo en donde se produjo el impacto traumático y el impacto que sufre el organismo. Pero tampoco deja de contemplarse en todo el texto la relevancia del estrés que se encuentra presente en las situaciones perturbadoras. El estrés como una puerta y sostén del enfermar.

Otro concepto ampliamente explorado en el texto son las emociones. El territorio de las emociones se constituye en un puente que se desarrolla entre factores conductuales-interaccionales, cognitivos y neurofisiológicos. Todos los humanos poseemos una forma de emocionar, un estilo de expresar las emociones y sentimientos. También son diferentes los contenidos que nos sirven como estímulos para nuestras reacciones emocionales. No solo es la emoción del otro la que me contagia la emoción, sino que también me proyecto en la emoción del otro y además emociono por mis propios contenidos que me emocionan. Las emociones poseen un tono determinado y son predominantes en la personalidad de acuerdo a las situaciones. Esta predominancia hace que nos identifiquemos con ellas. En este sentido, las emociones son identitarias, es decir, su persistencia hace que sintamos que somos nosotros y hasta nos produce una disonancia cuando nos asaltan emociones que no pertenecen a nuestra categoría emocional.

Las emociones ejercen funciones biológicas fundamentales que son el resultado de la evolución y de lo que ya hemos desarrollado como factores epigenéticos. Estas funciones permiten al organismo sobrevivir en entornos hostiles y peligrosos, razón por la que se han conservado prácticamente intactas a través de la historia evolutiva (Le Doux. 1999). Siempre se ha relacionado las emociones con el cerebro antiguo, lo que se llama *arquicortex* o el cerebro primitivo: el sistema límbico. Este sistema está formado por diversas estructuras cerebrales (tálamo, hipotálamo, amígdala, hipocampo, séptum, mesencéfalo y cuerpo calloso) que provocan respuestas orgánicas y fisiológicas ante la presencia de estímulos emocionales. El sistema límbico interacciona muy velozmente con el sistema endocrino y el sistema nervioso autónomo y en general no median estructuras cerebrales superiores de la neocorteza. Está relacionado con la memoria, la atención, la conducta, los instintos sexuales, las emociones. La autora hábilmente relaciona el mundo emocional, el estrés y el enfermar como resultado de un proceso: un conflicto biológico.

Todo el texto se describe desde la psicoinmunoneuroendocrinología (PINE), estudiando los vínculos entre sistemas: el sistema mente, el sistema inmunológico, el sistema nervioso central y el endocrinológico. Según Robert Ader, hay una infinidad de modos en que el sistema nervioso central y sistema inmunológico se comunican: sendas biológicas que hacen que la mente, las emociones y el cuerpo no estén separados sino íntimamente interrelacionados. Mensajeros químicos que operan más ampliamente en el cerebro y en el sistema inmunológico: aquellos que son más densos en las zonas nerviosas que regulan la emoción. Las hormonas del estrés (adrenalina, noradrenalina y cortisol) en relación con las emociones y el sistema inmunitario, mostrando como estas hormonas bloquean la función de las células inmunológicas, disminuyendo las defensas. Por tal razón nos enfermamos desde un simple resfriado hasta un cáncer, tras una situación de alto voltaje emocional. Basándose en este hecho, las emociones negativas, como se las considera a la ira, la ansiedad y la depresión, podían ser las causas de ciertas enfermedades. Las investigaciones no han arrojado datos clínicos suficientemente categóricos como para establecer una relación causal directa, pero sí se reconoce que las personas poseen un grado de vulnerabilidad mayor después de un hecho traumático.

Hay investigaciones que han establecido la relación entre el enojo y la ira con los ataques cardiacos (Facultad de Medicina de la Universidad de Stanford). Han observado que los pacientes que habían sufrido al menos un ataque cardiaco lo habían desarrollado después de sentirse furiosos. Incluso si se conectaban con el recuerdo de estas imágenes, se producía una disminución de la eficacia de bombeo de su corazón acompañado de ansiedad. (Goleman, 1996). Por ejemplo, la ansiedad influye principalmente en el contagio de enfermedades infecciosas tales como herpes, alergias, resfriados y gripes, entre otras. Si bien estamos expuestos siempre a esos virus, normalmente nuestro sistema inmunológico los combate; sin embargo, las defensas fallan. Cuantas más ansiedades existan, mayor será la incidencia de patologías infecciosas. Contrariamente a las emociones negativas, encontramos otro tipo de emociones: la risa y el buen humor. La capacidad de estar de buen humor permite observar los problemas desde una perspectiva positiva y con buen pronóstico.

Una actitud optimista hace que se construyan situaciones positivas, puesto que a fin de cuentas, más allá de la suerte, la realidad personal es una construcción personal. Una persona que posee esperanzas de que su futuro sea promisorio tiene mayor resistencia frente a los obstáculos que puedan aparecerle en el trayecto hacia sus objetivos. Mientras que pensar negativamente y de manera pesimista genera baja autoestima y abandono personal, y estas formas minan casi indefectiblemente su sistema inmunológico. Toda esta interconexión entre sistemas fue investigada en los años ochenta por la neurocientífica Candace Pert (2007) y su equipo del Instituto Nacional de Salud Mental de Maryland, en Estados Unidos, que descubrieron que un grupo de moléculas, llamadas *péptidos*, son los mensajeros moleculares e intermediarios entre tres sistemas distintos que hasta ese momento se estudiaron de manera independiente: nervioso, inmunológico y endocrino.

El recorrido al que nos invita Ángeles Wolder Helling desestructura la imagen tradicional de sistemas que están separados y que tienen funciones diferentes. El sistema nervioso, constituido por el cerebro y una red de células nerviosas que abarca todo el cuerpo, es la sede de la memoria, el pensamiento y la emoción. El sistema endocrino, constituido por las glándulas y las hormonas, es el sistema regulador principal del cuerpo, el cual controla e integra varias funciones corporales. El sistema inmunológico, constituido por el bazo, la médula ósea, los nodos linfáticos y las células inmunológicas que circulan a través del cuerpo, es el sistema de defensa del cuerpo, responsable de la integridad de los tejidos y de controlar los mecanismos de curación de heridas y reparación de tejidos. La autora propone, mediante su modelo de la Descodificación Biológica y basándose en las premisas de Hamer, entender no solo la enfermedad desde otra perspectiva sino lo que implica la curación.

Vivimos y morimos en sistemas y en sistemas de sistemas *ad infinitum*. Somos un todo y urge que naturalmente las ciencias biológicas, con la medicina y la psicología a la cabeza, decidan abandonar la dicotomía cartesiana y vean el fenómeno del enfermar como un proceso policausal y complejo. Felicito a la autora por su publicación y por difundir un conocimiento que alienta a la felicidad y a «tender puentes» hacia la salud del ser humano.

Marcelo R. Ceberio

Buenos Aires, octubre de 2016

Director Doctorado en Psicología. Universidad de Flores

Director Académico e Investigación. Escuela Sistémica Argentina

Director LINCS (Laboratorio de Investigación en Neurociencias y Ciencias Sociales). ESA-UFLO

El Arte de
Escuchar
el Cuerpo

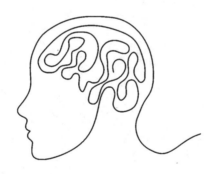

El Arte de Escuchar el Cuerpo

Una imagen se repite con distintos formatos. Una niña sentada frente a un piano en el que toca alegremente lo que cree es música. Lo hace para divertirse, para jugar, para desafiar el solfeo que desconoce, para pasar un rato y sentirse bien. Comenzó las clases de piano con una gran ilusión. En la siguiente escena se ve un dedo índice golpeando una tecla del piano una y otra vez... una y otra vez...una y otra vez... en un tiempo que se hace eterno y que de repente se detiene, que deja de existir para dar paso a una sensación de desierto y abandono, de caída en un pozo, de hundimiento y vacío estomacal como cuando baja el avión de golpe. Todo tiembla por dentro y se eriza por fuera. Esa niña soy yo de pequeña.

Años después, sigue apareciendo una inmensa dificultad cuando tengo que repetir algo si a la primera no ha quedado bien. Tener que hacer algo una segunda, tercera o cuarta vez me provoca de nuevo esa desazón inmensa, esa sensación de desierto y abandono, de caída en un pozo, de hundimiento y vacío estomacal. Todo tiembla por dentro y se eriza por fuera. Es una dificultad existencial que en algunos instantes me impidió saborear la sensación de la imperfección, ya que tenía que huir de ella para que el índice dejara de rebotar sobre la nota del piano una y otra vez. Tampoco fue fácil dejar de criticarme ante el llamado *error* porque la exigente profesora tomaba el dedo, la mano, el brazo entero y hasta el alma para sacudirlos si lo esperado no llegaba a la primera.

Si hubiera estado en la piel de Thomas Edison seguramente habría continuado probando sin dificultad una y mil veces esa nota musical, del mismo modo que él hizo miles de intentos para crear la bombilla. Su percepción sobre el error era totalmente diferente a la mía, ya que nunca consideró la posibilidad de un fracaso ante su creación, incluso aunque nunca llegara a funcionar, sino que conoció más de mil maneras de no hacer una bombilla. La primera imagen se corresponde con el fotograma de una niña de seis años en clase de piano junto a una profesora con un estilo particular de enseñanza. No me gusta decir que es a la vieja usanza porque antaño también hubo métodos distintos de aprendizaje, así como maestros y maestras que fueron una auténtica fuente de amor.

Un instante caído, un fotograma perdido, un sentimiento y emociones, unas sensaciones corporales específicas de ese intervalo casi llamado *milisegundo*. Las siguientes imágenes pueden ser de cualquier momento de la vida ya que son la pura repetición de etapas previas. Uno es la primera vez que ocurrió algo inesperado, dramático, sin solución y sin expresión que actuó de programa inicial, de semilla guardada, de debilitante o fragilizante. Las imágenes sucesivas son la constatación de un dolor no sanado que necesita ser revivido paradójicamente una segunda vez para poder curarlo.

A veces intento extraer un aprendizaje de lo vivido y me pregunto qué fue lo positivo de aquel dolor que se produjo en un instante en el que no supe escuchar una nota musical. La vida me regala una respuesta: «Has dejado de oír las notas musicales para poder escuchar las notas del cuerpo».

A partir de ese momento, el fluir de la existencia, con su infinito ir y venir, me llevó al encuentro con el cuerpo, con el movimiento corporal, a entender el organismo con sus múltiples relaciones y su lenguaje justo, a escuchar la vida a través de las células, a prestar atención para oír cómo nos habla, nos susurra o nos grita con sus mensajes, todo ello a través del maravilloso vehículo que todos tenemos para esta existencia, que llamamos cuerpo. Aprendí a escuchar en otros ámbitos en los que el dedo no sería machacado en un piano y hoy doy las gracias a la profesora que me ayudó a girar unos grados en el cuadrante de mi biografía durante esa etapa temprana para orientarme a una auténtica pasión: El Arte de Escuchar el Cuerpo.

Esa es la invitación: aprender a escuchar los mensajes ocultos detrás de los síntomas o de las trabas existenciales o repeticiones desagradables para poder evolucionar y caminar hacia el siguiente paso. Sería obtener la capacidad o habilidad de hacer algo. Todos podemos aprender a hacerlo. Todos podemos conseguir esta habilidad, maña o astucia, sea lo que sea. Eso es lo que conocemos como *arte*.

Pero ¿qué es escuchar? Es una acción y, por lo tanto, nos pone en movimiento. Etimológicamente, viene del latín *auscultare*, así pues, es como si se tratara de auscultar nuestros sonidos interiores con un estetoscopio o una oreja fina para captar sus mensajes profundos. Es prestar atención a lo que ocurre en nuestro ser íntimo. Escuchar es prestar atención a lo que se oye, atender un aviso, consejo o sugerencia para captar el sentido de lo que el sonido trata de explicar.

Hay quien puede reconocer con muy buen afinamiento auditivo los sonidos poco habituales de algunas máquinas o equipos, pero son incapaces de escuchar lo que les ocurre en el cuerpo. Algunos reconocen fácilmente los extraños y quizás ínfimos ecos de un malestar en un vehículo, sea un coche, una bicicleta o una moto, mientras que otros no lo oirán ni aumentándolo unos cuantos decibelios, e incluso es posible que al oír un sonido poco habitual pensemos en llevar el vehículo al taller para que lo reparen. Tal vez lo llevemos y un operario especializado, quien se esmerará en observarlo, escucharlo, buscar por lugares recónditos cualquier anomalía, nos dará un diagnóstico y nos propondrá unas acciones para realizar: hay que cambiar, reparar, modificar, aceitar, ajustar, sustituir, poner o sacar tornillos agregando otros tantos, conmutar o tantas operaciones más. Realizadas todas las operaciones necesarias, el vehículo continuará su andar hasta que vuelva a ocurrir lo mismo, si se da el caso. Algunos reconocen con mucha facilidad cualquier pequeña alteración de su coche, pero no son capaces de detectar sus propios malestares y mucho menos llegar al origen conflictual de lo que les está pasando. ¡Y es que acercarse a las emociones que hay detrás de un sufrimiento duele! Son ruidos tan insoportables que el impulso es obviarlo, pasar de largo, distraernos, respirar para alejarnos o engañarnos escondiéndonos detrás de justificaciones.

A menudo, ante el dolor, la tentación es eliminarlo rápidamente y para ello iremos al sitio que consideremos más adecuado para que después de una profunda observación e investigación se llegue a un diagnóstico y nos propongan unas acciones para realizar: hay que cambiar, reparar, modificar, aceitar, ajustar, sustituir, poner o sacar tornillos agregando otros tantos, conmutar o tantas operaciones más. Es decir, consistiría en realizar tratamientos farmacológicos, cirugías, rayos, quimioterapia u otros métodos clínicos. En este caso el «ruido» o síntoma es acallado mediante algún procedimiento bien protocolizado, con lo que se silencia también al mensajero del cuerpo que nos ha querido comunicar algo. A fuerza de no escucharlo, algún día tendrá la tentación de gritar más fuerte para que se le preste atención y otro día el ruido que hará será ensordecedor.

¿Cómo podemos volver a conectar con la mensajería corporal?

Aprendiendo a escuchar los mensajes que nos quiere transmitir y que están en relación con las vivencias a través de las que hemos sufrido.

Atendiendo las necesidades descubiertas de nuestra alma, de nuestro espíritu.

Escuchando el movimiento emocional que circula por el cuerpo junto a las sensaciones corporales para vivirlas con calma, dejándoles que nos atraviesen, que hagan su camino hasta que se agoten solas.

Una imagen vuelve. Una niña de seis años toca el piano. La profesora de música presiona el dedo índice de esa niña y lo aplasta contra una tecla. La niña se queda muda y espera en silencio tragándose sus sentimientos y emociones, y anula vivir la cantidad de sensaciones que se desarrollan en su pequeño cuerpo, ahogando sus células a las que casi no les llega oxígeno ni vida. Estoica, se levanta, se retira de la sala y nunca más vuelve a tocar un piano. Nunca más sentirá la satisfacción de hacer música y mucho menos al repetir algo. No llora. Se va a correr, subir árboles, trepar paredes, hacer piruetas. Al poner en movimiento su cuerpo, descarga la fuerte tensión vivida y conecta con las sensaciones de la alegría de dejar que sus músculos se muevan, sus extremidades se estiren, sus sufrimientos se escapen, su alma se desenrolle.

Comienza a llegarle otra información que le atrae que está contenida en ese formato de criatura, de niña que descubre su propio mundo, el de los otros y el universo compartido. Emprende un camino que la lleva al espacio de la libertad de un movimiento muy distinto al de los conciertos. Se sube al tren de la expresión corporal; luego le apasiona el funcionamiento de su propio vehículo y descubre la anatomía con entusiasmo para pasar más tarde a ver como su sustrato estaba más o menos cómodo según fuera atendido y correspondido con el entorno en el que se encuentra.

Anatomía, Kinesiología, Fisioterapia, Ergonomía. Se trata de un recorrido necesario para llegar un día a entender cómo funcionan en íntima relación la psique, el cerebro y los órganos, así como cuáles son las dificultades vivenciales que pueden llevar a un desajuste de este maravilloso triángulo al servicio de la vida.

Así fue como llegué a la Descodificación Biológica.

Historia de la salud
y la interpretación del síntoma

Son las 10.05 h y María acaba de entrar en el ambulatorio. Su hora es a las 10.10, pero le gusta llegar antes por educación y puntualidad, pero, sobre todo, para poder ubicarse y controlar todo lo que ocurre a su alrededor antes de pasar a consulta con la doctora de cabecera, a quién todavía no conoce, pues hace años que no pasa por el centro de salud.

Lleva varias semanas, quizás un mes o dos —ya no lo recuerda— sintiendo molestias en el abdomen a la altura del ombligo, un poco más arriba y por detrás de él. Esporádicamente ha tenido problemas de digestión, pero ahora se ha vuelto muy pesada y lenta: apenas come, se le inflama el vientre y tiene dolores punzantes. Hasta el momento no le ha dado más importancia, pese a que los síntomas van en aumento. Ha pasado unos días en los que incluso no podía dormir bien, algo que achacaba a comer en exceso por la noche. Sin embargo, se ha acostumbrado a despertarse de madrugada y trasnochar con pensamientos varios hasta quedarse encallada en algún tema, de esos que te hacen caer en un pozo. María tiene muchos pensamientos recurrentes y negativos que no le permiten descansar bien.

Antes de decidirse a ir al médico pasaron varios días en los que intentó no prestar atención a los síntomas, ya que había llegado a un punto en que para ella estar «mal» era algo normal. Pero lo habitual no tiene por qué ser lo normal.

Antes de la consulta médica María se automedicó para mejorar sus problemas digestivos. También tomó tisanas, siguió una dieta sin carnes, vinos, grasas ni harinas, pero el resultado siempre era el mismo: ausencia de mejoría e incluso, en alguna ocasión, los síntomas iban en aumento. Después de todos los intentos por mejorar sin ver cambios positivos, se ha decidido a acudir al médico de cabecera.

Al entrar en la consulta, le llama la atención una placa colocada, quizás olvidada, en el negatoscopio. Se dice a sí misma que el dueño o dueña debía de estar muy mal para tener tantas manchas negras en aquello que parecen ser unos pulmones. Nunca le ha atraído demasiado la biología. El funcionamiento del cuerpo humano le tenía sin cuidado y menos aún conocer las enfermedades, porque el simple hecho de tener un resfriado ya le resulta tan preocupante que enseguida llama a una amiga de su madre, que es médico, para explicarle sus síntomas. Además, desde que tiene ordenador lo consulta todo por internet y muchas veces acaba apagándolo porque entra en pánico cuando ve todo lo que podría estar sucediéndole. ¿Por qué no había consultado antes?

Algunos días más tarde, regresa a la consulta donde le esperan los resultados de sus pruebas, de nuevo con suficiente margen de tiempo antes de su visita. Mientras espera, aprovecha un momento en que no hay nadie en el mostrador e informa a la enfermera de que ya ha llegado. Al escuchar su nombre, María enseguida nota que la respuesta de la enfermera no es indiferente, lo que le hace presentir que algo no va bien. Su cuerpo reacciona en un instante electrizándose de arriba abajo, con temblores y con la respiración y el corazón desbocados. ¿Qué motivo tiene la enfermera, que no la conoce de nada, a quien no ha visto nunca antes, para saber quién es ella?

Por su cabeza pasan millones de preguntas sin respuesta,

sin coherencia alguna y, sin duda, ninguna de ellas es tranqui-
lizante. La doctora la hace pasar enseguida, aunque a María
le parece que ha pasado una eternidad. Toma asiento, respira
hondo y busca desesperadamente una mirada complaciente,
pero en vez de ello, los labios de la doctora solo dicen: «Siento
comunicarle que...». El mundo comienza a desvanecerse bajo
sus pies, se pierde en las explicaciones y ya no presta atención
cuando la doctora le comunica el pronóstico. Ya no recuerda
nada de ese momento y, lo poco que recuerda, es muy difuso,
confuso.

La escena inicial de la película *50/50* muestra este momento de
confusión y desconexión ante un diagnóstico inesperado que deja a la
persona totalmente descolocada. En menos de 3 minutos queda visi-
blemente retratada la vivencia de shock ante un diagnóstico, lo que nos
permite comprender mejor lo que vive María ante ese «siento comunicarle que...».

¡Qué diferencia encontrarían las personas si al llegar a consulta el
médico y todo el personal sanitario practicaran una medicina holística
y tuvieran en cuenta la totalidad de la persona a nivel físico, mental y
emocional! Observar la totalidad, no una rodilla, no específicamente la
rodilla izquierda, no solo el menisco o un trozo de colon, de esófago o
pulmón, sino la totalidad de ese ser que se presenta desamparado con
sus dolores y molestias ante una bata blanca que quizás le aterra. Un ser
humano que vive algo que le preocupa y que desea desembarazarse de
ello rápidamente busca ayuda porque solo o sola no lo ha conseguido.
Prestar atención a la totalidad del ser humano significa que los sanita-
rios se interesarían por todo lo que rodea a la persona, lo que incluye
también tener en cuenta cómo está su vida en el momento en el que
aparece una enfermedad. No se trata únicamente de observar la parcela
específica del cuerpo que no funciona bien y por la que el paciente va a
consulta. Como humanos íntegros, completos y armónicos, si una parte

del cuerpo no nos funciona, seguramente es porque en otro lugar algo tampoco funciona.

¡Qué diferente sería si en lugar de dejarse llevar por estadísticas y por sus propios miedos, tanto el personal sanitario como los usuarios pudieran confiar en el proceso de la vida y conocieran las leyes de la naturaleza! ¡Qué distinto sería si, además de mirar el aspecto físico, preguntaran por lo que le ocurre en el entorno inmediato, por la vida cotidiana, por si tiene o no familia y cómo vive en ella, por las vivencias que hubieran podido ser dramáticas e inesperadas y les pudieran decir dos o tres palabras o una frase sobre el tipo de conflicto específico en relación a los síntomas que manifiesta la persona!

Y qué hubiera vivido María si al llegar por primera vez a consulta y al describir lo que le llevó a ir al médico, le hubieran preguntado:

«¿Has vivido alguna situación dramática, inesperada, sin solución durante los últimos dos meses y que aún no has podido expresar en la que sentías que luchabas por un bocado y eso era muy indigesto?»

¿Por qué le hace este tipo de pregunta? Porque para los acompañantes de Descodificación Biológica todo síntoma tiene su inicio en el momento en el que la persona vive un evento para el que no está preparada y este es dramático. Lo que vive en ese instante a un nivel muy profundo de su ser no lo puede expresar y se encuentra sin solución para resolverlo. Es en ese momento en el que el cerebro descarga la tensión vivida a través del cuerpo y lo hará siempre siguiendo un patrón concreto que mantiene una coherencia biológica.

Dicho de otro modo, cuando el cerebro se encuentra en peligro por el estrés vivido, le transmite la responsabilidad de la gestión al órgano más idóneo para evacuarlo.

Como sabréis, cada órgano del cuerpo tiene una o varias funciones biológicas específicas, que se verán alteradas produciendo más o menos actividad cuando la psique viva algo que la ha desestabilizado en un instante concreto. El momento desestabilizante de shock se denomina *conflicto biológico*. Es como si todo ocurriera en un segundo en el que queda grabada en el cuerpo la información de lo vivido mediante un pensamiento y unas sensaciones físicas concretas e identificables. Por eso no se trata de una emoción sino de algo vivido de forma muy visceral que podemos llamar *sentir profundo*.

Antonio Damasio (1994), que ha trabajado en neurobiología observando la relación de las emociones y el pensamiento, describe cómo las sensaciones corporales o *marcador* o *huella somática* llevan a la consciencia las emociones relacionadas y cómo estas regulan el pensamiento. La emoción es la etiqueta o nombre que le asignamos a un pensamiento que está acompañado de unas sensaciones corporales específicas. Es un movimiento interior. Todo lo que se vive en el momento de estrés es captado mediante los sentidos: gusto, oído, olfato, vista y tacto, que en futuras situaciones se convertirán en alertas o avisos del posible peligro. Son las pistas o *raíles* que nos previenen de alejarnos de algo que puede doler en nuestra consciencia. Todos estos conceptos los iremos ampliando a medida que avancemos en la materia. Pero veamos ahora nuevas posibilidades de comunicarle a María su situación.

Otras formas de plantearle la pregunta a María podrían ser: «¿Has vivido algo muy indigesto que pueda estar relacionado con algo relativo a herencias, a algo que te pertenece y que te lo quieren sacar de malas maneras?», o «¿Has vivido alguna situación para ti muy dramática en la que te hubieran dejado de lado sintiendo vergüenza, deshonra, descrédito o quizás una fuerte sensación de infamia?». Hay muchas alternativas para preguntar sobre el conflicto biológico vivido y cada persona tiene un acceso particular. En el instante en que escucha la pregunta adecuada a la vivencia su inconsciente la acompaña a un momento de su historia reciente y... ¡eureka!, ¡reconexión!

De nuevo revive las sensaciones corporales de su sentir profundo, le corre un escalofrío por todo el cuerpo, tiembla, le sudan las manos, se le eriza la nuca, un nudo le aprieta la garganta y de repente recuerda la historia ya olvidada de una conversación con su tía materna, la hermana pequeña de su madre.

Su tía, una mujer soltera y dedicada a su trabajo, es la que le ha hecho de madre desde que su madre murió cuando María tenía 12 años. Es la única persona de la familia materna que mantiene relación con ella. Siempre le aconsejó lo mejor que pudo desde el primer momento en que se hizo cargo de ella, o al menos así lo ha sentido ella, pero la última conversación con su tía fue completamente inesperada y extraña y la había dejado descolocada. La historia comienza con sus ganas de independizarse.

María ha tenido unas acciones herencia de su madre que por consejo de su tía nunca había tocado. «Ese dinero es mejor que lo tengas por si un día tienes un apuro» le repetía la tía cada vez que la joven quería comprarse algo fuera de lo habitual o hacer un gasto extra. Ahora María ha acabado sus estudios universitarios y su máster, ha estado 4 años viviendo en el exterior y, al regresar, quiere vivir sola. Para ello necesita dinero, así que ya ha calculado todo lo que puede conseguir para llevar a cabo su proyecto personal mediante la venta de las acciones.

Con 29 años ya es hora de comenzar su vida, justo la misma edad que tenía su madre cuando se fue a vivir con su padre, a quien la familia materna nunca aceptó, motivo por el que cortaron relaciones con ellos.

Proyecta y organiza todo en su cabeza, pero cuando decide cobrar las acciones, su tía le comenta que ya no podrá hacerlo debido a que las usó cuando se vio obligada a cerrar la peluquería y tuvo que pagar a la empleada, y además le dice que le dieron muy poco dinero por ellas. Fue un instante, un instante suficiente para que todo se borrara, para que sintiera que el mundo se desvanecía bajo sus pies y que sus ilusiones se derrumbaran. Y fue eso, solo un instante, porque enseguida reflexionó y se dio cuenta de que no debía preocuparse por algo material, menos aún con toda la ayuda y cuidados que le había dispensado su tía: ¡cómo iba ella a quejarse ahora y reclamar tan poca cosa!

Imaginemos que María está con un trabajador sanitario que conoce la Descodificación Biológica. Después de comentarlo con él y de sentir la emoción visceral y revivir las sensaciones corporales, sin saber ni cómo ni por qué, las molestias comienzan a desaparecer. Hasta entonces ella estaba viviendo como si aún estuviera en el instante de desconcierto que le provocó la noticia dada por su tía con todo su cuerpo bajo estrés. Cuando estamos en una situación similar las reacciones físicas son controladas por el sistema nervioso simpático y por eso a esta fase se le llama de estrés o *simpaticotonía*.

Una vez descargado el sentir profundo en el interior de María, algo cambia y nota un gran alivio. Esa tarde se siente muy cansada y duerme una siesta de dos horas, algo que jamás le había ocurrido antes. Durante unos días tiene sensaciones raras, fatiga, febrícula y a veces le duele la cabeza. Estos son los síntomas lógicos que nos proporciona el cuerpo para colocar al sujeto en posición de reposo, algo indispensable para que los tejidos puedan repararse. A esta fase se le llama de *vagotonía* o reparación porque predomina el sistema nervioso parasimpático en la reconstrucción de los tejidos.

A partir de ese momento las molestias digestivas comienzan a desaparecer. Si todos, usuarios y médicos o paramédicos, conociéramos un poco mejor el funcionamiento del cuerpo en las fases de la enfermedad, podríamos seguir otro tipo de recomendaciones: colocar hielo en la cabeza, dormir con la cabeza elevada, descansar, alejarse de preocupaciones, y atender y cuidar al cuerpo para que pueda reconstruirse.

Han pasado unos días desde que María saliera un poco desconcertada de la consulta médica. Lo ha comentado con su familia y con algunos amigos. Cada uno le da su opinión, desde tratamientos médicos tradicionales, como otras opciones alternativas. Le presentan un abanico de tratamientos, desde los alopáticos hasta los complementarios o alternativos, absolutamente desconocido para ella hasta la fecha: dietas, medicina china, acupuntura, reiki, medicina biológica, oncología holística, psico-oncología, medicina molecular, y las conocidas quimioterapia, radioterapia y cirugía. Son tantas que ni siquiera se ve capaz de investigar cómo es cada una de ellas.

También ha buscado por su cuenta qué era lo que le había causado su enfermedad y no ha encontrado respuestas con la medicina occidental. Como es habitual en ella, consultó en internet e ingresó en la página web de la Asociación Americana del Cáncer (ACS) para buscar información sobre las causas. Sin embargo, no solo no acabó de entender lo que encontró, sino que se le enmarañaron las ideas un poco al leer lo siguiente:

> Un factor de riesgo es todo aquello que afecta la probabilidad de que usted padezca una enfermedad, como por ejemplo el cáncer. Los distintos tipos de cáncer tienen diferentes factores de riesgo. Algunos factores de riesgo, como el fumar, pueden cambiarse. Otros factores, como la edad de la persona o sus antecedentes familiares, no se pueden cambiar.

María lee atentamente frase tras frase, pero no llega a ninguna conclusión: ¿Qué factores de riesgo ha tenido ella? ¿Son justamente estos riesgos los que le han provocado la enfermedad? ¿Es debido a sus propios actos o ni siquiera debe sentirse responsable? Tiene cientos de preguntas en este momento en su mente, así que sigue leyendo:

No obstante, el tener un factor de riesgo, o incluso varios factores, no significa que una persona padecerá la enfermedad. Además, muchas personas que adquieren la enfermedad pueden tener pocos o ninguno de los factores de riesgo conocidos [1].

De algún modo, eso podría llegar a tranquilizarla, pero al fin y al cabo María sigue sin saber a qué factores de riesgo se podría estar enfrentando o si se trata una cuestión de azar y a ella le ha tocado la mala suerte. No consigue entender lo que pretende transmitir el texto e intentar llegar a una conclusión le genera aún más dudas y frustración. Al fin y al cabo, no define nada, no le aclara nada de su situación y, por lo que ella cree, tampoco soluciona las dudas de nadie, ya que es la ley del todo vale: tanto puede ser tu responsabilidad como no. Una vez más, sus ansias por encontrar una respuesta le han generado aún más interrogantes y más miedos.

Revisa la lista de factores causales que ha encontrado en la página web sobre el cáncer de páncreas y va descartando lo que no le afecta a ella. No come excesivas grasas, no fuma, no tiene sobrepeso y no ha trabajado en empresas donde se expusiera a químicos tóxicos. Es joven, mujer y no tiene antecedentes familiares. Hace años que come muy poca carne, y si se da el caso, es algo excepcional; lleva una vida tranquila, lee, hace deporte, practica relajación una vez a la semana, desde pequeña no consume lácteos por recomendación del médico homeópata y naturista al que la llevaba su madre, por lo que lo único que puede suponer es que ha tenido «mala suerte», que la vida va «en contra de ella» y que le ha tocado esta enfermedad, como si de una lotería se tratase.

---

1. American Cancer Society. (2016). *Factores de riesgo del cáncer de páncreas.* [en línea]. Recuperado de: http://www.cancer.org/espanol/cancer/cancerdepancreas/guiadetallada/cancer-de-pancreas-causes-risk-factors. Extraído en septiembre 2016.

En búsqueda de las causas de las enfermedades

No es de extrañar que cualquier persona quiera saber por qué enferma a nivel físico o por qué a veces siente un malestar específico en su vida anímica, o cuál es el motivo o los motivos por los que vive una existencia que no quiere o cuáles son las causas por las que desarrolla un síntoma y qué puede o debe hacer para sanarlo. Entender la causa de la enfermedad para poder acabar con ella es la idea que ha predominado hasta nuestros días. Y surgió la ley de causa-efecto. Del mismo modo que en la construcción de todo pensamiento una palabra se suma a otra, en la salud cada concepción ha otorgado elementos para continuar evolucionando.

Ya desde tiempos inmemoriales las personas han querido dar respuesta a sus malestares y encontrar sentido a sus síntomas, saber dónde está el origen para correr a eliminarlo. Cada época ha ofrecido respuestas distintas a esas inquietudes y en cada ocasión se han tomado como verdades absolutas, por mucho que difirieran entre unas y otras. El objetivo consistía en encontrar un factor que pudiera dar con la causa de una enfermedad, que coincidiera con el cuadro médico, para dar respuesta a la necesidad de saber. Cuando se encontraba un elemento originario de la enfermedad y se daba por válido, se aplicaba a todos los casos que coincidían con sus mismas características para tratar de unificar y agrupar en problemáticas, factores de riesgo y posibles curas o métodos de sanación. De este modo, se han ido repitiendo teorías en las escuelas de medicina hasta nuestros días, postulados que han ido cambiando según el ojo del observador.

En los orígenes de la historia del ser humano se decía que podía ser cuestión de espíritus, un castigo, el pago de una condena, una fatalidad provocada por el destino, una desgracia, un fallo en la estructura corporal, la mala estrella, una maldición, etc.

En otra época fueron los chamanes los especialistas mágico-religiosos encargados de ayudar a las personas a «extirpar» el mal y a recuperar el alma perdida de la persona enferma arrebatándosela a algún espíritu maligno o sacando del cuerpo algún elemento dañino.

Luego fue cambiando la perspectiva y, entre otras, aparecieron la teoría de los humores u otras explicaciones que no daban con los argumentos suficientes para dar una respuesta definitiva.

De ahí en adelante, miles de explicaciones han intentado encontrar el origen del llamado *mal* hasta llegar a lo que se conoce como *medicina moderna* u «oficial», que se hace eco de las estadísticas de lo que ocurre en lugares dispares del mundo; convoca a atacar, luchar, cortar, recortar, infiltrar, irradiar o medicar la zona que no funciona y se mantiene en el determinismo lineal, causa-efecto, para describir la aparición de la enfermedad. Esta visión mecanicista no siempre consigue dar una respuesta, tal y como le ocurre a María. En cualquier caso, la persona enferma era víctima de algo que pasaba fuera o dentro de ella y que alteraba el curso normal de su vida.

Revisemos un poco la historia de la salud y la enfermedad.

Hipócrates en su tiempo intentó encontrar un sentido a la impotencia sexual que sentían algunos hombres y estudió a varios de ellos en una comunidad escita. Como estos hombres iban a caballo, llegó a la conclusión de que la impotencia sexual se producía por la obstrucción compresiva mecánica debido a estar sentado en la silla de montar. Causa-efecto. No siempre resulta una unión determinante. Hoy sabemos que no todos los hombres que van a caballo padecen de impotencia sexual ni todos los hombres que padecen impotencia sexual van a caballo.

Fue Hipócrates también quien describió la teoría de los humores o líquidos corporales en la que determina que según el equilibrio resultante de los fluidos corporales como la bilis negra, la bilis, la flema y la sangre se definirá el estado de salud de la persona. Dicho de otro modo, un déficit o un exceso de estos fluidos da como resultado alteraciones del estado de salud y de su personalidad, conocidas como *melancólico*, *colérico*, *flemático* y *sanguíneo*. Esta teoría tuvo miles de adeptos hasta la llegada de la medicina moderna. La terapia del sangrado o sangrías se apoyaba en estos preceptos que provenían de tan lejano tiempo.

En otros tiempos se dio una gran importancia al terreno, entendido como el estado general del cuerpo antes de la enfermedad, y entonces la aparición de esta se explicaba como el desajuste vivido entre un cuerpo «debilitado» por hábitos inadecuados (tóxicos, alimentación, actividad física, etc.) con fallos genéticos o estructurales o por enfermedades de nacimiento al que las costumbres inadecuadas le iban a desequilibrar más. Muchos hemos oído decir: se ha enfermado porque tenía las defensas bajas. Es lo mismo que decir que tenía un terreno débil cuyas defensas bajas hicieron que la enfermedad entrara. Ahora nos podemos plantear preguntas sobre la exposición a los factores de riesgo como ¿por qué sin fumar ni tener conductas de riesgo hay personas que padecen cáncer? ¿Por qué los factores de riesgo influyen en unas personas pero no en todas las que tienen un mismo síntoma? ¿Por qué aun estando fuertes las personas se enferman? La medicina convencional no da respuesta a todas estas cuestiones, pero podemos mirarlo de otra forma y ver qué respuestas alternativas existen.

Si contemplamos la causa de las enfermedades desde otro punto de vista, es decir, desde una mirada totalmente distinta a la habitual permitiéndonos creer por un momento en otro paradigma en el que en la base de toda enfermedad se encuentra una vivencia conflictual (conflicto biológico), entonces es posible que la respuesta que nos llegue nos permita solucionar algunos interrogantes y establecer ciertas conexiones.

Una situación vivida como intragable afectará al esófago, ya que es el órgano encargado de hacer pasar el bocado, tragarlo o deglutirlo. Esa es la función biológica del esófago.

Otra diferencia en este paradigma de la salud es que, para los descodificadores, los microorganismos están en nuestro cuerpo con un sentido específico, una finalidad, que consiste en reparar los daños celulares y degradar los tejidos que han crecido. Si se eliminan estos microorganismos el cuerpo no podrá llevar a cabo su objetivo, por lo que es preferible permitirle que cumpla con su función durante la fase de vagotonía.

Un ejemplo más de un pensamiento diferente en relación con la llamada *medicina oficial* es que en Descodificación Biológica decimos que «el mal es mal llamado *mal*», ya que esta perspectiva alternativa no ve la dolencia como algo negativo, sino que entiende que la enfermedad es una solución que nos da un margen de tiempo suficiente para cambiar algo de nuestra existencia, por lo que considera que el síntoma es útil y está al servicio de la vida. Pero esto lo veremos más adelante.

De lo que estamos seguros es de que la enfermedad no forma parte de un programa diabólico cuya función es alterar el curso de la vida de una persona o eliminar a los individuos. No se produce por mala suerte ni por exposición prolongada a determinados factores de riesgo, sino por exposición a un conflicto.

Para poder comprender que la enfermedad es una solución a un fuerte dolor vivido y ocultado o que la enfermedad es una llamada de atención, un primer paso es estar abierto a nuevas escuchas o posibilidades y es necesario conectar con la vida para descubrir cómo la vivimos y la sentimos.

Una posible práctica para comprobarlo es pensar en un síntoma concreto del pasado. Debemos imaginar que viajamos en el tiempo e ir a buscar dos cosas: una es descubrir cuál fue la experiencia impactante, algo vivido como un shock, y la otra es ver cómo era la vida antes de que aparecieran los primeros síntomas o qué situación concreta nos desestabilizó. Esta búsqueda nos permitirá localizar la incoherencia y el desajuste con el que solemos vivir casi todos los niveles de nuestra existencia, pero sobre todo a nivel espiritual.

Como ejemplo, tomaré un síntoma común como la gripe. Es un síntoma que aparece en fase de vagotonía cuando se ha solucionado un conflicto con la tonalidad de «algo apesta, hay muy mal ambiente, hay discusiones o broncas y me siento impotente o incapaz para poder cambiar la situación». Por eso aparecen síntomas respiratorios, dolores músculo-esqueléticos y signos de inflamación. La explicación médica colocaría el origen en la transmisión y contagio con el virus de la gripe o influenza. Etimológicamente, la palabra *gripe* deriva del término francés *gripper;* que significa «paralizarse» o «bloquearse», como si los síntomas gripales paralizaran a la persona introduciéndose en su cuerpo, al que dejan dolorido. Por otro lado, la palabra *influenza* proviene del latín *influentia* y se le asignaba el sentido de tener la enfermedad por influencia o contagio de otro. Pero ¿quién habrá influido al primero que la tuvo? Distintas épocas, distintas explicaciones.

El ser humano ha dado una gran importancia a su intelecto, a su raciocinio e intenta encontrar las explicaciones desde la razón. Eso le ha llevado a desconectarse de lo que vive en su cuerpo; se ha separado de su mundo sensible, por lo que suele ser más fácil entender la enfermedad como algo malo que viene desde fuera que escuchar qué es lo que realmente está ocurriendo en su interior. Además, necesitamos una explicación para todos los males y poder así mantener la calma. El vacío genera malestar y por eso interesa tanto poder tener respuestas que justifiquen qué es lo que está ocurriendo en el cuerpo.

Respuestas y más respuestas

Para continuar la historia vamos a ir hacia atrás en el tiempo. Casi mil años antes de la teoría de Pasteur, dos médicos del siglo x, Ahmed Ibn Sahl al-Balkhí y Haly Abbas, propusieron una hipótesis totalmente revolucionaria. Fue durante la llamada Edad de Oro del islam, una época prolífica en la que se produjeron importantes innovaciones y descubrimientos científicos. Estos dos doctores se dieron cuenta de que las enfermedades se originaban en las interacciones entre la mente y el cuerpo. Nuestro pensamiento, nuestra psique, según decían, tiene una influencia crucial en el desarrollo de las dolencias que padecemos.

No obstante, sus rompedoras ideas no fueron escuchadas y aún menos tenidas en cuenta, por lo que con el tiempo fueron quedando en el olvido. A pesar del trato recibido, esta teoría se acercaba mucho a lo que hoy en día conocemos como *medicina psicosomática*.

Pasan los años, los siglos y sigue viva la esperanza de encontrar una respuesta, de saber qué es lo que daña el cuerpo. De este modo, ya en el siglo xix, el científico Louis Pasteur dio con la teoría predominante en nuestros días. Propuso que las enfermedades eran causadas por los gérmenes, nuestros enemigos, contra los que debíamos luchar con antibióticos.

Sin embargo, esta explicación queda muy lejos de aclarar por qué enfermamos, ya que ¿cómo puede ser que, por ejemplo, ante un mismo virus de la gripe, haya personas que caigan enfermas y otras no? ¿Por qué algunas desarrollan unos síntomas y otras, otros diferentes? ¿Por qué los mosquitos que pican en lugares tropicales y en lugares fríos provocan una reacción distinta? En unos casos, las personas enferman de dengue o chikungunya a causa de la picadura del mosquito *Aedes aegypti*, pero en otros la picadura del mismo mosquito no produce reacción alguna. Tengamos en cuenta el estado de cada ser humano a nivel global.

El propio Pasteur dijo antes de morir: «Claude Bernard tenía razón. El agente no es nada. El terreno lo es todo». El Dr. Pasteur tuvo la mente abierta para poder aceptar otras posibilidades y, en lugar de insistir en que todas las enfermedades provenían de un microbio o agente externo al organismo, pudo ver otra posibilidad como que el cuerpo (terreno) puede estar débil. En su justa medida, el daño ya estaba hecho. A partir de esta teoría se desató la guerra contra todos los gérmenes y fue así como surgieron los laboratorios encargados de fabricar las armas de destrucción, como las vacunas para evitarlos y los antibióticos para eliminarlos.

Todavía debemos hacer algún alto más en la historia hasta llegar a la Descodificación Biológica, la ciencia que nos ocupa.

En el siglo pasado y de la mano del alemán Georg Groddeck, uno de los padres de la medicina psicosomática, surgió una nueva mirada para explicar la causa de las enfermedades. Groddeck consideraba que la psique —la mente— influía directamente en el cuerpo y, en consecuencia, influía en las dolencias que se manifiestan en él. Por eso, para curarlas, su método incluía aspectos psicosociales, es decir, éste médico no solamente tenía en cuenta los síntomas físicos que se presentaban, sino que para él también eran importantes el entorno y las condiciones mentales que se dieron al enfermar.

Tal vez, una manera de verlo más claro sea con un ejemplo que él mismo explicaba:

> Aquel que llega a la conclusión de que yo medico mentalmente a un humano que se rompió la pierna tiene razón, pero también ajusto la fractura y protejo la herida. Después le doy un masaje, hago ejercicios con él, le doy a la pierna baños diarios con agua a 45 °C durante media hora y cuido que no se inflame ni supure. Y cada tanto le pregunto: ¿Por qué se rompió la pierna «usted mismo»? (Groddeck, 1977).

Los estudios que Groddeck llevó a cabo tuvieron muchísima repercusión y han servido de base para otros avances médicos. Hasta el mismo Sigmund Freud, conocido por todos como el padre del psicoanálisis, analizó en detalle sus investigaciones y de él adoptó el término *ello*, la parte inconsciente que está presente en todos nosotros. Así que podríamos resumir que lo más destacable de los avances de Groddeck es la idea de que nuestra mente influye en las enfermedades que padecemos. Para entender qué es lo que causa una dolencia no se puede dejar de lado la parte inconsciente de nuestro ser, que de algún modo incide y causa nuestros males.

Carl Jung decía que nadie nace como una tabula rasa y que cada ser humano viene a la vida cargando una historia, es decir, la historia del inconsciente familiar que reúne además al inconsciente colectivo. Tenemos un patrón de conducta que influye en el funcionamiento biológico de nuestro organismo y la pregunta que hay que hacerse es ¿qué es lo que hay en tu inconsciente que te hace mal? Entendiendo que es en ese espacio de nuestra psique donde se manifiesta la manera de vivir y que esta es la que nos puede llevar a la enfermedad.

Siguiendo la idea de un cuerpo o soma unido a una psique tenemos a Luis Chiozza (2016), médico de origen argentino, que junto con otros colaboradores analiza e investiga casos de enfermedades orgánicas desde el año 1972 observa cómo la enfermedad representa en el escenario de la vida íntima un drama identificable reprimido en la historia de la persona. Organizaron la Escuela Patobiográfica, en la que médicos y psicoanalistas aprenden la historia que se oculta en el cuerpo.

El estrés como causa

¿Alguna vez os habéis preguntado por qué cuando sentís miedo o ansiedad parece que enfermáis más? O cuando pasáis por una época de estrés, ¿no tenéis la impresión de que de un achaque se pasa a otro? Eso mismo quiso investigar a principios del siglo XX un científico estadounidense, Walter Cannon, cuyo interés se centraba en conocer cómo afectaban las emociones al sistema nervioso autónomo. Este sistema está compuesto de un grupo de nervios llamado *sistema simpático* y otro que es el *nervio vago* o *parasimpático*. Examinó la reacción de los animales ante situaciones de estrés, ansiedad o rabia y concluyó que había una tendencia innata a mantener el equilibrio y la estabilidad internos ante estas situaciones. Esa tendencia la bautizó con el nombre de *homeostasis* (del griego *homoios*, que significa «similar» o «igual», y *stasis*, que significa «posición» o «quietud») y dejó referencia de ello en su libro *The Wisdom of the Body (La sabiduría del cuerpo)*, publicado en 1932.

De estas mismas investigaciones surgió otra teoría importantísima para comprender cómo nos afecta el estrés: es el *síndrome de adaptación general o estrés*, una reacción que se da en todos los animales y en los humanos. Ante una amenaza o una agresión, los animales o los seres humanos reciben una descarga general del sistema nervioso simpático que los prepara para huir o para defenderse y combatir por su vida. Se trata de preparar el cuerpo para la acción posterior. Son un conjunto de síntomas tanto psicológicos como físicos que se producen en el cuerpo ante una situación de ansiedad.

El investigador que desarrolló la teoría, Hans Selye, nacido en el imperio austrohúngaro y nacionalizado canadiense, fue quien en los años 40 se dio cuenta de que algunas personas presentaban síntomas físicos que no estaban causados por la enfermedad que padecían o por su condición médica. Su causa debía de ser otra y probablemente el origen estuviera en haberse expuesto a una situación estresante o de ansiedad.

Debemos detenernos un momento para explicar con un poco más de profundidad en qué consiste este síndrome, ya que es fundamental para entender la Descodificación Biológica. Lo principal es definir que se presenta en tres fases: la de alarma, la de resistencia y la de agotamiento. Pero vayamos paso a paso y adentrémonos un poco más en cada una de ellas.

En la primera fase, la de alarma, el cuerpo se activa frente a una situación potencial de estrés, produciéndose automáticamente una serie de cambios orgánicos que nos preparan para hacer frente a la situación de alerta que detectamos.

¿Qué quiere decir esto? Pues que nuestro sistema nervioso autónomo simpático, que se encuentra en reposo o con poca actividad según lo que estemos realizando, se activa y se pone a trabajar con más intensidad en función de lo aguda que sea la situación de estrés: aparece ansiedad o inquietud, se dilatan las pupilas, aumenta la circulación de la sangre que va hacia los músculos para tener más fuerza, aumenta la frecuencia respiratoria y la frecuencia de los latidos del corazón, disminuyen las contracciones estomacales y todas las funciones que no son absolutamente necesarias para la supervivencia.

En el caso de un animal que es perseguido por un depredador, el cuerpo de ambos se preparará para estar en la posición de «hacer más» y por lo tanto de estar más cerca del objetivo de cada uno, sea escapar de uno o atrapar al otro, respectivamente.

En todo caso, en fase de simpaticotonía o alerta las funciones de la acción están aumentadas y el sujeto se prepara para enfrentarse a la situación estresante. Retomemos el ejemplo de María, la persona de nuestro primer caso.

Supongamos que estaba muy tranquila, haciendo planes de futuro, contando con algo seguro y que se presenta ante su tía para hablar con ella de sus proyectos. En el mismo instante en que le dice que ha habido un cambio, que ya no puede disponer del dinero que supuestamente seguía ahorrado, siente una serie de reacciones corporales que le indican que su cuerpo ya no está tranquilo, sino que se encuentra en una posición emocionalmente desagradable para ella. Entendamos desagradable como «me quiero alejar rápidamente de ella». Se siente inquieta, incomoda y tiene dificultad para pensar con claridad.

Una vez que el cuerpo ya está en tensión, se presenta **la segunda fase, la de resistencia o de adaptación al evento estresante.** Podríamos decir que en este momento el cuerpo ya está preparado y actúa frente a la situación de estrés. Lo puede hacer de múltiples maneras, ya que se ponen en marcha diversos mecanismos de defensa, como por ejemplo la huida, el ataque o la parálisis. En nuestro organismo se activan procesos tanto fisiológicos, físicos y químicos como cognitivos, que nos ayudan a tomar decisiones para enfrentarnos a la situación. Reaccionamos ante aquello que nos causa estrés, miedo o ansiedad.

En el caso de María existen varias reacciones posibles: hacer ver que nada ha ocurrido, es decir, irse rápido sin decir nada para evitar el enfrentamiento (huida); gritar y exigir lo que considera que es de su propiedad (ataque) o quedarse muda, de piedra (parálisis).

Las respuestas que tenemos sirven para sobrevivir a una amenaza a corto plazo. Aunque puede ocurrir que esta segunda fase perdure durante cierto tiempo, no podemos mantenernos en este estado de tensión indefinidamente. Si sucede, si la persona se adapta a la situación de estrés, lo hace con algún coste asociado. ¿Qué quiere decir esto? Que puede ser que su resistencia general se vea afectada y disminuya; o que mengüe su tolerancia a la frustración; o que aparezcan trastornos psicosomáticos o fisiológicos temporales o permanentes, es decir, que enferme o que disminuya la inmunidad de la persona.

Esto provocaría la llegada a la **tercera fase del síndrome, la fase de agotamiento.** Si fracasa la resistencia o adaptación, los daños para la persona pueden convertirse en crónicos o irreversibles. Este es el caso de las personas que viven expuestas a un estrés sostenido cuando en la familia se vive una situación de estrés traumático como, por ejemplo, en momentos de guerra, inseguridad constante, violencia, agresión o maltrato, es decir, cuando no pueden bajar la guardia y permanecen en un estado de estrés constante. Al cabo de un tiempo la persona que ha pasado a la fase de agotamiento comenzará a padecer ligeros trastornos y puede ser que aparezcan patologías que se cronifiquen. Más adelante trabajaremos en mayor detalle este estado.

Comprendiendo el largo proceso de evolución de las especies, podemos entender mejor la teoría a la que nos estamos refiriendo, ya que, mediante el desarrollo evolutivo, de forma continua, cada especie ha tenido que producir adaptaciones para sobrevivir al estrés imperante en el medioambiente. Y si no ha sido capaz de ajustarse a estos cambios, la especie ha desaparecido. Esto supone que o la especie se adapta mediante cambios externos o internos o muere. Asimismo, los seres humanos hemos tenido que adaptarnos a alteraciones del medio externo o interno.

Todos hemos vivido momentos en los que nos hemos visto expuestos a situaciones que nos han desequilibrado, ante los que hemos tenido que reaccionar para reajustarnos y a los que hemos sobrevivido. Son ocasiones que nos permiten aprender, pero que también pueden causar enfermedades.

Las conductas instintivas y el choque biológico

Este recorrido histórico es necesario para explicar las bases de la Descodificación Biológica, para entender su origen, su razón de ser y comprender cómo puede ayudarnos en la sanación de enfermedades. Y para ahondar un poco más y establecer sus fundamentos, debemos explicar también las investigaciones del médico francés Henri Laborit [(1985); (1989)] que, algunos años más tarde, llevaron a fundamentar las reacciones ante un choque biológico.

Pero vayamos por pasos. Laborit, entre los años 50 y 80 del siglo pasado estudió las conductas instintivas e inconscientes del comportamiento de los seres humanos en situaciones de estrés, así como las respuestas que proporciona el sistema nervioso. Tengamos en cuenta que el cerebro es un órgano que, ante el estrés, no sirve para pensar sino para actuar. Es eficiente pero no inteligente. Para él, la única razón del ser humano es ser, y para ser necesita sobrevivir. Para ello, los animales desarrollan conductas típicas: *la de búsqueda o consumo, la de gratificación, la de respuesta al castigo y la de inhibición,* que explicaremos con un poco más de detalle.

La *conducta de búsqueda* la podríamos resumir como «atrapar el bocado». Hace referencia tanto a la acción de buscar un alimento como a buscar una pareja para procrear o buscar aire para respirar, entre otros.

Si durante la búsqueda el individuo ha tenido una sensación placentera, persistirá en la conducta que le ha gratificado, continuará haciendo lo mismo. De este modo, se dará la segunda conducta identificada por Laborit, la de *gratificación* o, en resumen, la de «acercarse a lo positivo». Por el contrario, si encuentra algo que no le produce placer o es de riesgo y por lo tanto estresante, entrará otra conducta en juego, *la de respuesta al castigo* o a lo negativo con reacciones de huida o ataque. La *inhibición* surge cuando ninguna otra reacción es eficaz y el individuo intenta de alguna forma seguir con vida. Es una posición conocida como «parálisis» o «hacerse el muerto».

Cuando un animal es perseguido por un depredador comienza huyendo o atacando según las posibilidades que detecte. Cuando ninguna de las dos anteriores es posible, el animal se bloquea para dar la sensación de parálisis. Esto es lo que hace una gacela perseguida por un felino o un ratón que quiere escapar con vida de la boca de un gato.

Es interesante destacar que, en esta última conducta, la de parálisis, si uno no es capaz de controlarla o gestionarla o el estrés permanece en el tiempo, lo que sobreviene es la angustia. La consecuencia fisiológica es una perturbación neuroendocrina que es nociva para el organismo físico y que lleva a una disminución de las defensas.

Desde la Descodificación Biológica se postula que, si el individuo está ante una vivencia inesperada y dramática y no encuentra solución exterior o interior al estrés vivido, es decir, que ninguna respuesta de supervivencia es eficaz, entonces se activará la conducta de *inhibición* de la acción, conocida asimismo como *parálisis*.

A partir de aquí será el *cerebro arcaico* el que intentará dar la mejor solución para la supervivencia de la persona. Y ¿qué es el *cerebro arcaico*?

Una posible explicación la aporta Paul MacLean (1990), médico y neurocientífico norteamericano, que habla del *cerebro triúnico* o *triuno*. Nos cuenta que lo que en realidad tenemos los humanos son tres cerebros en uno: el reptiliano, el sistema límbico o paleomamífero y la neocorteza o cerebro neomamífero.

Entre 1949 y 1952 bautiza a la parte del sistema nervioso relacionada con las emociones como *cerebro límbico*, a la que acompañan otros dos tipos de cerebro, la parte reptiliana o de reacciones de supervivencia, y el área prefrontal o zona cognitiva. Los tres conforman el *cerebro triúnico* y será la zona más arcaica la que reaccione en términos de supervivencia cuando nos expongamos a una situación que nos mueva de nuestro punto de confort.

Nuestro cerebro más arcaico para la supervivencia

Cuando vivimos un momento de shock con estrés máximo, se pone en marcha y actúa nuestro cerebro más arcaico. Vamos a dedicarle unas líneas, ya que es muy interesante ver cómo funciona nuestro cerebro ante un evento como el que nos ocupa.

Podríamos decir de forma escueta que el *cerebro arcaico* es aquel que tiene la memoria de todas las respuestas ganadoras de la humanidad y puede responder con gran rapidez, mucho más que si lo hiciéramos con nuestra parte cortical o *zona pensante*. Esto significa que todas las células de nuestro cuerpo tienen las estrategias de adaptación necesarias para conseguir sobrevivir en todos los reinos. Pero vamos más al detalle.

El ser humano moderno apareció en la Tierra hace unos 150.000 años. Desde entonces, podemos decir que no ha habido ninguna modificación genética que permita el paso a otra etapa de la evolución, por lo que nuestro cerebro continúa siendo el mismo que el de las personas que vivieron hace miles de años. Por eso mantiene toda la información que ha ido recogiendo a lo largo del tiempo, tanto del mundo animal, como vegetal.

Conservamos todas las estrategias que han tenido éxito en el camino de la evolución y la adaptación o, dicho de otra manera, en la senda de la supervivencia. Todo ello supone que, aunque no seamos conscientes, conservemos en nuestro cerebro más arcaico las facultades heredadas de los animales que nos han precedido y la manera en que se han ido perfeccionando por la evolución. Es decir, nuestra memoria tiene todas las respuestas que han triunfado a lo largo de la humanidad para poder hacer frente a las situaciones que vivimos. Por ese motivo, podemos responder con mayor rapidez cuando estamos ante un momento de estrés. Nuestro cuerpo sabe qué han hecho otros seres vivos antes que nosotros para sobrevivir a instantes de alto estrés, rápidamente lo recuerda y es así como lo aplicamos hoy en situaciones de emergencia.

Salomon Sellam (2009) afirma que «nuestro funcionamiento íntimo, biológico y psíquico está ligado a los diversos instintos de conservación que nos gobiernan. Estos están activos en permanencia a nuestras espaldas».

Existe un mecanismo de transferencia de información que facilita la adquisición de nuevos datos sin perder todo lo que le antecede, es decir, conservando las vivencias y aprendizajes de nuestros orígenes. Esta información queda almacenada, en estado latente, hasta el momento en que sea necesario acudir a ella, y entonces, sin que seamos conscientes, sale a la luz. Por ello, podemos decir que en el cerebro humano conviven las partes primitivas con las actuales. Estos tres cerebros, que ahora detallaremos, no funcionan por separado, sino que interactúan y se coordinan para dar la mejor respuesta posible ante un problema.

MacLean (1990), hizo una descripción didáctica de los tres cerebros o triuno, en la que explica cómo la mente antigua con sus comportamientos está integrada en una mente más moderna que contiene la huella o recuerdo de las reacciones animales.

La explicación que aporta es que cada parte procede del progreso que hemos hecho anteriormente: el sistema límbico viene de los mamíferos, nuestros antepasados más cercanos que habitaban en las sabanas, y el reptiliano, un poco anterior, proviene de los reptiles arbóreos que dieron origen a los mamíferos y la parte frontal que es la zona más moderna. Vamos a empezar detallando qué funciones tiene el más arcaico, —el reptiliano— denominado el de *huida* o *pelea*.

El cerebro reptiliano trabaja para regular los elementos básicos de supervivencia, es decir, las funciones básicas. Anatómicamente, lo sitúa en el tronco cerebral y cerebelo. Hablamos de la parte instintiva del ser humano, las reacciones innatas, la que controla las tendencias básicas que nos garantizan sobrevivir, ya sea la respiración o el deseo sexual, la búsqueda de comida y las respuestas agresivas a una acción entre otras.

Por ejemplo, es el que nos dice que huyamos, que ataquemos o que nos inhibamos. Las respuestas que nos ofrece este cerebro se basan en esquemas fijos, reflejos, repetitivos o automáticos copiados de programas según han ocurrido durante la evolución.

En el caso de los seres humanos, lo que nos diferencia de la conducta de los reptiles es que podemos analizar opciones y seleccionar pautas de conductas deliberadas gracias a la corteza cerebral. Aun así, nuestro *cerebro reptiliano*, que se remonta a más de 200 millones de años, rige y controla mecanismos para el cortejo, el acoplamiento sexual, la búsqueda de una protección para vivir o dormir, la búsqueda de comida y la selección de líderes. Esas conductas, como hemos dicho, no las lleva a cabo en solitario, sino que otras regiones del cerebro humano también participan activamente.

Recordemos que la enfermedad es un proceso que se pondrá en marcha frente a un conflicto biológico en el que la persona siente estrés y miedo y frente a ello ninguna reacción de supervivencia se ha podido activar, es decir, cuando la situación de shock se vive en inhibición de la acción o parálisis.

El segundo cerebro que aparece durante la evolución es el sistema límbico o también llamado *cerebro emocional*. También se le dan otros nombres, como *mesencéfalo* o *cerebro medio*, y consiste en una porción del encéfalo situada inmediatamente debajo de la corteza cerebral. Comprende centros importantes como el tálamo, el hipotálamo, el hipocampo y la amígdala cerebral.

Este cerebro ya funcionaba en los mamíferos. Es el responsable de las respuestas afectivas ante estímulos como el temor o la agresión, la pena, la tristeza, las alegrías, así como la sede de los recuerdos. Para entender la Descodificación Biológica es importante identificar esta conexión entre las emociones que sentimos y los recuerdos. Un recuerdo queda grabado gracias a las emociones vividas en el instante preciso.

Para esclarecer este punto, intente recordar alguna situación que haya vivido con mucha emoción. El simple recuerdo hace que volvamos a sentir la emoción de ese instante, ya sea la alegría, la tristeza o el miedo. Por eso, para tener acceso a un recuerdo, hay que revisitar la emoción a la que esté unida.

De hecho, puede fácilmente darse el caso que el recuerdo se olvide, que ya no lo tengamos presente, pero que en cambio sí que quede latente esa emoción o sensación corporal a la que va unido, hasta que vivamos una situación que sirva de mecha y la vuelva a despertar.

Por ejemplo, un día estamos leyendo un libro o viendo una película y algo de lo que se expone nos acerca a un recuerdo, nos provee una imagen y, ligada a ella, aparecen sensaciones en el cuerpo que definimos con una emoción. También puede comenzar una actividad reactiva cuando algo de lo que estamos viviendo nos remonta a las vivencias dolorosas biográficas o prebiográficas.

Como ejemplo, un niño tiene varios hermanos y su madre se ocupa como puede de todo lo que incluye la casa, la compra, sus padres y 6 hijos. El niño en numerosos momentos sintió abandono e incluso alejamiento de los suyos. Cuando quería salir de la cuna después de la siesta no obtenía el resultado esperado hasta que su madre había conseguido cambiar y dar de comer a los pequeños.

De joven tiene muchos amigos con muy buena relación. Dicen de él que es de «muy buena pasta». Su única preocupación es quedar con unos y otros para ocupar su tiempo y poco a poco los estudios le interesan menos. Siendo bastante joven se enamora y debido al embarazo de su novia se casan sin haber acabado la carrera.

La vida continúa hasta que empiezan los problemas porque su mujer trabaja mucho, alguna vez al mes queda a cenar con sus amigas, si están reunidos con amigos ella habla con los participantes sean hombres o mujeres y él comienza a sentir celos, preocupación cuando no está, tiene demandas sobre ella que ni tan siquiera consigue entender como «no me das afecto», «no me quieres» y poco a poco la relación se desgasta.

¿Qué ha sucedido? Que este niño vivió las sensaciones de abandono y separación. Usó un comportamiento adaptativo para evitar estar en contacto con esas sensaciones, como procurar tener mucha gente entre los contactos para asegurarse de que si uno no está ya habrá alguien disponible para acompañarle.

Cuando la vida cambia, el foco de atención y de demanda pasa a ser su mujer, a la que le exige los cuidados que no pudo vivir en su infancia. Él puede continuar reaccionando desde su cerebro arcaico, con necesidades descubiertas que intenta satisfacer a través de los otros o puede comenzar a revisar su historia y sanarla para que su vida tenga otro sentido que la repetición y la compensación.

En el siguiente dialogo de la película *El ladrón de orquídeas* se retrata algo muy similar:

— ¿Nunca te sientes muy solo, Johnny?
—Yo fui un niño raro. No le caía bien a nadie. Pero yo tenía la idea de que, si esperaba suficiente tiempo, alguien iba a llegar y nada más, ya sabes, comprenderme. Como mi mamá. Pero otra persona. Que ella me iba a mirar y calladamente iba a decir: «Sí». Exactamente así. Y ya no iba a estar solo.

Seguir atrapado o dar un paso adelante. Las zonas cerebrales antes mencionadas tienen un supracontrol a través de la corteza cerebral que sirve para regular las emociones. Se trata de un control racional, pero tengamos en cuenta que no supone un control de las emociones directamente desde el raciocinio, sino que permite controlar el paso de la información y es el mediador entre el consciente y el inconsciente. En el cerebro emocional se alojan la memoria —los recuerdos—, el aprendizaje y la imaginación.

Como dice Joseph Ledoux (1996), «todo el sistema cerebral sobre el que se apoyan las emociones es producto de la sabiduría evolutiva. Para él, los mecanismos cerebrales subyacentes a ciertas conductas emocionales se han conservado a lo largo de numerosas etapas de la evolución cerebral».

El tercer cerebro en aparecer, el más joven, es *el cerebro racional* o *frontal.* A pesar de ser el más joven, no deja de tener una larga historia, ya que se desarrolló hace unos cien millones de años con la aparición de los primeros mamíferos superiores. Significó un salto cuántico, una revolución que ha permitido que ahora los humanos seamos capaces de pensar de forma indeterminada, neutra e independiente, que comprendamos relaciones abstractas presentes, pasadas y con vistas al futuro, y desarrollemos un ego consciente con una compleja vida racional y emocional.

Este cerebro racional, o también llamado *pensante*, recubre las partes más viejas y primitivas. Es la parte que nos va a diferenciar de los mamíferos superiores: lo que nos aleja de nuestra animalidad y nos acerca a nuestra humanidad.

En la medida en que los seres vivos han ido evolucionando han agregado circuitos y microcircuitos que facilitan el pasar de las funciones neurológicas básicas del campo mental primitivo a otras cada vez más complejas y funcionales.

Al mismo tiempo se han desarrollado las neuronas llamadas *neuronas espejo*, que son sensibles a los movimientos, sonidos o comunicación verbal, gestual y fisiológica de otros seres vivos. Giaccomo Rizzolati (2006) y sus colaboradores las bautizaron así porque estas neuronas especializadas permiten captar los estados físicos, mentales, emocionales y comprender las reacciones e intenciones del otro. Es sentir en uno lo que viven los demás y esa apreciación le informa a la parte emocional propia para que pueda tomar decisiones desde un lugar humano, sensible y compasivo. Se podría decir que nos facilitan la disolución de las barreras entre las personas. El otro no existe y yo siento en mí al otro. Son también una parte que conforma el espacio que denominamos *como si,* que va unido a la imaginación. Podemos sentir en nosotros algo que no está ocurriendo; por eso podemos recuperar estados y revivirlos «como si» estuvieran ocurriendo de otra manera o ponernos en la piel del otro «como si» sintiéramos como él. El siguiente cuadro resume las características del *cerebro triúnico:*

Cerebro arcaico	Cerebro límbico	Neuronas espejo	Cerebro frontal
Reactivo-instintos.	Emocional.	Capta y recibe información.	Racional.
Supervivencia. Necesidades básicas.	Afectividad. Sentimientos.	Relación con los otros. Comunicación.	Planificación. Sistema de creencias.
Pasado.	Pasado - Futuro.		Futuro.
Repetición.	Recuerdos.	Empatía. Compasión. Amor.	Imaginación.
Reacción muy rápida.	Reacción intermedia: entre rápida y lenta.		Reacción muy lenta.

Recordad: en los momentos de estrés que vivamos producidos por un evento muy dramático o eventos repetitivos y acumulativos, el cerebro arcaico se activará y pondrá a nuestra disposición toda la información que ha recopilado después de centenares de millones de años de evolución. ¡Qué maravilla contar con un programa que nos ayude a sobrevivir sin tener que pensar en ello!

Improntas o huellas

La Descodificación Biológica sostiene que las primeras vivencias dolorosas han actuado como fragilizantes. Es el fundamento del llamado *conflicto programante.* Este postulado tiene su base en la etología, la rama de la biología y de la psicología experimental que estudia el comportamiento de los animales y las formas de aprendizaje de estos, establecidas por Konrad Lorenz, investigador austriaco contemporáneo de Laborit.

Para el Dr. Lorenz (1986) la primera situación que vive un animal y, por ende, el hombre, entendido como un animal superior, constituye lo que denominó una *impronta* o huella que marcará la conducta futura a partir de ese primer aprendizaje.

Otro autor que apoya la teoría de que todas las vivencias han quedado grabadas en nuestra membrana celular es Bruce Lipton:

> El subconsciente es millones de veces más poderoso y más importante que la mente consciente. Utilizamos el subconsciente el 95 por 100 del tiempo, pero no lo podemos controlar. Lo puedes reprogramar. La información del subconsciente se recibe en los primeros seis años de vida. Eso que aprendiste en esos años se convierte en el conocimiento fundamental de tu vida. Por tanto, hay muchos estudios que demuestran que las enfermedades que tenemos de adultos, como el cáncer, tienen que ver con la programación y el entorno que vivimos en los primeros seis años de vida. Es decir, los niños absorben también sus enfermedades o sus actitudes negativas, y así se «programa» su subconsciente.
>
> ¡Qué gran responsabilidad para los padres! Está demostrado que, si un niño adoptado vive en su familia casos de cáncer, en su madurez puede padecer cáncer, aunque su genética sea diferente. Si te enseñaron a maltratar tu cuerpo con mala información, destruirás el vehículo de tu cuerpo, cuyo conductor es la mente. El futuro es una mejor educación para los niños, incluso en la etapa prenatal. (Lipton, 2007).

No somos víctimas de nuestra genética; en realidad es el ADN el que está controlado por el medio externo celular y este, por nuestras creencias y nuestra manera de vivir.

La interrelación psique, cerebro, órgano ha funcionado en nuestro sistema desde hace millones de años y las soluciones obtenidas forman parte de nuestra memoria celular. Esa es la información que ha quedado inscrita en cada célula con el objetivo de tener bien interiorizada la solución a un problema y poder reaccionar rápida y eficazmente ante lo que el cerebro arcaico entiende como una situación de vida o muerte.

A través del estudio del comportamiento animal y de los experimentos de Iván Pávlov (conocido sobre todo por su experimento de «La campana o el perro de Pávlov»), los médicos estadounidenses Robert Ader y Nicholas Cohena se percataron de que el estrés generado en un animal implicaba alteraciones en su sistema nervioso, hormonal e inmunitario. Es decir, se dieron cuenta de cómo influía el estrés (algo psicológico) en el organismo de un animal (algo físico). En 1975 acuñaron el término *psiconeuroinmunología*, una disciplina que estudia las relaciones que se establecen entre el ambiente, la alimentación, el cuerpo y la mente, como estas afectan clínicamente.

Nueva Medicina Germánica (NMG)

La base teórica de la Descodificación Biológica se encuentra en la **Nueva Medicina Germánica (NMG)**, que prosigue en el tiempo a las investigaciones mencionadas. Nació de la mano del Dr. Ryke Geerd Hamer, un médico alemán que inició sus investigaciones al padecer una de las llamadas *enfermedades graves*, un cáncer, después de la muerte de su hijo Dirk en 1978. Un aristócrata italiano disparó sin motivo aparente a una persona que dormía en la cubierta de un barco cercano. Era Dirk, el hijo de Hamer, quien murió 4 meses después en un hospital alemán siendo cuidado día y noche por sus padres. La trágica muerte de su hijo, unida a las dificultades para investigar el caso, afectó profundamente a la familia. A los pocos meses, al Dr. Hamer le diagnosticaron un cáncer de testículos y a su mujer, un cáncer de mama. ¿Casualidad? ¿Sincronicidad? ¿Qué había ocurrido?

Para el Dr. Hamer no era casual la relación entre ambos acontecimientos: había muerto su hijo y los dos progenitores habían sufrido cáncer en dos zonas del cuerpo relacionadas con la reproducción. Por eso en 1981 empezó una nueva línea de investigación, un nuevo paradigma médico que daba un giro de 180 grados a la manera de entender las causas de las enfermedades, basado en el funcionamiento natural del organismo.

Este nuevo modelo se basa en **5 leyes biológicas** que ahora solo enunciaremos y que explicaremos con detalle en otros capítulos. Son las siguientes:

1. DHS (Dirk Hamer Syndrome) o choque biológico ante una situación dramática
2. Carácter bifásico de la enfermedad
3. Sistema ontogénico de la enfermedad
4. Sistema ontogénico de los gérmenes
5. Sentido biológico

Son cinco leyes que han cambiado la manera de entender las enfermedades y que sirvieron de apoyo para que médicos, psicólogos y terapeutas de todo el mundo continuaran indagando en esta línea de investigación. A partir de ellas, y tras agregar otros métodos prácticos para abordar los síntomas de las enfermedades, se formaron distintas escuelas, todas ellas con un mismo fundamento teórico: la idea de que la mente —con sus procesos, la forma de ver la vida— y el cuerpo forman un nexo indisoluble e imprescindible para entender por qué enfermamos y cómo podemos sanar.

Estos preceptos descritos por el Dr. Hamer también tienen una base en la medicina llamada *oficial*. Por ejemplo, él enuncia en la *primera ley* que la persona que ha vivido una situación de estrés con las características de un conflicto biológico antes de la aparición de un malestar o una enfermedad que no ha podido ser evacuado es propensa a descargarlo mediante un síntoma. No es el estrés en sí mismo el que provoca el síntoma, sino la forma en que lo gestionamos. Son nuestras reacciones las que pueden enfermarnos.

Otras teorías como las que sustentan la medicina psicosomática y psicobiológica también tienen el estrés como origen. La causa que se menciona con más frecuencia cuando no hay un factor causal claro es el estrés: migraña por estrés, ulcera gástrica por estrés, caída del pelo o alopecia por estrés, psoriasis por estrés, colon irritable por estrés y tantos otros ejemplos. Como dice Suzanne O'Sullivan (2016) en el libro *Todo está en tu cabeza: Historias reales de enfermedades imaginarias,* «un síntoma psicosomático es cualquier síntoma físico que no pueda ser atribuido a alguna enfermedad y cuya causa más probable sea psicológica».

La Descodificación Biológica se nutre de la NMG y reafirma el concepto de que psique, cerebro y órgano están íntimamente interconectados y uno sirve al otro ante situaciones de estrés para evitar una sobrecarga que pueda llevar a la persona a la muerte. La mente, la psique o lo que conforma nuestra manera de pensar y de reaccionar ante distintas circunstancias tiene un fuerte impacto que es captado por el cerebro. Actúa como un gran computador que avisa al cuerpo, el cual hará las veces de intérprete del malestar.

Nuestro cerebro está a las órdenes de nuestra actividad conflictual. Nuestro cuerpo reproduce el drama vivido y la enfermedad es una forma de lenguaje.

Según este supuesto, para entender y sanar una enfermedad es esencial prestar atención a lo que ha pasado a nivel conflictual en la vida de la persona, algo que por lo general tiene una carga emocional desagradable. Interesa encontrar el origen y revisar ese instante.

En medicina se interesan por el síntoma y en la descodificación lo que importa es la causa, ya que todo el proceso llamado *enfermedad* comienza con un shock llamado *conflicto biológico,* que manifiesta la manera de reaccionar que hemos tenido en el momento del trauma.

Por ejemplo, una persona a la que despiden de su trabajo podrá tener vivencias de muchos tipos. Si lo vive desde «no puedo digerir que me hagan esto», será el estómago quien genere células superpotenciales, que puedan producir 10 veces más ácido clorhídrico que las células normales y en consecuencia puedan descargar la tensión. Podría sentir «estoy rabioso por la injusticia sufrida», por lo que serían sus vías biliares las que reaccionaran.

Si viviera la situación como «esto no me lo trago», actuaría el esófago procurando que las células extras que crecen en sus paredes ayudasen a pasar aquello que quedó atascado. Si siente que «es una mala pasada inadmisible», el intestino delgado tomará el mando para evacuar las tensiones de lo inasimilable.

Podría sentir que le despiden porque no vale para su trabajo, que es incapaz de trabajar bien y entonces, una vez resuelto el conflicto o cuando se olvide de su problema, aparecerá una patología ósea. O si le ocuparan el espacio antes de marchar, podría vivir que le han «invadido en su territorio» y, en este caso, serían los bronquios los que entrarían en actividad.

Hay tantas maneras de vivir las historias de cada día como células tiene el cuerpo para encargarse de descargar las tensiones. Cada una lo hará según la función biológica que tiene.

Eckhart Tolle (2003), en el libro *Una nueva tierra*, dice que «la causa primaria de la infelicidad no es nunca la situación, sino sus pensamientos sobre ella».

El evento vivido es simplemente eso: una anécdota más en nuestra vida. Lo que cuenta y tendrá impacto como un conflicto biológico será la manera como vivamos esa situación, es decir, los pensamientos que tengamos al respecto. No hay experiencias objetivas, sino que será nuestro aparato psíquico el que mira la experiencia, fabrica las imágenes con la coloración conflictual y la clasifica creyendo que lo que percibe es la realidad.

La vida es una experiencia subjetiva que interpretamos según las gafas que llevamos puestas.

La **segunda ley** del carácter bifásico de la enfermedad es otro factor indiscutible para la medicina oficial, ya que ante una situación de estrés se activa el sistema nervioso simpático, tal y como hemos visto anteriormente, por lo que una vez pasada la situación de riesgo es lógico que el cuerpo se recupere. Para ello deberá estar en reposo o vagotonía, papel que le corresponde realizar al sistema nervioso parasimpático. Una función importante del cansancio es garantizar la sanación de los tejidos y, por lo tanto, la supervivencia.

Querer acelerar el proceso de curación es antinatural, por lo que deberíamos recordar la perfección de la naturaleza, en la que no hay nada creado que no tenga un sentido, donde cada función responde a una necesidad.

Por ejemplo, ¿a qué puede conducir querer acelerar el proceso de curación de una fractura?, ¿es posible acelerar la reconstrucción mediante algo externo?, ¿no será más sano darle el tiempo que pide el cuerpo para que se recupere solo? La fase de vagotonía forma parte de la enfermedad. Es natural y biológico tener síntomas infecciosos o inflamatorios, ya que estos están para que desaparezcan los tejidos que han crecido o se aporte al medio todo lo necesario para la reconstrucción de las partes dañadas.

De este modo podrán regresar a su posición original, algo que ocurrirá siempre que el proceso de vagotonía tenga el tiempo necesario para realizar su tarea específica y no sea «atacado» desde el exterior con, por ejemplo, antiinflamatorios o antibióticos.

La **tercera ley** habla sobre el sistema ontogénico de la enfermedad, que tiene su conocimiento en la medicina oficial desde la embriología. Una vez unido el óvulo y el espermatozoide, se forma un embrión, que es potencialmente un ser completo, salvo que necesita desarrollarse para poder conseguirlo. En un momento de ese desarrollo embrionario se forma un disco que cuenta con tres láminas o capas de las que derivan la totalidad de los órganos, cada uno de una determinada capa embrionaria: el endodermo, el mesodermo y el ectodermo.

La visión que aporta el Dr. Hamer es que cada órgano tiene su origen en una capa embrionaria y a esta le corresponde una tonalidad específica global y peculiar. Por ejemplo, los órganos derivados del endodermo permiten la continuidad de la vida y son indispensables para la supervivencia. La frase global de esta etapa es «atrapar el bocado de X para sobrevivir» por lo que se considera que son conflictos vitales.

Si observamos algún órgano de esta etapa como los pulmones y específicamente los alveolos pulmonares, veremos que es vital para la supervivencia atrapar el bocado de aire para respirar.

La **cuarta ley** está en relación con los gérmenes y su participación en el proceso de curación y reparación de los tejidos. La información aportada por los microbiólogos es que tenemos más microbios que células en el cuerpo. ¿Por qué la naturaleza ha previsto contar y disponer de tantos microorganismos? Una explicación es que estos organismos diminutos están en el lugar y momento adecuados para poder colaborar en la curación.

Y hasta aquí, salvando las distancias, la medicina oficial y la Nueva Medicina Germánica tienen mucho en común.

Sin embargo, es a partir de la **quinta ley**, la quintaesencia de la NMG, donde el panorama comienza a cambiar. Es en este quinto precepto o *ley del sentido biológico* donde hay diferencias, ya que, para la NMG, la enfermedad no es un proceso peligroso que eliminar, sino una solución que tiene un fin u objetivo en el contexto de la evolución de las especies.

La enfermedad aparece para restaurar el equilibrio orgánico o la salud que se perdió ante un conflicto biológico. La naturaleza es tan sabia que hará que el tipo de síntoma sea el más adecuado para cubrir las necesidades descubiertas en el momento del choque biológico con el objetivo de conseguir la supervivencia del individuo y, por ende, la del grupo.

Si la enfermedad fuera algo inútil, la naturaleza no habría previsto este proceso, ya que todo lo que no tiene una función acaba desapareciendo.

He aquí un ejemplo para aclarar este tema: si un animal come de más, hará una cura con hierbas y vomitará el bocado que considera indigesto. El síntoma sigue una lógica biológica. La persona que vive en su vida una situación indigesta a nivel relacional puede acabar vomitando con la intención de eliminar el bocado indigesto. Sin embargo, su cuerpo

EL ARTE DE ESCUCHAR EL CUERPO

cuenta con otras alternativas por si no lo pudiera eliminar, como hacer más células con el objetivo de destruir el bocado o hacer más función. Alopáticamente entendemos como tumor o cáncer un órgano con más células, que se van dividiendo mediante mitosis y que no tienen apoptosis o muerte celular. El síntoma busca que la persona siga viva y no muera antes de lo previsto, como podría ocurrir por no entender los programas biológicos de la naturaleza. No siempre se consigue, o sea, no siempre el programa es eficaz, aunque sí que lo es la finalidad de la enfermedad.

Hace milenios que la humanidad tiene más o menos conciencia de que todas las enfermedades tienen en definitiva un origen psíquico y esto se ha convertido en una «adquisición científica» sólidamente anclada en el patrimonio de los conocimientos universales; sólo la medicina moderna hace de nuestros seres animados una bolsa llena de fórmulas químicas. (Hamer, 2011).

Para cualquier sistema médico hay evidencias claras de que las enfermedades provienen de algún momento. La diferencia estriba en el origen: para unos provienen de un choque biológico y para otros del encuentro de un elemento causal o de estrés.

Todos comparten la teoría de que el sistema nervioso autónomo se encarga de las funciones vegetativas y actúa fisiológicamente durante el día y la noche, así como que las reacciones son distintas cuando la persona está enferma. Asimismo, se comparte que todos los órganos derivan de una capa embrionaria y que, como ya hemos mencionado, tenemos en el cuerpo más microbios que células.

Lo discutible es si cada síntoma sigue un camino lógico y si ese camino puede retomarse para desactivar el conflicto que está en la base de la enfermedad. Quizás la medicina ha dado tanta importancia a la tecnología, que ha sido muy útil en muchos aspectos y ha dejado de lado los aspectos humanos, tan necesarios a la hora de acompañar en un proceso de pérdida de salud. Tener en cuenta a la persona íntegramente supone mirar también la influencia de los factores emocionales y vivenciales en el proceso de enfermar.

Otro punto en el que no se coincide es en relación a la recuperación de los síntomas. En algunos casos, para la medicina alopática existen las llamadas *enfermedades incurables*, lo que significa que no son curables médicamente con las herramientas o con lo que se conoce hasta el momento en la medicina *oficial*.

Como dice un proverbio chino, «La medicina solo puede curar las enfermedades curables». Para la Descodificación Biológica el malestar sana siempre que se modifique desde el interior la forma de vivir la situación que ha llevado al síntoma. La intención es que se retome la vida con ojos distintos para dejar de caer en el mismo error una y otra vez.

Retomando a Tolle (2003), se trata de aplicar aquello que él nos dice: «Sea consciente de los pensamientos que está pensando. Vea la relación entre sus pensamientos y sus emociones. Más que ser sus pensamientos y sus emociones, sea la consciencia que está más allá de ellos».

En el caso de María, si tuviera interés en ver cómo funciona la Descodificación Biológica con su sintomatología, se encontraría que un acompañante le propondría revisitar otra vez el momento en que algo quedó bloqueado en su interior, como si hubiera ocurrido hoy mismo. ¿Cómo se hace?

Para el inconsciente, el tiempo no existe y podemos viajar en el tiempo hacia el pasado o hacia el futuro. En todo caso, se trata de llegar al momento en el que una energía inundó su cuerpo, vivió un fuerte estrés de una tonalidad específica y esa tensión ha tenido que ser evacuada hacia un órgano.

Una vez que esté en ese mismo instante, tendrá que revivirlo a través de sus sensaciones corporales con el fin de descargar las tensiones que se acumularon. Luego será cuestión de ofrecerle al cuerpo lo que necesita: descanso, tranquilidad o nutrientes para que se recupere orgánicamente. Y el camino de la vida continuará y con él las experiencias que le permitan evolucionar, por lo que seguramente se plantearán situaciones donde tenga que volver a dar una respuesta.

De ahí que sea interesante también replantearse cómo vivir, cuál es la coherencia que hay entre lo que se desea y lo que uno mismo se permite. Es fundamental que nos demos cuenta de la cantidad de cosas que tienen importancia en un momento, pero que en otro son completamente intrascendentes.

Así se configura la Descodificación Biológica

En Descodificación Biológica se adopta la teoría de la NMG y por ello hablamos de encontrar el sentido biológico del síntoma para llegar al equilibrio psique, cerebro (sistema nervioso) y órgano. Es un acompañamiento a la persona, que es responsable de sus vivencias, para que pueda encontrar el instante perdido en el que algo quedó olvidado y que el cerebro busca evacuar mediante la complicidad que tiene con los órganos. Escucha la metáfora biológica que ha experimentado la persona y le acompaña para que pueda tomar contacto con las sensaciones corporales y el sentir profundo guardado con mucho esmero en el inconsciente. Se diría que ha quedado protegido en el interior del ser. El síntoma expresa una verdad sobre lo vivido y a su vez la oculta.

Descodificar es bucear, hacer arqueología y rascar las duras piedras de las corazas protectoras, es encontrar el código para poder desactivarlo y satisfacer así una necesidad no cubierta en el instante del choque biológico. El objetivo radica en modificar la manera de vivir un instante preciso y que el síntoma evolucione para sanar así el cuerpo. Para ello es fundamental comprender cuál es el sentido biológico y dónde está su origen.

La Descodificación Biológica interpreta los síntomas como la solución inequívoca al estrés vivido en un momento. También es una alarma, un signo de una alteración temporal de nuestro organismo, algo que no acaba de funcionar bien y que se corresponde con alguna vivencia profunda. Se trata de descubrir cuál fue. Es algo chocante que nos ha ocurrido en nuestra vida y que nos ha afectado a nivel celular o biológico.

El trabajo del terapeuta, por lo tanto, se centra en llegar a encontrar esta situación chocante a través de la palabra, el momento que nos ha alterado en lo más hondo, aunque muchas veces no seamos conscientes. Por lo tanto, podemos decir que el objetivo de la Descodificación Biológica es permitir una escucha biológica, una escucha visceral de nuestro cuerpo y nuestras entrañas, una escucha que no es psicológica.

En eso ayuda el acompañamiento, según la Descodificación Biológica. ¿Cómo lo hace? Mediante el uso de herramientas de acompañamiento práctico conocidas como *herramientas terapéuticas* de la DB.

Herramientas terapéuticas de la DB

Ya hemos visto cómo aparece el síntoma, así que ahora nos queda conocer cómo acercarnos a él para sanar. La Descodificación Biológica tiene como objetivo llegar al instante en el que la persona vivió un conflicto biológico, detectar la manera en que ha vivido esa situación y observar si el conflicto está o no solucionado. La solución puede venir de fuera o de dentro, por lo que algo cambiará en nuestra manera de funcionar. Se trata de encontrar el modo de reacción de un instante preciso y desactivar la tensión que atravesó el cuerpo. Cabe destacar que este acercamiento no se hace solo a nivel intelectual, sino que es necesario revivirlo a nivel corporal.

Es un acompañamiento que recoge múltiples herramientas terapéuticas de campos muy dispares para tener a mano cuantos más útiles mejor y conseguir así llegar al instante del choque biológico. El objetivo consiste en descargar la tensión mediante la evacuación de las sensaciones corporales para que la enfermedad pueda seguir su proceso natural. Por eso utiliza métodos como la relajación o la sofrología, el dibujo inconsciente, el uso de cuentos, de metáforas terapéuticas, el gesto repetido, la microfisiología, algunos elementos de la programación neurolingüística (PNL), la hipnosis ericksoniana, las constelaciones familiares, la psicogenealogía, los septenios, los ciclos celulares biológicos memorizados, la creatividad o la visualización, entre otras.

Todas estas herramientas se adaptan a cada persona y permiten, según su peculiaridad, acercarse al instante preciso del impacto. En ese momento es el acompañante quien guía a la persona para que vacíe las sensaciones corporales acumuladas y el sentir visceral profundo.

Los terapeutas en Descodificación Biológica saben cómo usar estas herramientas. Es indispensable haberlas probado antes para tener visitados y sanados los conflictos que se pueden presentar y saber en qué caso es más adecuada una u otra. Asimismo, lo que aún es más importante, deben seguir un sistema de elaboración de hipótesis de trabajo para analizar, comprender y trabajar cada síntoma hasta su curación. Solo un terapeuta formado en una escuela de Descodificación Biológica podrá serle de verdadera ayuda para emprender su camino hacia la sanación.

Debemos tener en cuenta que la Descodificación Biológica no es una verdad absoluta; es un trabajo complementario al trabajo médico o psicológico y en ningún caso pretende ser excluyente. Con la Descodificación Biológica se trabaja a partir de un conjunto de hipótesis que el terapeuta sopesa y que ayudarán a que, poco a poco, mediante la palabra, se pueda llegar a la confidencia con el paciente. Es fundamental que la relación que se establezca entre la persona que busca sanar alguna situación de su vida y el experto en Descodificación Biológica sea de total confianza, protección y seguridad, ya que solo así se podrá llegar a encontrar la causa, el momento exacto, la experiencia desencadenante de la dolencia o descubrir los bloqueos que impiden una vida sana y feliz.

En resumen, la Descodificación Biológica es una forma de acompañamiento, enmarcada dentro del grupo de terapias breves cuyo objetivo es ayudar a la persona a que tenga una existencia más digna y más sana, procurando encontrar el origen de los malestares o síntomas físicos, psíquicos, existenciales o comportamentales. Para hallarlo, se centra en localizar un instante de conflicto biológico en el que han quedado retenidas ciertas vivencias profundas de la persona, las sensaciones asociadas al evento y las emociones de ese instante. ¿Qué quiere decir eso? La energía de las situaciones que vivimos día a día queda incrustada en nuestras células y condiciona la manera en que reaccionamos ante ellas. A veces, algunos de estos sucesos nos afectan de manera inconsciente, sin que nos demos cuenta de ello ni sepamos qué significan ni cómo influyen en nuestro cuerpo. Son estos momentos los que pueden causar enfermedades.

Iremos profundizando en este punto a lo largo del libro, pero es muy importante que este concepto quede claro, ya que es la manera en la que entendemos las afecciones desde la Descodificación Biológica. Solamente entendiendo cómo se producen, podremos aprender a curarlas y prevenir la aparición de otras.

En palabras de Vicente Herrera, médico y gran conocedor de la NMG, «entender la enfermedad es comprender la vida». ¡Gracias, Vicente!

CUENTO

No me crean: ¿Cuál es la respuesta correcta?
Una mañana, Buddha estaba acompañado de sus discípulos cuando un hombre se le acercó.
—¿Existe Dios? —le preguntó.
—Existe —respondió Buddha.
Después de la comida, otro hombre se le acercó.
—¿Dios existe? —preguntó.
—No, no existe —le respondió Buddha.
Al final de la tarde, un tercer hombre le hizo la misma pregunta.
—¿Dios existe?
—Eres tú quién tiene que decidirlo —le contestó Buddha.
Cuando el hombre se fue, un discípulo dijo, indignado:
—¡Maestro, es absurdo! ¿Por qué dais respuestas diferentes a la misma pregunta?
—Porque son personas diferentes y cada uno llegará a Dios por su propio camino. El primero me creerá. El segundo hará todo lo que pueda para demostrar que me equivoco. El tercero solo se creerá lo que él mismo elija.

Anónimo.

PARA SABER MÁS

Películas:
* Resnais, Alain (director). (1980). *Mi tío de América* (título original: *Mon oncle d'Amérique*).
  [Película]. Francia: Philippe Dussart / Andrea Films / TF1.

Libros:
* Laborit, Henri. (1985). *Éloge de la fuite.* Paris: Gallimard.
* Hawkins, David. (2014). *Dejar ir: El camino de la entrega.* Barcelona: El grano de mostaza.

La Descodificación Biológica: elementos básicos

«Primum non nocere»
(Lo primero es no hacer daño)

Tomemos la expresión latina con la que iniciamos este capítulo, *primum non nocere*, para recordar la importancia de conocer los fundamentos de la Descodificación Biológica en relación con la salud y la enfermedad. Mantenernos fieles a estos principios nos ayudará a ver la perfección que existe en el sistema **psique-cerebro-órgano** y evitar así causar un daño mayor, tal y como ocurre con los efectos secundarios de diversos tratamientos o con la activación de los miedos.

Tríada psique-cerebro-órgano

Si una persona presenta una enfermedad o síntoma es porque su cerebro ha considerado que eso es necesario para la supervivencia del individuo. Desde el instante en que la manera de vivir de nuestra psique es creer que está frente a un gran peligro, nuestro cerebro también se pone en alerta. La importancia de todo esto es que el cerebro detecta de forma muy precisa la manera de vivir la situación de conflicto biológico y acierta a la perfección al dar la orden a la célula que por excelencia podrá evacuar el estrés vivido.

Retomemos paso por paso la secuencia lógica del proceso llamado *enfermedad* o *Programa Biológico de Supervivencia* (PBS).

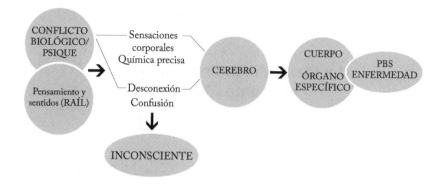

El conflicto biológico

Antes mencionábamos el concepto *conflicto biológico,* dos palabras que parecen remitir a algo muy complejo, pero que en realidad no lo es. También se llama *instante de choque biológico* o *bioshock.* En primer lugar, debemos destacar que en Descodificación Biológica estamos hablando de biología. Es fácil caer en la confusión de pensar que, como nos referimos a la conexión entre lo que experimentamos —nuestra mente— y las enfermedades —nuestro cuerpo—, estamos ante un conflicto psicológico. Pero no es así: es un choque que va mucho más allá y que es más profundo, ya que habla de una función biológica alterada. Podríamos decir que cuando hablamos de conflicto biológico nos estamos refiriendo al impacto que tiene en nuestras células la situación que nos desestabiliza, el evento al que hacíamos referencia antes. Esta energía que producimos se desplaza hasta lo más profundo de nuestro cuerpo y sobresalta nuestra biología, no nuestra psique.

También suele llamarse *choque* o *conflicto emocional* porque guarda la memoria de una determinada emoción. Sin embargo, quisiera aclarar que no se trata de una emoción sino de una necesidad biológica descubierta. En palabras del Dr. Hamer (2011), en su libro *El testamento de la Nueva Medicina Germánica*, suele confundirse con emoción porque «Si se toca el argumento del DHS de una persona, a ésta normalmente se le vienen las lágrimas a los ojos, signo de su carga emotiva».

Hay claras diferencias entre un conflicto biológico y un conflicto psicológico:

CONFLICTO BIOLÓGICO	CONFLICTO PSICOLÓGICO
Se da en el mundo de los seres vivos: animales, vegetales y seres humanos.	Se da solo en los seres humanos.
Responde a una necesidad biológica descubierta.	Responde a una necesidad psicológica descubierta.
Está en relación con la evolución filogenética.	Está en relación con el mundo interior de la persona.
Afecta a la célula, a la biología.	Afecta a la psique.
Es una reacción inconsciente.	Es una reacción consciente.
Hay reacciones como sensaciones corporales. Se revive en el cuerpo y desaparece.	Hay reacciones emocionales y psíquicas. Se revive en la psique y permanece o desaparece.
Moviliza pautas de comportamiento para la supervivencia como especie.	Moviliza pautas de comportamiento individuales.
No es una construcción cognitiva. Es visceral.	Es producto de la inteligencia: se actúa de forma razonada o intelectual.

Es importante destacar que no toda situación emocional o de estrés que vivamos supondrá un choque o conflicto biológico. Sólo aparece si se presentan cuatro condiciones: debe ser una situación **inesperada** para la que no se tiene un recurso, **dramática, sin solución** y que se ha vivido **en soledad** sin haber podido expresar el sentir profundo o la emoción visceral asociada al evento. Si se vive una situación inesperada, pero se cuenta con los recursos necesarios, la persona podrá responder y la vivencia no será dramática, por lo que ya se desactivará uno de los componentes del choque biológico.

Expresar es una condición humana. Expresar es una medida práctica para evacuar el estrés o la tensión. Algunas personas dicen «me gustaría tener una pareja para compartir lo que me ocurre cada día» o «son muy buenos amigos con los que compartimos todo». Es natural poder hablar y quizás los otros solo nos escuchan, nos acompañan con su presencia tranquila o nos muestran otro lado de la experiencia que no podíamos ver. Ese compartir en muchos casos ya es sanador porque facilita la evacuación del estrés y resignifica las historias vividas.

«Una alegría compartida se transforma en doble alegría; una pena compartida, en media pena» (proverbio sueco).

A veces no hay un único conflicto biológico, sino una sucesión de pequeños conflictos ligeramente traumatizantes que pueden pasar desapercibidos por tener una carga emocional pequeña, pero que quedarán registrados a nivel inconsciente.

La sumatoria de pequeños conflictos que podemos llamar «gota a gota» podría estar en la base de un síntoma. ¿Cómo? Se van presentando situaciones desestabilizantes poco a poco hasta que un día se acaba manifestando en una enfermedad que será la expresión de lo acumulado. Sin embargo, como hemos mencionado, puede ser que la solución sea diferente para cada persona. Scoot y Stradling (1992) le llaman *trastorno de coacción prolongada de estrés* o TCPE.

A modo de ejemplo, podría darse el caso de que alguien se ve sometido a ligeras pero regulares situaciones de menosprecio verbal que le hacen sentirse desvalorizado, un tipo de conflicto interno que da lugar a un proceso óseo. Por otro lado, también podría vivirlo como «tengo que resistir esta lucha constante», lo que podría ser el origen de un desajuste insulínico. Es como si a pequeñas dosis se hubiera acumulado el sentir de «no llego al rendimiento» que afecta a los huesos o el sentir de resistir y para poder hacerlo se ha de acumular glucosa en la célula.

Psique

La manera de reaccionar ante distintos eventos en la vida viene condicionada por nuestros aprendizajes, que no se adquieren únicamente por experiencia propia, sino que también incluye la información que recibimos de padres y de ancestros. La suma de todo ello es lo que moldea nuestra personalidad. En el momento del conflicto biológico podemos encontrar una solución consciente a lo que nos está ocurriendo y sentir que ese es el resultado apropiado. De esa forma el cerebro ni tan siquiera detectará la situación como un problema.

Veamos varias opciones posibles de respuesta según las experiencias que tuvo María en su sistema familiar. Si ella dispone de otra suma de dinero que ha ido ahorrando y encuentra una casa apropiada o si alguien le hubiera prevenido de lo que ocurría con antelación, podría responder a su tía y plantear varias situaciones como exigirle el dinero, pactar un plazo de entrega de la cantidad acordada u olvidarse. También podría sentir que puede obtener el dinero por otras vías o cualquier otra acción que para ella suponga una solución. En este caso, no lo vivirá de manera dramática y, si cuenta con un recurso, fortaleza o aprendizaje interior, la charla con la tía quedará en una anécdota quizás desagradable, pero no tendrá como resultado una enfermedad, porque será un conflicto psicológico.

También puede ocurrir que la solución al conflicto llegue rápidamente, ya sea desde el exterior (en el ejemplo de María, su tía podría decirle que no dispone del dinero en ese momento pero que en los próximos días se lo devolverá) como que ella misma lo viva de tal manera que modifique el estrés que se ha producido (por ejemplo, pensando que ha sido un pago por todo el tiempo que su tía se ha dedicado a ella desde la muerte de su madre). La solución puede estar en el exterior o en el interior de la persona.

Tal vez el resultado sea que no hay ninguna solución para la vivencia, pero entonces puede darse el caso de que la persona hable y la comparta, descargando así el dramatismo de este acontecimiento y haciendo que pierda su virulencia. Si María tiene confianza en su tía y le habla desde el corazón expresando lo que sintió en el mismo instante de su conversación y encuentra las palabras exactas de su vivencia profunda, también desactivará parte de la tensión del momento conflictual.

Contar con recursos interiores desactiva la intensidad del choque biológico.

La preparación para conducir con seguridad va más allá de las clases para poder obtener el permiso de conducir. Consiste en sumar recursos y ponerlos en marcha en caso de que sean necesarios en el ámbito de la conducción. Por ejemplo, en estas clases se explica que, si un choque entre coches es inevitable, es mejor hacerlo de frente que frontolateral, ya que se prevé que las consecuencias serán menores. Una persona, después de hacer este curso, se encuentra en una curva con un coche que viene directo a su lateral y en segundos es capaz de decidir lo que le salva la vida: enfrentar al otro, ya que no tiene otra escapatoria hacia los laterales. Pasada la colisión, baja del coche en medio de la confusión y se da cuenta de que su rápida reacción le ha salvado la vida. Ha contado con un recurso, lo ha puesto en marcha y ha conseguido la supervivencia.

Ocurre de igual manera cuando en la vida contamos con elementos suficientes que nos ayudan a pasar por experiencias y salir sanos en el sentido más literal de la palabra.

En el momento del choque biológico se acumula una carga de energía en nuestro cuerpo, que busca una vía de salida y necesita expresarse para poder ser liberada. Las formas por las que esa energía puede evadirse son muchas y muy variadas: la expresión de la vivencia profunda (no se consigue este resultado si lo que se expresa es la anécdota o historia), el revivir las sensaciones corporales del momento o hablar del incidente hasta liberar la carga acumulada. Cuando la sabiduría de nuestro inconsciente no consigue salir, buscará librarse de ese peso de muchas maneras como a través de los lapsus o sueños que tengamos, errores que cometamos, actividades que necesitemos hacer o gestos repetidos.

Es importante destacar que cualquier acumulación de estrés específico con carga emocional no expresada se guarda en la memoria corporal hasta el instante en que, cuando menos se lo espera la persona, la energía potencial consigue salir. Cuanto más grande sea la intensidad del shock o la duración de la exposición a la situación de estrés, más aumentará la llamada *masa conflictual*, es decir, la cantidad de energía almacenada que debe ser liberada.

Volveré a tomar como ejemplo el caso de María. Si el conflicto que vive hubiera sido sentido como un malestar indigesto, es probable que hubiera tenido unos días mala digestión, alguna molestia estomacal o vómitos. En cambio, cuando la sensación es de tener que eliminar algo sucio y hacerlo de forma rápida el síntoma podría ser una diarrea. Para María la vivencia debió de ser intensa porque la consecuencia en su cuerpo ha sido generar más y más células con el objetivo de ayudar a destruir el estrés del bocado que le han quitado de mala manera.

La psique determina la forma en que reacciona la persona y le da un sentido al acontecimiento, lo que hará que el estrés impacte en un órgano o en otro. Ningún acontecimiento tiene un sentido en sí mismo, sino que es el inconsciente de la persona el que le otorga el significado y eso hace que tengamos un comportamiento o una reacción determinada.

Por ejemplo, una noche María se encontró sola cuando se despertó. Su madre había salido a buscar pan para prepararle un bocadillo para el día siguiente. Fueron cinco o diez minutos en los que María sintió terror y se quedó paralizada. También pudo sentirse abandonada, separada de su madre, con impotencia, con culpa («merezco ser abandonada porque hoy me enfadé con mamá»), desprotegida o de muchas otras maneras. Cuando su madre regresó, María sintió un profundo alivio y al día siguiente se levantó con disfonía: no podía hablar. Es la fase de reparación ante un conflicto de pánico, terror o fuerte miedo.

Raíl o pistas

En el instante mismo del conflicto biológico se activa el pensamiento (que actúa como un sentido más) y a su vez los cinco sentidos (olfato, tacto, vista, gusto y oído) registran todo lo que hay en el entorno inmediato en el que estamos. Por ejemplo, archivaremos todos los sonidos del entorno, todas las imágenes posibles, los olores que nos rodean, todo lo que sentimos en nuestra piel y en el cuerpo y hasta los gustos que notamos en nuestra boca. Toda esta información se convierte en pistas o *raíles* que nos informan del contexto de la vivencia y que en el futuro nos advertirán antes de que aparezca lo que el inconsciente biológico considera un peligro similar. Nuestras células recordarán toda la información, desde lo que olíamos, lo que la piel notaba, los ruidos que había, lo que se percibió… Es decir, que, aunque nosotros no lo recordemos, nuestro cuerpo sí lo hará.

El o los pensamientos que aparecen en el momento del shock pueden tener una tonalidad emocional y los llamaremos *sentimientos*. Nombrarlos no sirve para descargar la tensión, ya que están más cerca del plano intelectual que del corporal. Ejemplos de sentimientos son el fastidio, la desconfianza, la soberbia, la envidia, la frustración, el dolor (emocional), etc.

María en esta historia podría hablar con sus amigas y explicarles que se siente con remordimiento y culpabilidad por pensar mal de su tía o con resentimiento, nerviosismo y hostilidad porque se ha apropiado de algo suyo. El hecho de hablarlo desde los sentimientos no cambia el sentir profundo.

Inconsciente: un momento en el que todo se congela

Volvamos a hablar de lo que es el conflicto biológico, ya que es central en la Descodificación Biológica y debe quedar muy claro. Se corresponde con la Primera Ley Biológica de la Nueva Medicina Germánica en la que, ante una situación dramática, inesperada, sin solución ni expresión, quien lo vive se encuentra en estado de tensión o shock.

En ese momento clave, la persona se halla confusa y es muy posible que olvide cosas. Se podría decir que la persona tiene lagunas, hay momentos que se han borrado cuando intenta recordar la situación más adelante. Comparando el paso de los acontecimientos con una película, el momento del bioshock es el instante en el que desaparece un fotograma. Es como si el individuo hubiera perdido el conocimiento de ese momento. Una forma de amnesia parcial o total que ocurre cuando se supera el margen de tolerancia. El sujeto recordará alguna toma de la película simbólica pero no todas las partes: faltarán trozos que se habrán desvanecido de su memoria a nivel consciente.

Ese olvido, disociación, escisión de la consciencia o ausencia es un elemento común que aparecerá en las distintas investigaciones sobre estrés postraumático desarrolladas por varios investigadores como, por ejemplo, Peter Levine, Rachel Yehuda o Bessel van der Kolk, entre otros autores.

A pesar de la desconexión temporal en el plano consciente, ya hemos dicho que nuestro cuerpo retiene todo, absolutamente todo, lo que ha pasado en ese momento y cómo se ha vivido. ¿Por qué lo retiene y cómo? La comunicación, desde el punto de vista nervioso, se transmite mediante sinapsis, que es el término que indica cómo dos o más neuronas se informan mediante señales de lo que se vive y de la reacción consecuente a la vivencia. Esa transmisión se realiza a través de un impulso eléctrico o mediante la liberación de un neurotransmisor, que en el caso de situaciones traumáticas pueden ser epinefrina y norepinefrina. Esta última, si es secretada en abundancia, le dará la orden al cuerpo de que se active para luchar o para huir, una de las dos respuestas de supervivencia. El cuerpo no olvida la secreción química que se ha producido en ese instante al cual están asociadas las sensaciones corporales.

Lo que es interesante es que a cada reacción sináptica, y por lo tanto a cada experiencia concreta, le corresponde un efecto peculiar en el cuerpo, es decir, unas sensaciones corporales particulares, como micromovimientos musculares, tensión, calor, frío, espasmos, palpitaciones, bloqueos respiratorios, apretón de estómago, dolor en la garganta, sensaciones de cosquillas en la barriga, electricidad en las manos, parpadeo rápido, etc. El recuerdo se fija mediante proteínas que aseguran las conexiones sinápticas entre las células nerviosas, un proceso que puede tardar desde unos minutos hasta unas horas. Sumado a esto, los estudios de neurobiología muestran cómo los recuerdos de los eventos vividos con alguna emoción quedan registrados en nuestro cerebro límbico, específicamente en la amígdala.

Tened en cuenta que la emoción es vital para la supervivencia. Facundo Manes y Mateo Niro (2014) en el libro *Usar el cerebro* escriben lo siguiente sobre la función de la emoción: «El recuerdo, ya sea consciente o inconsciente de situaciones emocionalmente significativas, tiene como finalidad el protegernos frente a situaciones amenazantes».

Por ello, podemos decir que la memoria emocional o el hecho de guardar los recuerdos ligados a emociones es un mecanismo eficiente para prevenir futuras situaciones de peligro o alejarnos de ellas. Uno de los sistemas con los que contamos para retener toda la información es la grabación de forma automática de todos los detalles del espacio en el que ocurre el evento. Es equiparable a fotografiar todos los elementos que hay en el escenario para tenerlos a disposición cuando se quiera volver a hacer el mismo diseño.

Antonio Damasio en el libro *El error de Descartes,* en el año 1994, presenta su teoría sobre el **marcador somático** (MS) en la que afirma que las emociones contienen una señal somatoestésica que nos ayuda a razonar y decidir de forma óptima y que estas se han ido acumulando a lo largo de nuestra ontogenia en forma de registro de experiencias positivas y negativas. Los mecanismos emocionales son la guía sobre la que se asienta la conducta.

Fundamentalmente, el cuerpo guardará en sus células la información de las sensaciones corporales desagradables del instante, ya que es un momento de secreción de neurotransmisores y hormonas que impregnan nuestra biología y fijan la vivencia. Como seres humanos hemos asignado un nombre al conjunto de una serie de sensaciones corporales, que conocemos como *emoción.*

Hay muchas emociones, como son el miedo, el enfado, la tristeza y el amor. Las sensaciones corporales que acompañan a las emociones podrían ser de varios tipos. Algunas ya las hemos mencionado y otras podríamos decir que las sentimos: cómo se cierra la garganta, tenemos temblores o calor, notamos cómo sube la sangre, cómo sudan las manos, se enfrían los pies, duelen los hombros, se nota pesada la cabeza, se nos hace un nudo en el estómago, se tensan los ojos, percibimos un hormigueo en los músculos, etc. Todo ello es una muestra de cómo el cuerpo ha guardado el instante en su interior.

Por ejemplo, cuando notamos cosquillas en el estómago, aceleración del corazón, humedad o lágrimas en los ojos y relajación en el cuerpo, podemos decir que sentimos alegría. Sin embargo, si las sensaciones son de un nudo en el estómago, la aceleración del corazón, la piel de gallina y un temblor generalizado, le asignaremos el nombre de *miedo.* Cabe tener en cuenta que esto es totalmente personal y que depende de cada momento y cada situación.

Babette Rothschild (2015) describe en el libro *El cuerpo recuerda. La psicofisiología del trauma y el tratamiento del trauma*:

> Las emociones, aunque son interpretadas y nombradas por la mente, son integralmente una experiencia del cuerpo. Cada emoción le parece diferente al observador, y tiene una expresión corporal diferente. Se sienten diferentes cosas por dentro (sentido interno) y nuestra postura cambia dependiendo de la emoción (sistema nervioso somático).

Vale decir entonces que las emociones siempre estarán acompañadas de un movimiento interior llamado *sensación corporal*, que es específico para cada instante, que nos sorprende y que queda guardado en nuestro supercomputador cerebral, ya sea arcaico —como el cerebro reptiliano— o emocional —que es el sistema límbico—. En la amígdala, una parte del sistema límbico, se almacenan las experiencias con carga emocional organizando la memoria implícita (sensaciones) y en el hipocampo, también ubicado en el sistema límbico, se guardan las memorias asociadas al tiempo y al espacio conformando la memoria explícita.

Por eso podemos viajar tan fácilmente en el tiempo y evocar un recuerdo. De la misma manera, podemos revisitar el recuerdo, es decir, ir al momento en el que las mismas sensaciones corporales se ponen en marcha y se produce nuevamente una síntesis de proteínas en las vías nerviosas. Debido a este último componente, las últimas investigaciones en neurociencias avalan la hipótesis de que se puede modificar el recuerdo cuando se abre a la memoria.

Es decir, que, de la misma manera que en un momento el recuerdo quedó guardado, también puede ser revivido a través del recurso natural que todos poseemos y de esa forma desactivarlo. Luc Nicon (2007), pedagogo, creador y difusor de la técnica TIPI, propugna revivir sensorialmente el instante de conflicto para desactivar cualquier señal biológica. Su objetivo es trabajar con las situaciones con carga emocional como los miedos, los enfados, la tristeza o la rabia. Desde la Descodificación Biológica la idea es similar, es decir, ir hasta el momento del shock para que la persona reviva en su cuerpo lo que le ocurrió en el pasado.

En resumen, podemos decir que en el instante del choque biológico se activan el pensamiento y los cinco sentidos, se despiertan las sensaciones corporales y todo ello da lugar a los sentimientos, las emociones y una vivencia profunda a nivel visceral, por lo que a cada momento conflictual le corresponde una serie completa de todos estos elementos.

Por ejemplo, a un instante de conflicto que llamaremos A, le corresponde un pensamiento A, sentidos A, sensaciones corporales A, emociones A, vivencia visceral profunda A; al instante que podemos llamar B le corresponderá toda la serie B, y así sucesivamente.

Desconectar las sensaciones corporales de una vivencia permite desconectar toda la serie relacionada. Decimos *desconectar* (de ahí el término *descodificar*) porque en el instante de un trauma hay una serie de sinapsis o conexiones que harán que la experiencia quede codificada a través de esas conexiones sinápticas fijadas por proteínas. Si visitamos esa experiencia codificada, podremos vaciar las sensaciones y descodificaremos ese instante. Esta es la lógica que se sigue en el acompañamiento.

Cerebro

Podríamos decir que durante toda nuestra vida vivimos situaciones desestabilizantes que nuestro cuerpo debe reequilibrar. Se trata de pequeñas situaciones de estrés con las que lidiamos día a día. Hay eventos, no obstante, que exceden la intensidad de estrés que se puede gestionar en un instante. En esos momentos, el cerebro detecta que la situación es peligrosa y pone en marcha un mecanismo de supervivencia. Lo hace siempre atento a los peligros como si viviera en la época de las cavernas. Pocos segundos después de que se produzca el conflicto biológico, nuestro cuerpo ya se encuentra en estado de alerta y se activa el sistema nervioso simpático que lo preparará para sobrevivir al evento.

Pero ¿nos afecta a todos por igual el mismo momento de estrés específico? Está claro que no, que hablamos de una noción subjetiva que depende tanto de la personalidad como de las vivencias que cada uno haya tenido anteriormente, por lo que cada persona puede vivir o le puede afectar un mismo evento de maneras muy distintas. Por eso, ante un mismo acontecimiento cada persona reaccionará de manera diferente en función de sus aprendizajes históricos o los vividos por sus antepasados, de los que tiene buena memoria a nivel inconsciente. Un ejemplo de esto son las enfermedades endémicas, epidémicas o las pandemias. ¿Por qué no se propaga la enfermedad a la totalidad de personas de la población? Porque solo aquellas que vivan el mismo conflicto tendrán la misma enfermedad. Quiere decir que no todos viven de la misma manera y eso es lo que debemos valorar.

Si el conflicto se vive con un alto estrés, el tejido nervioso de la zona cerebral que representa al órgano implicado se organiza formando una zona de círculos concéntricos llamada *Foco de Hamer*, que solo podrá observarse en una tomografía axial computarizada (TAC) realizada

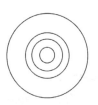 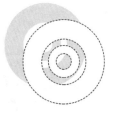

Foco de Hamer en estrés   Foco de Hamer en reparación

sin contraste. El mismo foco en la fase de vagotonía se encontrará más hinchado debido al edema cerebral de reparación y si lo observamos, veremos que queda más difuminado.

Cada parte del cuerpo deriva de una hoja embrionaria y cada órgano tiene un centro de control en el sistema nervioso central que cumple con una o varias funciones biológicas. Cada una de estas funciones tiene una correlación directa con la manera de vivir un conflicto biológico. Estos conflictos dejan expuesta una necesidad que en el instante del impacto no pudo ser cubierta. Los centros de control donde se ubican los focos de Hamer son el tronco cerebral (mesencéfalo, protuberancia y bulbo raquídeo), el cerebelo, la sustancia blanca de los hemisferios cerebrales y la corteza cerebral.

Otro concepto que se agrega para poder hilar más fino en el momento en el que reflexionamos sobre una enfermedad es el de la influencia de la regla de la lateralidad. Este concepto lo incorpora el Dr. Hamer tras observar que la reacción en las partes dobles del cuerpo (como extremidades, glándulas mamarias, ojos, oídos, etc.) ante un conflicto biológico es distinta según sea la persona biológicamente diestra o zurda. Por lateralidad biológica entendemos la preponderancia de un lado del cuerpo sobre el otro que está determinada a partir del día 21 del desarrollo embrionario.

La regla de la lateralidad determina que una persona diestra experimentará en el lado derecho los conflictos de:

- Entrada del bocado (atrapar, incorporar, captar...).
- Conflicto con colaterales (pareja, compañeros, amigos, hermanos, empresa…).
- Conflictos en relación con el nido amplio.
- Obligación de hacer, de ir y no querer.

Y en el lado izquierdo se encontrarán los conflictos de:

- Salida del bocado (escupir, eliminar, sacar...).
- Conflicto con relaciones verticales (madre-hijo, hijo-madre).

- Conflictos en relación con el nido estrecho (madre-hijo/hijo-madre).
- Impedimento para hacer, ir. Quiero ir y me lo impiden.

En el caso de las personas zurdas es a la inversa.

Me permito desarrollar algunos casos para poder ejemplificar este fundamento. Los senos o glándulas mamarias derivan del mesodermo antiguo y el sentir profundo de estos órganos será:

- Derecha = Conflicto con el Padre/Colaterales. Con algo externo a la persona o que siente en el exterior.
- Izquierda = Madre/Hijos (descendientes). Interno. Interior.

Una mujer diestra presenta una patología mamaria en el pecho derecho y confirma que ha vivido un conflicto de querer proteger a la pareja cuando esta fue acusada de robo y estuvo a punto de ir a la cárcel.

Otra mujer diestra presenta en este caso una patología mamaria del lado izquierdo y el conflicto biológico fue de peligro por su madre que se cayó en una excursión con resultado de varias fracturas, lo que hizo temer por su vida.

La manera más simple para identificar si somos biológicamente diestros o zurdos es la prueba del aplauso. La mano de arriba es la mano guía y hay que observar dónde queda cuando se aplaude.

Programa Biológico de Supervivencia (PBS)

Puede darse el caso de que, en el instante del choque biológico, la persona no encuentre ninguna estrategia de acción que le ayude a traspasar el momento, a poner fin a este o a disminuir la carga conflictual. Será entonces cuando el cuerpo pondrá en marcha el *programa biológico arcaico de supervivencia* que transportamos en nosotros desde el inicio de la vida, enmarcado en la evolución de los seres vivos. Esta solución es la que está en el origen de la llamada *enfermedad*.

Acompañamiento en Descodificación Biológica: fundamentos aplicados

Como hemos apuntado antes, la Descodificación Biológica se apoya en los preceptos teóricos de la Nueva Medicina Germánica del Dr. Hamer, que fue quien estableció las cinco leyes biológicas. Es muy interesante destacar que estas son las únicas leyes que existen en medicina; no hay otras. La medicina convencional o alopática no ha establecido ninguna ley; no da ninguna explicación que dé respuesta inequívoca a la pregunta de por qué enfermamos. Para la medicina occidental, las causas de las afecciones son en muchas ocasiones o un misterio o algo externo (factor causal), es decir, suceden porque sí.

Quien tiene una enfermedad piensa que es porque «le ha tocado» o aparece por mala suerte, porque estamos predispuestos, o porque es genético, etc. La invitación es entender por completo el origen de nuestros malestares mediante la Descodificación Biológica y, conociendo el origen como un conflicto interno, podremos llegar con más éxito a la sanación. La base principal es que, para la Descodificación Biológica, siempre encontraremos un conflicto biológico en el origen de un síntoma, sea del tipo que sea. Eso es lo que existió en la vida de María para tener como resultado la enfermedad.

María pasó unos días en un proceso de interiorización y ha tenido tiempo para reflexionar sobre su vida. Saberse enferma la ha asustado. Hoy, mira hacia atrás y siente que ha pasado poco tiempo en este maravilloso espacio llamado Tierra, que su vida es corta y que a sus 29 años todavía le queda mucho por hacer.

Sigue confundida, aturdida, pensando en el síntoma, durmiendo y comiendo poco. Eso la angustia. Entre otras cosas, se plantea cómo ha vivido hasta ahora y se da cuenta de que ha dedicado mucho tiempo al estudio y al trabajo y poco tiempo a los amigos o a tener una pareja. Las pocas parejas que pudo disfrutar duraban como mucho un mes y la mayor parte de las veces iban de sábado a sábado. Se le hacía aburrido estar con alguien y no saber qué decirle o no poder compartir historias o proyectos.

En su vida había pocos hombres. Después de que su padre se marchara, cuando María tenía 6 años, su madre nunca volvió a tener una pareja estable, o al menos María nunca se enteró. Seis meses después de la separación, les comunicaron la muerte de su padre en un accidente, a lo que su madre le dijo: «De una forma u otra los hombres te harán sufrir». En ese instante no entendió a qué se refería, pero hoy, revisando las vivencias de su familia, todo le cuadra mejor, las piezas del rompecabezas comienzan a colocarse en su lugar.

María sigue viendo pasar su historia por delante mientras decide qué hacer con su vida, con su tía, con los tratamientos, con las terapias que le han ofrecido, con la dieta, con la meditación, con el agua de mar, con… Entre todas estas dudas, también ha oído hablar sobre la Descodificación Biológica, así que decide conocer más sobre el tema y comienza a revisar su historia.

Como ejemplo, encontraréis a continuación algunas vivencias de María de distintas épocas de su vida y sobre las que ahora toma consciencia.

María vive una situación concreta, que llamaremos A, en la que charla con su tía. En consecuencia, registra un pensamiento A, un sentimiento A, una emoción A, unas sensaciones corporales A y un sentir profundo (vivencia emocional profunda) A. Lo veremos también con otras situaciones de su vida:

Evento A: «Ya no hay acciones y por ende no hay dinero para la mudanza».	Evento B: «Despido laboral por ineficacia en el puesto ocupado».	Evento C: «Pelea con su mejor amiga».	Evento D: «Un amigo le pide dinero y la insulta porque ella no se lo presta».
Pensamiento A Era mío y me lo ha quitado.	Pensamiento B ¡Él es el inútil! ¡Qué se piensa!	Pensamiento C ¡Que la parta un rayo!	Pensamiento D Es un aprovechado.
Pistas sensoriales A Oía un piano, olía a pescado, veía la camisa roja de su tía...	Pistas sensoriales B Veía el brillo de la pantalla, el color celeste de la camisa, oía el sonar del teléfono...	Pistas sensoriales C Siente el gusto a fresa de su caramelo, escucha el sonido de los coches, huele a césped y siente en su piel su humedad.	Pistas sensoriales D Huele el sudor del amigo, ve las manchas en la camisa blanca, escucha los insultos...
Sentimiento A Indignación.	Sentimiento B Impotencia y desvalorización.	Sentimiento C Pesimismo y desesperanza.	Sentimiento D Desprotección y furia ante el ataque.
Emoción A Enfado.	Emoción B Rabia y tristeza.	Emoción C Tristeza.	Emoción D Miedo.
Sensaciones corporales A: Ejemplo: escalofrío por todo el cuerpo, tiembla, le sudan las manos, se le eriza el vello de la nuca, un nudo le aprieta la garganta.	Sensaciones corporales B: Ejemplo: enrojecimiento de la cara, flojera en los músculos, calor en el pecho, taquicardia.	Sensaciones corporales C: Ejemplo: sudor en las manos, dolor en los ojos, calor en todo el cuerpo.	Sensaciones corporales D: Ejemplo: dolor en el pecho, tensión en los hombros, estremecimiento.
Sentir profundo A: Indigestión, ira e ignominia.	Sentir profundo B: No soy capaz; No llego al rendimiento esperado.	Sentir profundo C: Soledad, abandono.	Sentir profundo D: Agresión, mancha, ensuciada.

Con frecuencia las personas tienen una idea de qué es lo que está en el origen de un síntoma porque han vivido situaciones de gran intensidad emocional y estrés, como la muerte de personas cercanas, separaciones o divorcios, la ausencia de trabajo, problemas relacionales fuertes o accidentes, entre otras. Lo que interesa es encontrar la manera en cómo se ha vivido un instante concreto y preciso, porque es en ese momento en el que la tonalidad conflictual del estrés queda grabada. No se corresponde a toda la historia vivida, sino a una pequeña parcela de toda la historia.

En el acompañamiento en Descodificación Biológica se guía a la persona para que recupere la memoria del instante concreto, lo reviva, vuelva a sentir las sensaciones corporales del momento, que conforman una impronta sensorial y, por tanto, lo pueda superar e integrar. Este proceso supone tomar consciencia de la forma de vivir en general, de qué parcela ocupa el instante en la vida de la persona, reconocer el sentido biológico del síntoma, aceptar las vivencias, sentir y dejarse atravesar por lo que se siente, sin modificar lo que está ocurriendo. A veces, al acabar el proceso, es necesario ayudar a la persona para que encuentre un recurso que le facilite vivir historias similares de otra manera y le otorgue así otro significado. Supone cambiar el sentido de la situación que detonó el estrés asegurándose su desconexión total. Y aquí aparece otro concepto interesante, que es buscar la primera vez que ocurrió una situación similar y tuvo un gran impacto. Puede darse el caso que un cierto impacto sea tan fuerte que el cuerpo no nos permita acceder a él.

Según Alice Miller (2009), puede incluso estar en la base de graves patologías mentales:

> La experiencia nos enseña que, en la lucha contra las enfermedades psíquicas, únicamente disponemos, a la larga, de una sola arma: encontrar emocionalmente la verdad de la historia única y singular de nuestra infancia. ¿Podremos liberarnos algún día totalmente de ilusiones? Toda vida está llena de ellas, sin duda porque la verdad resultaría, a menudo, intolerable. Y, no obstante, la verdad nos es tan imprescindible que pagamos su pérdida con penosas enfermedades.

Cuanto más nos alejemos, más acallemos lo que nos pasa y silenciemos la historia vivida, más necesidad tendrá nuestro cuerpo de expresar el drama oculto. En ocasiones, será un síntoma físico o una existencia no deseada la forma que encuentre nuestra alma para expresar el dolor.

Programas iniciales: conflicto programante

La vida nos provee de experiencias que cada ser humano gestionará según sus necesidades, su mapa mental, los valores, las creencias y el momento histórico que esté atravesando.

María fue educada creyendo que no puede pedir lo que le corresponde ni decir que no a los demás. Su madre le decía: «El dar es honor y el pedir es dolor». Creció con la convicción de que tenía que conseguir lo propio sin ayuda, por lo que el día de autos, cuando se vio confrontada a la noticia que le dio su tía, se quedó congelada sin pedir, ya que pedir era igual a dolor y el honor estaba en seguir dando. Muda y sin tiempo de reacción, su cuerpo voló en el tiempo para ir al encuentro de otro momento similar cuando una niña del parvulario, un día después de la comunión, le robó su bolígrafo, un regalo muy preciado de ese evento. Ella lo vio en la mochila de la otra niña, pero no fue capaz de pedirlo ni de avisar a la maestra de lo que había ocurrido. Después de una semana se lo dijo a su madre, quien la castigó por «perderlo».

Cada ser vivo viene a la vida trayendo consigo una sucesión de programas de serie que configuran su mapa mental, de la misma manera que cualquier equipo que usemos está programado para una determinada función y por ello al encenderlo podemos usarlo. En nuestros archivos hay una gran cantidad de información, tanto memorias anteriores a nuestra existencia como de nuestra propia biografía (pueden ser en el momento de la concepción, del tiempo de embarazo, del nacimiento o de nuestra temprana infancia). Toda esa información nos es útil para no tener que repetir experiencias y así poder aprender con facilidad y vivir en armonía. Evolucionar es progresar en conciencia y es el camino en el que estamos comprometidos como seres humanos.

Cada individuo, en mi opinión, tiene la posibilidad de experimentar unas vivencias para conseguir liberarse del pasado y de las repeticiones inútiles y aburridas. Para ello viene a este plano de encarnación, que es la vida que conocemos en este planeta Tierra, con un determinado vehículo, es decir, el cuerpo. Aquí le tocará vivir una serie de experiencias, necesarias y adecuadas para su aprendizaje evolutivo. A veces son repeticiones continuas de un tema en el que nos hemos encallado.

La película *El día de la marmota* lo explica de manera muy clara y gráfica. Nos estancamos sin más en un tema y hasta que no podemos cambiar la mirada, difícilmente salimos del punto de freno en la vida. Otras veces vemos claramente cuál es la manera de funcionar y, si tenemos los recursos interiores y conseguimos modificar la situación en la que nos estancamos, será fácil también que se produzca un cambio interior. En todo caso es el trabajo de esta vida y es una maravilla poder entender los mensajes que nos dejan nuestras vivencias y aprender de ellos.

Tal y como hemos dicho, las experiencias que provocan estrés de una tonalidad conflictual específica y que estarán en la base de la aparición de un síntoma quedan grabadas junto a la información de todo lo captado por los sentidos, así como con el pensamiento al que esté asociado.

Todos los seres vivos tenemos primeras experiencias de distintas tonalidades en la primera infancia y en todo el recorrido biográfico hasta la vida de nuestros ancestros. Constituyen una *impronta*, un conjunto de referencias guardadas a nivel neurobiológico que parten de la primera situación de estrés y conforman un *patrón de reacción*. Así lo llamó Konrad Lorenz (1986) después de estudiar el comportamiento que siguen los animales a partir del primer estímulo que reciben en su vida.

Cuando las vivencias son de tonalidad agradable, se suman a los recursos positivos con los que cuenta la persona. Cuando las vivencias son de tonalidad desagradable o estresante, provocan una fragilización en la persona. Es como si existiera una huella o marca que rebotará en el futuro con historias similares.

En el caso de María ya había acumulado mucha información antes de nacer para gestionar en su vida. Sus padres se enamoraron y vivieron juntos a pesar del rechazo de los abuelos maternos hacia el padre. La madre sufrió el repudio de sus padres hacia su pareja y se vio sometida a la ley del silencio y aislamiento que le pesaba y dolía enormemente. También vivió la separación de sus hermanos y otros familiares que incluso proferían habladurías y comentarios erróneos.

Pasaron por dificultades económicas al iniciar la vida conjunta, y sus parientes nunca les ayudaron aun a sabiendas de las limitaciones que vivían, e incluso la apartaron del reparto de los bienes familiares, a pesar de que sus padres ayudaron siempre a los hermanos. Estas y muchas otras historias quedaron grabadas en sus células y atravesaron el tiempo para informar a María de que tuviera precaución ante hechos similares.

La familia paterna era de origen humilde y muy trabajadores todos. Donde no llegaban los estudios llegó el esfuerzo, la dedicación y la constancia. Esta parte de la familia poco pudo hacer para ayudarles económicamente en los inicios, aunque sí que aportaron otro tipo de apoyo como llevarles algo de comida o compartir tardes de conversación tranquila.

Habían conseguido que uno de sus tres hijos, el padre de María, pudiera estudiar en la universidad y consiguiera graduarse. Un gran sacrificio recompensado con el título de Ingeniero que podían exhibir orgullosamente.

El padre de María, al acabar sus estudios, estuvo de practicante en una empresa química en la que aprendió lo que era el trabajo, comenzando por limpiar las máquinas y poco a poco fue pasando de puestos, hasta llegar a encargarse de la coordinación de un grupo de 20 personas. Sin embargo, llegó un punto que se encontró con una limitación, la presencia del hijo del dueño que le hacía sentir una vez más cuál era su origen económico y social.

Ese fue el clima en el que se encontraban sus padres en la época en que la concibieron. Sintieron una gran alegría al enterarse del embarazo, pero a este momento siguió después la reflexión sobre cómo harían para salir adelante. Momento de reflexión y de confusión teñidos de añoranza por la ausencia de comunicación con la familia materna y, por lo tanto, sentían falta de amor para con su futuro hijo/a.

A las pocas semanas de embarazo, la madre de María tuvo una ligera pérdida de sangre y temió por lo que pudiera ocurrir. Estuvo diez días de baja hasta que el médico le confirmó que todo estaba yendo según lo esperado y que era muy habitual que esto ocurriera, sobre todo en las madres primerizas.

Las vivencias de los padres desde el momento de la concepción del niño pasan a formar parte del bagaje de archivos que conformarán la historia de la persona y que estarán en la base de su personalidad. A estos archivos iniciales se añaden todas las experiencias de vida, sobre todo las de las etapas más tempranas, más o menos desde el nacimiento hasta los 10-12 años. Es fácil comprender que es en ese período cuando nos sentimos separados, abandonados, agredidos, solos, sin referentes, con hambre, con sed, humillados, con algo que nos preocupa, que no llegamos, que no estamos a la altura, que queremos o no ver u oír, etc. Por primera vez, estamos en una zona de fragilidad.

Satprem (1989), investigador que transmite las enseñanzas de Sri Aurobindo y La Madre, menciona en el libro *La mente de las células* que la programación y desprogramación pueden conseguirse cuando se llega al nivel celular.

> Las células están «mentalizadas», es decir, hipnotizadas y quizá totalmente aterrorizadas por el guardián de la prisión... Toda la mentalización de las células está así, llena de eso, y no sólo según la propia forma de ser, según la propia experiencia, sino también según la forma de ser de los padres, y de los abuelos y del ambiente y de... ¡oh!

Sí, las sensaciones son ese magnífico pozo de información de cómo estamos viviendo, de lo que aprendimos, del mismo modo que son la fuente de información para evolucionar en este plano. Las vivencias que tienen un trasfondo de estrés biológico conforman el área de fragilización o huella programante en la persona. Es esa primera vez de estar frente a un conflicto biológico la que dejará un recuerdo inactivo, como una semilla que está fuera de la tierra y no puede crecer hasta no tener las condiciones apropiadas.

En Descodificación Biológica se acompaña a la persona a encontrar esa primera vez que *a priori* no se sabe en qué momento está ubicada. Hay que buscarla hasta dar con ella. La intención es que pueda vivir aquello que no pudo hacer, que esa energía se libere y, con ella, desaparezca la dolencia que acarrea. A veces ese momento es muy difícil de verbalizar y la persona no encuentra las palabras para decirlo. Eso ocurre porque seguramente el momento en el que se programó ocurrió en una etapa preverbal. En estos casos solo hay sensaciones o movimientos corporales y mucha confusión. También se pueden dar casos en que estas sensaciones se han dado incluso antes de la primera infancia, como puede ser en el embarazo o en el parto, o que sean transgeneracionales, lo que quiere decir que las hemos heredado de nuestros padres o ancestros.

Conflicto biológico desencadenante

Ante la aparición de un síntoma físico, psíquico o existencial la pregunta que se puede hacer es ¿cuál ha sido el conflicto biológico vivido en inhibición de la acción, o sea, sin respuesta, sin solución y sin expresión, que ha impactado provocando una perturbación emocional y unas sensaciones muy desagradables?

Como decía Carl Jung, «los actos simples hacen simple al hombre» y para hacerlo simple podemos preguntar: ¿ha vivido una situación muy estresante de X tonalidad antes de la aparición del síntoma?

X corresponde a la tonalidad específica del conflicto biológico vivido: indigestión, algo apesta, contrariedad indigesta, ignominia, suciedad, escupir, mancha o agresión, separación, contrariedad en el movimiento, falta de organización en el territorio, pánico, terror, miedo por detrás, carencia, toxicidad, abandono, etc. Cada conflicto biológico responde a una función orgánica.

Por ejemplo, la indigestión responde a la curvatura mayor del estómago, así como la contrariedad indigesta con rabia o enfado se manifiesta en el estómago, pero en la zona de la curvatura menor. Cada órgano expresa una metáfora biológica y hay tantos conflictos biológicos como funciones celulares tenemos en el cuerpo.

En el acompañamiento partimos de lo que ocurre en el momento actual, en el ahora, de cuyo síntoma conocemos la metáfora biológica que expresa, o sea, conocemos cuál es la tonalidad del conflicto que pudo haber vivido la persona. Al visitar ese espacio-tiempo, el del conflicto biológico desencadenante, la persona revive las sensaciones corporales asociadas al instante y permite que se disipen sin intentar modificarlas. Podemos visitar el espacio-tiempo porque ha quedado guardado en el sistema límbico, específicamente en la amígdala y el hipocampo.

Recordemos: es importante tener en cuenta que si existe un choque biológico es porque no hemos tenido la posibilidad de expresar esa energía que nos llega en un solo momento, que es dramática y que queda retenida a nivel celular. En un segundo tiempo se visitan las experiencias o experiencia del pasado que actúa como impronta o conflicto biológico programante a partir de revivir la situación que tenga la misma tonalidad conflictual y esté asociada a las mismas sensaciones corporales.

Comprender la manera de haber percibido una situación dramática de conflicto biológico es el punto de partida para deshacer el síntoma. Si un síntoma no desaparece totalmente o es porque queda actividad conflictual activa o porque la persona no ha podido expresar totalmente la vivencia profunda, o se debe a que se activa algún miedo o preocupación que impide la sanación completa.

> Volviendo al ejemplo de María, nos encontramos con que ella vive la respuesta de su tía materna con gran contrariedad porque le han quitado algo suyo. Eso le provoca rabia e ira y siente que se han apropiado de algo que le pertenece («eso es mío») y con lo que contaba para independizarse.
>
> Lo piensa una y otra vez y no consigue entender ni cómo ni por qué su tía tuvo ese comportamiento. Nunca le vio hacer nada inapropiado y siempre le enseñó a ser honrada. María pasa unos días desconcertada, nerviosa, confusa, sin poder ordenar las ideas y no dice nada, ya que es casi la única persona de la familia materna con la que se trata y teme perderle. Al morir su madre, en el funeral le presentaron a la abuela materna y a un tío, el hermano mayor de su madre.
>
> El abuelo materno había muerto hacía ya tiempo, según le dijeron, del «disgusto que le dio su hija», la madre de María.

Desde la Descodificación Biológica la situación que se presenta ahora con su tía explica claramente el conflicto biológico desencadenante. Imaginemos que María quiere encontrar el origen de su síntoma y consulta a un descodificador.

Pongamos por caso que se le propone como hipótesis exactamente la que hemos descrito en el párrafo anterior y que ella lo confirma al unir la situación que vivió con una serie de sensaciones corporales que revive en su cuerpo. El paso siguiente es observar si hay un evento programante. Para ello se propone a la persona que se deje guiar por las sensaciones que tiene y que vea si en la infancia o antes vivió en alguna ocasión algo que le dejara una impronta similar.

María vuelve hacia atrás en el tiempo y se encuentra con el conflicto biológico programante, que localiza a la edad de 5 años.

En él ve a su madre llorar después de recibir la llamada de una tía para avisarle tanto de la muerte de su padre, abuelo de María, tres meses antes, como del reparto de bienes realizado entre su madre y los dos hermanos. En todo caso, una vez más la habían dejado de lado, no le habían comunicado la defunción de su padre y le quitaban su parte en relación a la herencia. En ese instante María oyó decir a su madre: «Me lo han robado todo. Me mataré para que sepan que existo».

Estaba desesperada después de tantas vivencias dolorosas y no tuvo en cuenta la presencia de la niña y lo que sus palabras podían llegar a provocar en ella.

La madre creció adorando a su padre, le acompañó en sus viajes de negocios, estudió Empresariales para continuar con la empresa familiar y seguir con el legado y la tradición del clan. Así había sido desde sus bisabuelos y así debía continuar siendo, salvo que no contaba con enamorarse de un buen hombre.

Fue su padre quien obligó al resto de la familia a separarse de ella cuando decidió continuar con su relación amorosa. Nunca pudo comprender cómo la persona que tanto amaba, le hacía daño sin pensar en sus sentimientos. Todo esto estuvo presente, latente, sin hablarse, pero fue algo que se palpaba sutilmente en la vida de pareja de sus padres. Hubo instantes en los que el dolor cegaba la visión.

El clima que vivieron los padres alrededor de su concepción también pudo provocar una fragilización del terreno. De hecho, fácilmente podríamos encontrar mucho abono en las historias del clan no aceptadas ni trascendidas, o sea, en su transgeneracional. Incluso se podría pensar que de vez en cuando, es decir, de forma cíclica, algo similar ocurre en nuestras vidas.

Esto fue descrito por Marc Frechet, psicólogo y psicooncólogo, con el nombre de *ciclos celulares (biológicos) memorizados*, que son los momentos en los que aparece una memoria que recuerda alguna situación similar vivida en un ciclo preciso de tiempo. Hay programas específicos de vida que pueden activarse en el cuerpo en el momento preciso en que se contacta con una memoria celular ya vivida.

Tomaré como ejemplo a una persona cuyo padre sufrió un accidente yendo en coche cuando él tenía 4 años. A los 8 años este niño tiene un accidente de bicicleta y a los 16 años va de copiloto en moto y salva la vida de milagro al salir ileso de otro accidente. Sería interesante revisar el ciclo antes de los 32 años para evitar una repetición dolorosa. Aquí se puede observar un ciclo celular memorizado múltiplo de 4.

4 AÑOS
Accidente del padre.
Rotura de fémur.

8 AÑOS
Accidente de bicicleta.
Puntos en la rodilla.

16 AÑOS
Accidente de moto.
Magulladuras.

Volviendo al caso de María, con 14 años cumplidos solicitó una beca para continuar sus estudios en la escuela a la que había asistido desde su infancia. Lo hizo por recomendación de su profesora, quien le tenía mucho aprecio y valoraba su esfuerzo en los estudios. Era la única que podía optar a una subvención y, sin embargo, llegado el momento, sin saber ni cómo ni por qué, la ayuda fue para la hija de la coordinadora de estudios.

Pasados los 7 años, después de su Primera Comunión, una niña le robó un bolígrafo en el colegio y no pudo decir nada.

Con 29 ha perdido su dinero y tampoco se atreve a dar su opinión. Son ciclos que se han ido repitiendo en su vida. Si lo ve claramente e integra en su cuerpo esta información el ciclo deja de presionar para aparecer otra vez.

Otra noción que se ha de tener en cuenta es la de *reacción de aniversario* o *doble aniversario* establecida por la psicóloga de Estados Unidos Josephine Hilgard, quien en los años 50 del siglo pasado analizó los informes clínicos de un hospital viendo que los pacientes presentaban síntomas en las mismas fechas en que algo dramático les había ocurrido a sus familiares. Este concepto fue usado por Anne Ancelin Schützenberger, que lo llamó *síndrome de aniversario*. Es la repetición en la misma cifra que pueden ser años, día concreto, fecha específica que condensa la tensión de un momento no sanado en la familia. Nuestro inconsciente recuerda el número exacto.

En el caso de María ella ve ahora cómo su madre con 29 años se independizó con un coste emocional muy alto. Su propia familia le insistió para que no lo hiciera y toda la historia provocó un sufrimiento y una tensión altísima entre los miembros del clan. Hoy ella, con 29 años, quiere independizarse y tampoco puede, y detrás de eso está su tía materna. Quizás el capítulo de la vida de su madre no quedó cerrado y ella está reviviendo algo similar para poder sanarlo, con la diferencia de que la intensidad del conflicto vivido se ha manifestado con fuerza a través de su síntoma. Quizás para su tía y para el sistema familiar materno la «independencia» está asociada a dolor (la madre de María se independizó con un alto coste emocional) y de alguna manera ella es colaboradora en impedir que se vuelva una nueva autonomía en la familia.

Tened en cuenta que a veces la enfermedad cumple una función con relación al sistema en el que la persona ha desarrollado su vida. La historia familiar la llevamos adosada a nuestro cuerpo. Como dice el Dr. Chiozza (2016), «sabemos que la enfermedad actual es la mejor solución que el enfermo ha logrado, frente a la imposibilidad de integrar en la conciencia significaciones que son contradictorias».

Y otra reflexión sería ¿por qué aparece el síntoma en ese órgano y específicamente ese síntoma y no otro? Porque nuestro cuerpo es una máquina perfecta que funciona según las leyes de la naturaleza de manera precisa, tiene una lógica mayúscula y eso es lo que se aprende a escuchar en Descodificación Biológica.

La escucha biológica o la bio-lógica del órgano

Aprender a escuchar cómo habla cada órgano es, por lo tanto, esencial en el trabajo de un terapeuta de Descodificación Biológica. El Dr. Hamer estableció una correlación entre las capas embrionarias, los órganos derivados de estas y el tipo de conflicto que manifestará el órgano ante la vivencia de tonalidad específica de una situación de estrés. Es la manera de vivir una experiencia lo que determina el impacto del estrés.

Es decir, cada órgano habla a su manera, tiene una manera de expresarse, un lenguaje propio para indicarnos que algo le está sucediendo. Son gritos que reclaman nuestra atención para solucionar el conflicto que se vivió o al que se está haciendo frente, gritos que la mayoría de personas no sabemos escuchar e incluso que queremos acallar, por lo general mediante un medicamento, lo que supone sanar sin comprender. Ahí entra el trabajo y la formación del terapeuta en Descodificación Biológica, que aprende a oír lo que está diciendo el órgano a través del síntoma. Solo si se comprende ese lenguaje biológico, seremos capaces de encontrar la raíz del problema que causa la enfermedad para poder vivir y descargar las sensaciones acumuladas. Y solo encontrándolas, seremos capaces de sanar. Es comprender para sanar.

Retomando la correlación de capas embrionarias que ya mencionamos en el capítulo anterior (endodermo, mesodermo antiguo, mesodermo nuevo y ectodermo) y sus órganos derivados, vemos la coherencia biológica que manifiestan los síntomas ante los conflictos biológicos. Es la teoría de la Tercera Ley Biológica. La coherencia está en relación con la función del órgano y una pregunta que nos puede orientar a ver qué es lo que hemos vivido es ¿para qué sirve el órgano? o ¿cuál es su función?

Por ejemplo, ¿cuál es la función de la glucosa? Es fuente de energía para muchos órganos como los músculos y el cerebro e indispensable para vivir. La lógica biológica nos dice que si el cuerpo acumula más glucosa en sangre —síntoma conocido como hiperglucemia— es porque la vivencia conflictual está en relación con la necesidad de disponer de energía por algún motivo, como, por ejemplo, cuando se tiene que resistir a algo, luchar. Esconde también la sensación de imposibilidad de hacer frente a algo a lo que la persona se opone.

La hiperglucemia es la solución biológica y simbólica de un conflicto de lucha, combate y de reacción a lo que presenta la vida.

A la madre de María le aumentó la glucemia en dos períodos: uno fue justo antes de marcharse de la casa de su familia de origen y otra vez durante el embarazo de María.

En ambas ocasiones, la vivencia fue tener la sensación de

debilidad e imposibilidad de hacer frente a algo a lo que ella se oponía y luchaba. En otros momentos María oía a su madre quejarse de dolores musculares en la espalda a la altura de la columna dorsal. La columna vertebral funciona para dar estabilidad, permitir estar de pie, protege la médula espinal y el resto de componentes del sistema nervioso.

Por otro lado, la zona media o columna dorsal conforma el pilar central del cuerpo sobre el que se apoyan músculos y órganos. Estas molestias le aparecían cuando había vivido situaciones de «mucha carga», por ejemplo, en el trabajo o teniendo que compatibilizar el trabajo y el cuidado de su hija.

La escucha biológica de las sensaciones

Una vez que hemos identificado el órgano afectado, con la Descodificación Biológica se hace un acompañamiento para modificar la tensión guardada que dio lugar a un síntoma. ¿Cómo se hace? A través de un cambio en la energía que guarda cada célula de nuestro organismo para transformar las vibraciones que nos produce la enfermedad. Es una tarea que se consigue al acercarnos al conjunto de las sensaciones que forman el sustrato de la vivencia emocional, es decir, vaciando el sentir profundo.

Tal vez necesitemos detenernos un momento en este paso, que es fundamental. Ya hemos explicado que todas nuestras experiencias biográficas y las informaciones que recibimos de nuestros antepasados se almacenan en nuestras células, lo que nos produce un modelo vibratorio que condiciona la manera en que reaccionamos ante un estímulo estresante. Si no aprendemos a cambiarlo, lo único que conseguiremos será aplazar el síntoma durante un tiempo para que vuelva a aparecer en el futuro. En ocasiones las enfermedades físicas llegan a comprometer la vida entera de la persona y son la manifestación clara del drama oculto, negado o reprimido que se esconde detrás de una forma existencial de funcionar. Cambiar la manera de ver la vida, de verse a uno mismo y de ver a los otros, es central en la terapia en Descodificación Biológica. Implica resignificar tanto los eventos como el mapa conceptual sobre el que nos apoyamos.

Se conocen numerosos casos de remisión espontánea de la enfermedad y una de las principales causas de que esto se produzca es el cambio en la manera de pensar, fundamentalmente en la forma de vivir. O lo que es lo mismo, el cambio en la manera de gestionar la energía permite una apertura de consciencia y, por consiguiente, la sanación. Un libro muy interesante es *Morir para ser yo* de Anita Moorjani (Gaia Ediciones, 2013), en el que describe el recorrido personal que tuvo que realizar para sanar la enfermedad cancerígena que sufrió y que la llevó hasta las puertas de la muerte.

En Descodificación Biológica se acompaña a la persona durante el proceso para cambiar la información energética de las células, una transformación que se consigue cuando la persona es capaz de dejar atrás y superar a nivel emocional y vivencial el evento que le provocó el choque. En realidad, nuestro organismo tiene una increíble capacidad natural para gestionar y asimilar todo lo vivido. Con la ayuda de un terapeuta en Descodificación Biológica, podremos salir de este atrapamiento emocional y visceral, nos dejaremos atravesar por las sensaciones corporales y, en un par de minutos, estas desaparecerán. Para explicarlo de una manera más concreta, intentaremos revivir el instante preciso en el que la energía quedó congelada y la volveremos a poner en funcionamiento para que pueda ser evacuada. El cuerpo está en tiempo presente. Es solo nuestra mente la que viaja al pasado o al futuro. Cuando revivimos el instante del shock lo hacemos en tiempo presente. Cuanta más consciencia pongamos en limpiar las heridas del pasado y crear un futuro distinto, más rápidamente se liberará la carga y más sanos nos encontraremos.

Para que algo exista en nuestra realidad externa, antes estuvo en nuestra realidad interna. Por lo tanto, es necesario modificar la vibración interna, la emisión emocional, para poder cambiar lo que será percibido en el exterior. Y cuando podemos ver o entender un determinado momento desde un punto de vista diferente, cambia la vibración energética que se produce. Por eso, la clave para sanar está en el observador, es decir, en nosotros mismos y en cómo observamos. Cuando modificamos nuestro modelo vibratorio, también cambia algo en el exterior, ya que emitimos la energía correspondiente a lo que necesitamos aprender y las neuronas espejo captan exactamente eso que emitimos para procurarnos la experiencia que estamos pendientes de vivir.

La vida nos pide que seamos creativos con el fin de crear soluciones y nuevos elementos que nos posibiliten transformarnos en algo nuevo, en lo que nunca habíamos pensado. Si seguimos pensando y viviendo de la misma manera, atraeremos más de lo mismo y repetiremos experiencias. La repetición es coger el pasado, llevarlo al futuro y vivirlo en presente, que es el único tiempo que existe.

Imaginar algo diferente, sentir que eso es lo adecuado, vivir las sensaciones corporales de esa creación nos ayudará a cambiar la percepción de nuestras experiencias y a crear una nueva realidad en nuestras vidas.

Evolucionar es aportar un granito de amor a la humanidad y cada uno de nosotros es responsable de una parte de ese todo.

Somos una gota del inmenso mar.

«Tendré que soportar dos o tres orugas si quiero conocer a las mariposas» nos enseña Antoine de Saint-Exupéry en las páginas de su célebre obra *El principito*.

CUENTO

—Maestro, ¿por qué vivimos angustiados, ansiosos?

—Hijo, porque tenemos una mente que separa las cosas. Nos hace vivir separados de nuestros seres queridos, de nuestros compañeros de trabajo, de nuestro entorno, de nosotros mismos. Eso nos hace vivir con miedo, inseguros, nos hace pelear con todos y con todas, en lugar de amarlos. Por eso la angustia y la ansiedad que sentimos en nuestro vivir: no sabemos vivir. No sabemos integrar el mundo a nuestra vida. Mientras nuestra mente no aprenda a integrarse, viviremos con miedo, a la defensiva, agrediendo en lugar de abrazando.

Anónimo.

PARA SABER MÁS

Películas:
- Ramis, Harold (director). (1993). *El día de la Marmota* (título original: *Groundhog Day*).
  [Película]. Estados Unidos: Columbia Pictures.
- Napier, James (director). (2014). *El caballo negro* (título original: *The Dark Horse*).
  [Película]. Nueva Zelanda.

Libros:
- Damasio, Antonio. (2003). *En busca de Spinoza*. Barcelona: Editorial Crítica.

Descodificando la vivencia profunda

«Todo nuestro conocimiento
nos viene de las sensaciones».
Leonardo Da Vinci

Desde el momento en que la persona vive un determinado evento en su día a día, le da un sentido. No hay circunstancias que tengan un sentido por sí mismas, sino que es el sentido que le da tanto la parte consciente como el inconsciente de la persona lo que hace que se clasifique esa vivencia. Esa clasificación asigna a la vivencia la categoría de agradable o desagradable, buena o mala, plácida o estresante y tantas otras formas más al uso de cada ser humano.

Hemos de recordar que nuestro inconsciente biológico aún vive en la caverna, por lo que cualquier conflicto biológico es una situación de altísimo peligro al punto de considerarla de vida o muerte. Por eso ansiamos y buscamos activamente las situaciones de placer o bienestar.

Ante un conflicto biológico que provoca una intensa emoción, las personas reaccionamos cada una de una manera muy diferente según nuestra historia y la de nuestros ancestros. La circunstancia vivida es una experiencia psicofísica que se inserta en alguna parte de la historia del individuo por resonancia y similitud. Se activa así un programa oculto y reacciona materializando esa activación. El resultado es un sentir biológico profundo, que es la clave de la Descodificación Biológica. Ahí tenemos que dirigirnos si queremos desactivar una forma de funcionar en la vida, un síntoma o un problema de comportamiento.

Si algo nos ha de distinguir de otras psicoterapias es el acceso a las sensaciones corporales asociadas a una emoción intensa para poder vivirlas de forma modulada hasta que desaparezca el impacto que tenían.

La emoción visceral o sentir profundo

Demos ahora un paso más en la explicación de cómo se entiende el síntoma en Descodificación Biológica con un concepto tan interesante como es el **sentir profundo** o **emoción visceral,** que no debemos confundir con emoción. Como dice el Dr. Hamer, al hablar de lo que atañe a la situación de shock, la persona reacciona con una carga emotiva que la lleva a descargar el impacto mediante el llanto u otro tipo de reacciones.

Esa forma intensa de sentir es lo que aparece en el instante del conflicto biológico. Vayamos por partes y empecemos con un ejemplo:

> María observa que se está quemando un matorral cerca de su casa. Teme que el incendio llegue a su casa y por eso llama a los bomberos. Aunque sabe que no tardarán en llegar, los minutos de espera se le hacen eternos y María siente en su interior algunas sensaciones que no puede describir. Por ejemplo, su respiración se acelera, nota presión en la espalda, debilidad en los brazos, se le encoge el estómago, tiene temblores por todos lados y un dolor intenso en el pecho.

> Ella no lo sabe, pero todas estas reacciones que sufre podrían estar relacionadas con la historia de su bisabuelo paterno, quien murió de un paro cardíaco después de intentar apagar un incendio en su casa. La vida de toda la familia cambió a partir de ese momento, ya que se quedaron sin los recursos a los que estaban acostumbrados. Una vida trastocada a partir de un instante.

> Esta información se transmite y la tenemos almacenada en el interior de nuestras células. Y la pregunta podría ser:

«Si ella no conoció a su bisabuelo que murió en el incendio, ¿cómo tiene esa información?».

La epigenética ha estudiado cómo todo lo vivido a nivel ambiental queda registrado en la memoria celular que se transmite de generación en generación.

Por ejemplo, para tomar una decisión determinada en relación con un acontecimiento, el sujeto tiene que sentir en sí mismo las consecuencias de lo que hace. Podemos suponer que María no le pide el dinero a su tía por miedo a las represalias y a un posible abandono o porque se siente culpable por todos los años que vivió fuera mientras su tía la extrañaba. Son solo suposiciones. Lo que cuenta es que sentimos y guardamos en nosotros todo lo vivido.

Toda la información que ha llegado al cuerpo o al cerebro a través de los sentidos se registra y codifica mediante conexiones sinápticas. Ese sentir físico, esas sensaciones que notamos podrán ser recordadas después y revividas de manera idéntica en las situaciones que nuestro inconsciente percibe como similares. Es como si todo lo notáramos en un instante de estrés quedara grabado y a la espera para decirnos: «¡Ojo! ¡Peligro! Se acerca algo que puede producirte dolor». Cuando nuestro inconsciente percibe una situación similar, vuelve a poner el *play*, y revivimos el evento como si estuviera ocurriendo en ese instante e incluso se activan una vez más los sentidos con toda la memoria guardada. Es lo que le pasa a María cuando revive el momento en que su bisabuelo murió sin tener conciencia de lo que está ocurriendo.

Bessel van der Kolk (1994) junto con otros autores ya nos hablaban en los años 70-80 del siglo pasado de la relación entre el trauma y el recuerdo anclado en el cuerpo mediante sensaciones viscerales e imágenes visuales que tienen la peculiaridad de reaparecer como flashes cuando nos exponemos a algún factor que nos lo recuerda de manera inconsciente. Es la base del raíl sensitivo que buscamos rescatar para liberar el recuerdo asociado. No solo el recuerdo sensorial puede actuar de raíl, sino también las propias sensaciones corporales del instante del conflicto biológico, como el ritmo cardíaco o respiratorio, la sudoración o las reacciones de temperatura, entre otras.

Una vivencia emocional también puede expresarse, liberarse, se puede sacar afuera la tensión y la persona puede hacerlo sola o acompañada. De este modo, en el instante en que se revive en una práctica terapéutica, produce un alivio casi inmediato. El problema es que muchos de nosotros, sobre todo los occidentales, hemos separado el cuerpo de la mente como si fuesen dos cosas desconectadas y hubiésemos olvidado la unión de nuestro ser. Es imprescindible reconectar lo físico con lo emocional para conseguir la descarga de energía acumulada tras el shock y, de esa manera, desactivar el síntoma que puede provocarnos la enfermedad. Debemos entender que este proceso debe hacerse a través del cuerpo y no se conseguirá nada a través del intelecto.

¿Pero qué es el **sentir profundo** o vivencia emocional profunda?

Es un movimiento vivido en el interior del cuerpo que incumbe a las células y que ocurre de forma simultánea en el momento del conflicto biológico, provoca una modificación de la forma de pensar y activa unas emociones. Se graba mediante sensaciones corporales que permanecen mientras no se desactive el programa y queda oculto a nivel inconsciente.

Recordad que la sede de las emociones está en el cerebro límbico, que actúa como un disco duro que guarda los archivos en imágenes asociadas a la emoción y al afecto donde guardamos recuerdos por si algún día revivimos algo similar, ya que el recuerdo nos permite evaluar si lo que estamos viviendo es bueno o no en ese instante. El cerebro límbico vive todo en presente y une la vivencia del momento con algo que la persona vivió en el pasado, por lo que, ante la asociación, esta reacciona.

Nos convertimos en seres reactivos cada vez que una experiencia toca un botón del pasado que se ha guardado con la información de «¡peligro!, ¡alerta!». Esa reactividad es lo que hace que la persona tenga respuestas negativas con reacciones como gritos, golpes, insultos, que rompa cosas, agreda, etc. ¡y qué mala prensa se le ha dado a algo tanto fisiológico como cultural, como son las emociones!

En el libro *Usar el cerebro*, Facundo Manes y Mateo Niro (2014) dicen sobre las emociones:

> La emoción es un mecanismo adaptativo que tiene como objetivo la supervivencia del individuo. La emoción es un proceso por el cual sentimos que algo importante para nuestro bienestar está ocurriendo, a partir de lo que se desata un conjunto de cambios fisiológicos y del comportamiento. La memoria emocional es la capacidad de adquirir, almacenar y recuperar información relacionada con la emoción.

Podemos decir además que el sentir profundo está tanto en el interior de la persona de forma invisible e inconsciente, como en el exterior, ya que busca manifestarse, aunque el individuo no lo sepa.

Para un terapeuta experto en Descodificación Biológica que esté en la escucha activa y que establezca una buena relación terapéutica se hace muy visible, ya que una de las tareas es conseguir liberar esa emoción visceral o sentir profundo para que continúe el programa de supervivencia o enfermedad con la fase y los síntomas previstos hasta su extinción. En pocos minutos se agota la carga química asociada al evento cuando se ha llegado a la emoción visceral.

El acceso a la emoción visceral se logra también observando las reacciones fisiológicas corporales (respiración, circulación, enrojecimiento o palidez...), viendo cómo la persona mueve el cuerpo, las palabras que usa e incluso lo que lleva consigo, como su ropa o un libro. Todo habla, expresamos nuestro momento interior con la totalidad de nuestros comportamientos y no podemos no comunicar. En el acompañamiento de Descodificación Biológica la escucha debe ser completa, global, holística.

Comunicamos con cada gesto, cada palabra, cada elemento que nos acompaña.

Acceder a esta zona es permitir a una zona de dolor y a menudo a una zona de oscuridad de la persona que aparezca mediante las sensaciones corporales en cualquier lugar del cuerpo. Se recomienda escuchar las sensaciones sin intentar modificarlas ni amplificarlas ni reducirlas, sino dándoles el lugar que se merecen y que nunca tuvieron, como es la vivencia desde la consciencia para que solas se desactiven. Se trata de poner atención en lo que estamos viviendo cuando revisitamos un espacio temporal, otro momento en el que algo doloroso nos ocurrió, y aparecen sensaciones corporales y emociones. Para practicarlo se puede comenzar con el siguiente ejercicio:

- Colócate en un espacio en el que estés en una posición que te sea cómoda para permanecer unos minutos en ella y comienza por respirar profundamente y soltar todo lo que ya no te sirve, para luego notar cómo estás en la posición en que te encuentras. Eres el observador de tus propias sensaciones, las escuchas, las dejas pasar, les das cabida en tu interior, te haces uno/a con ellas. Observas los apoyos de tu cuerpo, la descarga de tu peso, las zonas que tienen más presión y las que tienen menos... solo observas y sientes lo que viene de forma espontánea. Notas la temperatura de tu cuerpo. ¿Varía en alguna zona? ¿Cambia cuando la observas? Continúa con tu recorrido y observa tu ritmo cardíaco. ¿Qué sientes a nivel emocional cuando notas tu ritmo cardíaco? ¿Notas las pulsaciones? ¿Notas la circulación en tus manos? ¿En tus pies? ¿En alguna zona la percibes más y en otras menos? Escucha el movimiento de la sangre; puedes percibir un ligero cosquilleo en las manos..., en los pies... Observa tu respiración. El ritmo, la profundidad... ¿Hasta dónde llega? ¿Qué pausas realizas? ¿Sientes la respiración en las células? ¿Cómo notas el abdomen cuando respiras? ¿Cómo se siente la pelvis y el periné cuando respiras? Vuelve a observar hasta dónde llega la respiración, ¿qué emociones sientes cuando notas tu respiración?
- Ahora te invito a que estés presente poniendo la atención en tu cuerpo en su conjunto, que observes tu posición corporal. ¿Cómo estas ubicado? Notas la presencia de la columna vertebral, de tus

brazos, tus manos, tus piernas, tus pies… ¿Puedes sentir algún hueso? ¿Alguna articulación se nota más que otras? ¿Sientes la tensión de alguna parte? ¿La relajación de otras? ¿Cómo están los distintos músculos? ¿Sientes alguna intención de movimiento? ¿Qué sientes a nivel emocional cuando notas tu cuerpo a nivel óseo o muscular?

- Sigues en contacto con las sensaciones. Te invito a que visualices un instante de malestar que hubieras vivido en un momento pasado y a que agudices los sentidos para percibir los cambios que se van produciendo en tu interior a medida en que viajas más y más al interior de la experiencia de malestar. Dejas que las sensaciones aparezcan y hagan su curso natural sin intentar modificarlas. Suben a la superficie, y dejas que se transformen... solas hacen su camino. Las dejas evolucionar. Cuando hayan desaparecido te invito a que accedas a un recuerdo que haya sido muy agradable y conectes con las sensaciones corporales que surgen en contacto con la imagen del recuerdo. Dejas que las sensaciones florezcan, afloren a la superficie y las vives en ti estando a la escucha de lo que ocurre y permitiendo que sean vividas por tu propio cuerpo.
- Cuando todo ha pasado, regresas a tu respiración, notas cómo el cuerpo se mueve con el ritmo respiratorio, dejas que el aire entre y salga suavemente y te vas haciendo uno con ese ritmo tranquilo, relajado, suave, completo…
- A partir del momento en que sea suficiente para ti, te invito a que regreses a tu aquí y ahora y des la bienvenida a este maravilloso proyecto llamado *cuerpo*.

Con este pequeño ejercicio, que puedes practicar regularmente para familiarizarte con la escucha biológica de tus órganos y con las sensaciones, conseguirás ver cómo en el fondo todos los movimientos internos de nuestro cuerpo son las formas de protección y aviso que ha encontrado la naturaleza. Solo tenemos que aprender a escucharlas y despertar nuestro contacto con la base somática de la emoción.

¿Qué es la emoción?

La emoción es una etiqueta intelectual. Es una forma de llamar, de ponerle un nombre sobre algo que estamos sintiendo. Sin embargo, cada uno puede vivir todo lo relacionado con la emoción de una forma muy distinta a pesar de nombrar la misma emoción.

Por ejemplo, siento un malestar en la zona del plexo solar, cercano al ombligo, y un escalofrío por todo el cuerpo cada vez que me marcho de casa para hacer un viaje y es una sensación de turbación que creo que está relacionada con la emoción de miedo. Si respiro e intento hacer como que no pasa nada, voy ocultando más y más la sensación hasta que un día me habré acostumbrado y al salir de casa ya no sentiré el malestar. Pero, ¿está desactivado? No, está escondido, reprimido, aislado, domesticado, pero no sanado. Podría ser que sintiera un miedo profundo a perder los referentes y que esa sensación estuviera ligada a mí porque mis ancestros tuvieron que emigrar, dejar sus casas, partir para no volver y encontrarse en lugares que desconocían. Yo regreso cada vez, pero una parte de mi inconsciente no sabe que regresaré, no se siente segura y sigue viviendo en el pasado de mi familia informándome de lo que puede ocurrir. Puedo alejarme del dolor o puedo, en el instante en que aparezca la emoción (expresión del sentir profundo o parte visible del sentir profundo) junto con las sensaciones corporales asociadas, quedarme en ellas y revivir el dolor dejándome atravesar hasta su agotamiento. El proceso de revivir las sensaciones hasta agotarlas puede durar de 2 a 3 minutos.

A María le da pánico hablar en público. Tiene que presentar la tesis del máster en Psicología que ha realizado y lleva meses en tensión, durmiendo mal, comiendo poco, todo el tiempo con el mismo pensamiento en el que se imagina lo peor, es decir, en simpaticotonía o fase fría.

Hay personas a las que les provoca un gran estrés hablar en público. Antes de hacerlo respiran, hacen visualizaciones, se encomiendan a algo o alguien, se llevan algún objeto mágico para sentirse seguros, practican solos o acompañados, repiten lo que dirán e innumerables fórmulas más que cada uno conoce y siente que le hacen bien o le dan seguridad para afrontar el hecho. Con el tiempo acaban por disminuir los síntomas de estrés y hacen aquello que antes les provocaba tanto temor. Pero los miedos ¿están desactivados? Quizás sí, pero me temo que la respuesta más acertada es que no, porque no se ha visitado el origen del problema o síntoma.

Cuando María tenía 4 años un día su madre la llevó a un casting para un anuncio publicitario. Esperaba que la niña fuera un prodigio y repitiera, delante de tres personas, las cámaras, los fotógrafos y la maquilladora lo mismo que recitaba con alegría y desparpajo en la soledad de su cocina. Triste se quedó ella cuando las palabras no podían salir de su boca y todos se reían como si no estuviera ahí. La reprimenda de su madre a la salida fue peor que las risas. Ella quería hacer feliz a su madre y ese día no lo había conseguido. Tristeza, rabia, temor, escalofríos, temblores, apretón de estómago fueron un cóctel que su cuerpo no olvidó. Esta historia podría ser el origen de un malestar que se manifiesta muchos años más tarde.

Muchas películas se hacen eco de la programación de síntomas y miedos como el de hablar en público en la infancia. Una de ellas, *El discurso del rey,* muestra como un niño con miedo a un padre rígido, tirano, dominante, inexpresivo emocionalmente hablando y las situaciones de estrés biológico que vive en su familia están en la programación de la tartamudez que padece y que brillantemente un logopeda le ayuda a trascender a pesar de la negativa inicial de hacer el tratamiento, ya que no encontraba solución a su problema.

Un extracto de un diálogo con el terapeuta dice así:

—Siempre he sido así —afirma el príncipe.
—Dudo de eso.
—¡No me diga cómo he vivido!
—Eso creo... ¿Cuándo empezó?
—Cuando tenía 4 o 5 años.
—Es típico.
—Eso me han dicho, no puedo recordarlo, me lo han dicho…

A menudo, cuando las sensaciones o emociones desbordan a la persona, se suele usar estrategias para alejarse de lo que duele o molesta. Respirar profundo y soltar el aire con fuerza, movernos, sacudirnos, cerrar los ojos y aislarnos, rascarnos, retenernos en un gesto u otras formas de irse del punto de dolor son solo estrategias que empleamos cuando no podemos o no queremos acercarnos al dolor.

En lo que concierne al conflicto biológico, podemos decir que en toda historia o situación estresante hay un pensamiento o una narrativa. Es el discurso que nos permite explicar lo que vivimos. Debajo del componente intelectual hay un sentimiento, una emoción, unas sensaciones corporales y una vivencia o sentir profundo. Lo que necesitamos expresar en Descodificación Biológica es la vivencia profunda.

Hay factores culturales, sociales, personales o familiares, así como creencias o tabúes, que nos impiden o dificultan expresar lo que hemos sentido y a los que les ponemos etiquetas socialmente aceptables. A esto que se ha sentido y descrito con una etiqueta socialmente aceptable se le llama *emoción secundaria*.

Por ejemplo, una persona siente miedo al salir de casa cuando se marcha de viaje tal como describíamos en el ejemplo anterior y dice: «Estoy preocupada y me enfada irme». Lo justifica diciendo que le molesta no estar cuidando a sus gatos, regando las plantas o vigilando que no se marche la electricidad por si la nevera se queda sin luz. Justificaciones. La preocupación es una etiqueta de un sentimiento y la vivencia «enfado» está alejada de lo que siente la persona, ya que está ocultando un miedo verdadero. Nos resulta difícil expresar lo que tenemos en el interior de las «tripas», en lo profundo de nuestro verdadero ser, y lo cubrimos con palabras formales que no se corresponden con la vivencia recóndita y por eso nada cambia.

Otro caso es el de comportamientos que la persona tiene tendencia a repetir y se explica con un «yo soy así», «siempre he actuado de la misma manera y no voy a cambiar» y se esconden detrás de emociones secundarias, con la que reaccionamos siempre desde el enfado o desde la tristeza.

Como dice Joe Dispenza (2012), «por lo visto, está en la naturaleza humana evitar cambiar hasta que las cosas se ponen tan feas y nos sentimos tan mal que ya no podemos seguir como de costumbre». ¿Por qué esperar a que ocurra algo grave para empezar a mirar la vida de manera saludable?

Tener siempre la misma reacción ante situaciones de tonalidades distintas es un signo de que se trata de una máscara y no de lo que verdaderamente siente la persona en ese instante. Es decir, ante cualquier evento reaccionan con la misma actividad emocional, impávidos y sin cambios. Son también comportamientos adaptados que remplazan lo que realmente siente la persona. Las emociones quedan escondidas, una tapa a la otra y, a fuerza de ser tapadas, ya no buscan emerger. Por ejemplo, digo estar triste cuando estoy enfadado y tener enfado cuando vivo tristeza y la adaptación es a la situación.

Un ejemplo es el de una saga de las llamadas «mujeres impecables de arrugas». Bisabuela, abuela, madre y nieta llegaron a ancianas sin tener arrugas en la cara y otra nieta decía, «yo las tengo todas, las mías y las de ellas». Revisando su historia se dio cuenta de que en su familia estaba prohibidísimo mostrar las emociones, se tenía que estar impecable, no decir nunca cuando se estaba mal y mucho menos dejarlo salir. La programación de estas mujeres estuvo en la experiencia de castigo que vivían si mostraban una reacción con descarga emocional. El mencionado escarmiento era quedarse dos días sin comer hasta «domesticar» la forma de comportarse ante los otros. Todos estaban adaptados y usaban la emoción secundaria, excepto esta nieta que llevaba la historia marcada en su cara, tal y como sucede en las personas que las dejan salir.

¿Por qué tenemos los mismos pensamientos, sentimientos y emociones? Repetir es aburrido, pero al fin y al cabo es algo conocido. En diversas situaciones aparecen como un mecanismo automático los mismos pensamientos, sentimientos y emociones, que solo podrán generar la misma energía y por lo tanto atraerán el mismo tipo de situación con exactos resultados. Luego diremos que no nos gustan y que los queremos cambiar, ya que nos han generado un tipo de emoción que no es agradable. Sin embargo, son conocidas y lo conocido da seguridad, por lo que seguimos condicionados en las reacciones y sintiendo lo mismo.

Una y otra vez repetimos comportamientos sin saber ni cómo ni por qué y es lo que nos lleva a ser adictos a una manera de funcionar. La parte consciente y la parte inconsciente están en lucha. Quiero una cosa y vivo otra. Repetimos lo conocido tanto por nosotros como por nuestros ancestros, que también pasaron por dificultades y tuvieron que reaccionar para poder superarlas. Si seguimos pensando en lo que no funciona eso será lo que atraeremos a nuestra vida para continuar experimentando hasta que la lección se haya trascendido. ¿Para qué generamos las mismas situaciones una y otra vez? Para aprender.

¿Y por qué de esta manera? Porque el cuerpo está tan acostumbrado a la química de las experiencias que se encuentra en el caldo de cultivo ideal. Aunque sean experiencias que generan una química desagradable estamos apegados a esas emociones y sensaciones. Esto nos lleva a entrar en un proceso de adicción emocional y a un destino completamente previsible a tal punto que nuestra genética crea las mismas condiciones del pasado (copiar) y las proyectará al futuro (pegar) sin crear nada nuevo.

He aquí unas preguntas que pueden ayudar a centrar la vivencia profunda:

• Ante esa situación (referencia al conflicto biológico), ¿qué sientes?
• En ese instante (referencia al conflicto biológico), ¿qué sientes?

- Si hubiera una parte de tu cuerpo que lo siente, ¿cuál sería?
- ¿Qué forma tiene esto que sientes?
- ¿Qué hay detrás de esa emoción que sientes?
- Tener esta emoción te permite no sentir algunas cosas. Intentemos averiguar qué cosas son.
- ¿Qué más hay detrás de esta emoción?
- Y si miramos más atrás... o más adentro... ¿qué encontrarías?
- Te sientes enfadado, pero ¿qué tristeza hay detrás de ese enfado?
- O detrás de esa tristeza, ¿qué enfado encontraríamos?
- ¿Cómo sabes en tu cuerpo que estás X? (Enfadado, triste, angustiado, etc.)
- ¿Cómo se viven esas sensaciones en tu cuerpo? Describe las sensaciones. ¡Acógelas, recíbelas, déjate sentir y que evolucionen!

Aprender es prevenir

Una práctica para entrenar el acceso al sentir profundo que te propongo es la siguiente:

1. Identifica un malestar, un comportamiento, un pensamiento o algo que desees modificar de tus reacciones, como, por ejemplo, «siento miedo al hablar en público», «mi madre me provoca nervios», «siempre me enfado», «soy supersticioso y quiero cambiarlo», etc. María podría decir: «Me siento triste por las mañanas al despertar».

2. Piensa en la situación y observa cuándo apareció y qué es lo que se activa a nivel corporal al realizar este paso. Retomando el ejemplo de «me siento triste por las mañanas al despertar», María describe que comenzó hace muchos años a partir del cambio de casa después de la muerte de su madre. Una vez identificado, puede aceptar las sensaciones corporales que aparecen, describirlas, sen-

tirlas y ver cómo van desapareciendo a medida que las deja fluir. Por ejemplo, se tensan o duelen las cervicales, hay un nudo en la garganta, los ojos se llenan de lágrimas, siente asco y se le revuelve el estómago…

3. Sentir, sentir y sentir. Atraviesa el túnel del dolor guardado y deja que pasen las sensaciones hasta volver al punto de consciencia en donde, por ejemplo, María podría encontrarse en la casa de su tía, sola, con una sensación de abandono que le provoca una tristeza profunda y que le ocurre justo al despertarse y llamar a su tía. Es ahí cuando se da cuenta de cómo va a vivir a partir de ese momento de cambio. Lo sufre en silencio. En realidad, en el momento en que ocurrió lo sufrió en silencio. Hoy puede descargarlo.

4. Después de atravesar el dolor y tomar consciencia del punto de origen, aparece el alivio natural en el cuerpo, acompañado de cansancio y ganas de reposar. Una vez más, es recomendable escuchar al cuerpo y regalarle un descanso, mimos y no exigirle más de lo que puede dar.

El mismo proceso, es recomendable realizarlo con vivencias positivas, revivir las sensaciones corporales, llevarlas por todo el cuerpo y captarlas como un recurso. Lo agradable nos acompaña a vivir la armonía del momento.

Lo que debe quedar claro es que lo que intentamos en todo momento es revivir las sensaciones corporales ligadas a ese instante profundo, ya que no se trata de contar la historia. Si no se llegan a expresar las sensaciones que se grabaron en el cuerpo, no se podrá volver a sentir el momento y, por lo tanto, no se liberará la energía para dejar ir el síntoma o malestar que tenemos.

Para poder sanar es importante reconocer en qué tipo de emoción profunda o vivencia se ha bloqueado el proceso ya que, como hemos dicho, vaciar la emoción secundaria no permite modificar el síntoma. Lo que hace falta es modificar la emoción visceral o el sentir profundo que es el que está en coherencia entre el conflicto biológico y lo que siente la persona en ese instante. Para acceder a ese lugar tan preciado, toda la información visible e invisible, consciente o inconsciente es válida y nada se descarta. Al contrario, todo lo que vive la persona desde su cuerpo es bienvenido.

También es importante tener en cuenta que para llegar a lo más profundo hace falta dejar de lado los pensamientos, los razonamientos, los juicios y las explicaciones que les damos a las cosas. Si bien es cierto que a muchas personas les sirven como mecanismos de protección para alejarse del área de dolor, lo que en realidad hacen es alejarse de las sensaciones corporales y dificultar la sanación.

A menudo, el desconocimiento de lo que sentimos en nuestro interior y lo que expresamos se coloca en la base del desencuentro en las relaciones. Si no digo exactamente lo que siento o lo que necesito, la otra persona no puede adivinarlo. Es el momento de responsabilizarse de las vivencias interiores y aprender a gestionarlas, tanto con uno mismo como con los demás. También es el momento de aprender a percibir lo que le ocurre al otro, a mostrar empatía y entender desde el corazón y no desde la razón. Es aprender a comunicar con amor, en un acto de ida y de vuelta.

Recordemos que el objetivo de la Descodificación Biológica no es eliminar la enfermedad, sino acompañar a la persona a revisar el conflicto que ha vivido y descargar la vivencia profunda asociada al instante. De esta forma, el paciente podrá regresar a un nuevo equilibrio y, solo entonces, su cuerpo volverá al estado de bienestar o de sanación mediante el sistema natural del organismo. El milagro de la vida no está en curar una enfermedad, sino en cambiar la forma de vernos, de ver a los otros y de ver el mundo. Así que, para poder responder esa pregunta que ahora nos hacíamos, los terapeutas en Descodificación Biológica debemos observar la función del órgano, del tejido e incluso de las células implicadas. Veremos que siempre hay coherencia entre la función del órgano, la vivencia profunda y el instante de conflicto biológico, ya sea este real, imaginario, simbólico o virtual. Así es como funciona en nuestro inconsciente biológico.

Inconsciente biológico

La forma de actuar de nuestro inconsciente es lo que nos lleva a que en un determinado momento nuestro organismo gestione el estrés mediante un síntoma. Pero esto también nos da la oportunidad de poder jugar con ello y vaciarlo. Antes de continuar hablando de él y de cómo funciona, debemos diferenciar con claridad qué supone el inconsciente y qué el consciente.

El consciente es, en pocas palabras, aquello a lo que hacemos referencia cuando hablamos de pensamientos, sentimientos e incluso de la emoción; todo lo que se intelectualiza, se razona, lo que tiene que ver con capacidades de asociación y planificación y la inteligencia. En cambio, el inconsciente es un inmenso iceberg que guarda la información de todas las experiencias ganadoras que ha habido a lo largo de la humanidad. Por ello, en terapia de Descodificación Biológica, necesitamos bajar una capa más de lo que son los sentimientos y las emociones, para ver qué hay más abajo, qué hay en lo más profundo, en el inconsciente. Eso nos permitirá en algún momento abrir la puerta y acercarnos a la célula exacta que vivió el estrés de un determinado momento y, así, ayudarla a que suelte todo lo que ya no le sirve para comenzar la sanación.

Las leyes del inconsciente

Para poder acercarnos y leer qué hay en ese inconsciente, lo primero que debemos tener en cuenta es que existen tres (o incluso más) ilusiones que modelan la vida interior y el espacio de las relaciones. Es imprescindible que las tengamos presentes, porque solo así podremos conseguir la desactivación del síntoma en el instante de la descodificación. Se trata del tiempo, del otro y de lo que no es real, de ilusiones que no existen y que se ponen al servicio del inconsciente en el momento de vivir una situación dramática. Vamos a verlas una a una:

1. El tiempo no existe

La primera ilusión o ley de nuestro inconsciente es que el tiempo no existe. El tiempo de la vida interior, de la vivencia, del recuerdo no existe; no hay pasado ni futuro. Se trata de una ilusión que nos permite viajar en el tiempo hacia el pasado, para vivir una experiencia como si fuese el presente. Cuando revivimos el momento de estrés o el bioshock, aunque este haya pasado muchos años atrás o sea incluso transgeneracional, para nosotros y para nuestro inconsciente es un momento presente: lo vivimos en el momento en que lo recordamos.

Si esto no fuera así, una persona no podría revivir muchos años después los instantes en los que una emoción quedó codificada en sus células. Por eso, en Descodificación Biológica, cuando hacemos terapia siempre hablamos en presente, para poder colocar a la persona en el punto exacto en el que nota que las sensaciones se renuevan. Iremos dando saltos, más atrás en el tiempo o a situaciones más recientes, para permitir que en un momento el inconsciente del paciente quede en cortocircuito y permitir así que salga la información que debe salir.

Podemos decir que, en el ámbito del inconsciente, todo ocurre en un instante. También se refirió a esa atemporalidad el padre del psicoanálisis, Sigmund Freud. Pero veámoslo con un ejemplo para entenderlo mejor.

Luis es un joven que no puede besar a su pareja en público y sufre diversos problemas en lo referente a las relaciones personales. El programante, o la situación de agresión que le desencadenó el problema, se remonta a su infancia, cuando cumplía una prenda en un juego y le bajaron los pantalones.

Un ejemplo similar también se puede ver en la película recomendada al final del capítulo, *Ejecutivo agresivo* o *Locos de ira*, de Peter Segal.

2. La inexistencia del otro

En la realidad de la biología solo existe el sujeto; el otro no existe. Lo que se ve en el otro u otros tiene un impacto en la persona como si lo estuviera viviendo uno mismo. Vamos a explicar esta segunda ley o ilusión del inconsciente un poco mejor y a poner algunos ejemplos.

Cuando alguien llama a otro «borde» o «miserable», en realidad solo está hablando de su propia mala educación o de su miseria. La persona no puede ver su propio interior, su propia miseria o impertinencia; por eso la proyecta hacia fuera. Esto le sirve para sacar su propia incomodidad. Quizás sea el motivo por el que puede haber conflictos relacionales.

Otro tipo de conflicto donde la inexistencia del otro es palpable es en los llamados *conflictos por identificación con el otro*. Un ejemplo muy claro es el de los padres que saben cuán rápido contactan con el dolor del otro cuando sus hijos están enfermos o se han hecho daño. La biología no hace diferencias ante el sufrimiento y una persona puede manifestar un síntoma cuando no distingue el límite físico con otras. ¿Qué pasa en mí si veo a otros muriéndose de hambre? Muchas reacciones son posibles y una de ellas es que sufra en mi propio cuerpo un síntoma en el hígado, ya que es el órgano encargado de permitir la nutrición.

Otro ejemplo sería el de una mujer periodista, llamémosla Paola, que está fotografiando las consecuencias de la guerra en una determinada parte del mundo. Durante su estancia, ve sufrir a muchos niños y cuando regresa a casa presenta un síntoma en la vista, una distrofia macular. Durante la terapia en Descodificación Biológica vemos que el momento desencadenante no fue su estancia en el país en guerra, sino que ocurrió en su infancia, cuando vio a su gata y a toda la camada que acababa de nacer asesinados violentamente. Seguramente haya aún un programa o situación anterior que se sitúe durante su embarazo. En aquel momento su madre vio como asesinaban a su hermano pequeño en el contexto de la guerra civil.

Imaginemos que pudiéramos dibujar nuestra zona de dolor. Sería como una pequeña parte de nuestro organismo, que mantenemos guardada y alrededor de la cual hemos construido una gran muralla que la protege. Como nos resulta imposible ver esta pequeña parte nuestra, lo que hacemos es buscar en la vida a personas en las que sí que podamos ver esta experiencia para vivirla. Es decir, como no podemos vivir ni ver nuestra propia miseria, buscaremos personas que nos la puedan facilitar. Se la pediré, pero la persona tendrá todo el derecho a negármelo y eso generará que le pueda llamar *miserable*. De esta manera habré conseguido mi objetivo, que es seguir encerrado en mi parte de dolor. No reconoceré que soy yo la que se siente miserable; pensaré que es cosa de la otra persona y que no va conmigo.

Pongamos otro ejemplo, que siempre son muy clarificadores. Imaginad una madre, Rosana, que recibe la llamada de su hija diciéndole que se separa. Rosana empieza a pensar que su hija no tendrá para pagar la hipoteca, para alimentar a los hijos, etcétera. El conflicto lo vive la madre, no la hija, y a eso lo llamamos *conflicto por identificación*: «el problema lo ha vivido otra persona, pero yo lo vivo como si fuera mío». De esta manera, por ejemplo, Rosana podría padecer una patología de hígado si lo viviera como una falta o una carencia.

3. Todo existe

Lo real, lo imaginario, lo virtual o lo simbólico es lo mismo para nuestro inconsciente. Para él, todo se considera real. Imaginar una comida o tenerla delante de nosotros para comerla nos da la misma información biológica. Nuestras glándulas salivales comenzarán a segregar saliva y se prepararán para el banquete. Y esta es la tercera ley o ilusión del inconsciente.

Lo mismo ocurre con una película, en la que vemos hechos no reales, virtuales, pero que nos pueden conectar con emociones y que estas estén en relación con nuestra propia historia. Pensar, imaginar o ver de manera real algo como un insecto o animal al que se le tiene miedo o fobia es igual que ver una representación suya en un libro u otra imagen gráfica en cuanto a las reacciones que puede desencadenar.

Estas reglas del inconsciente son las que nos llevan a vivir los eventos de una determinada manera y por ello a tener una vivencia profunda. Son también las que nos permitirán salir del hueco en el que nos escondemos ante el dolor. Son las que nos acercan al *Programa Biológico de Supervivencia* o enfermedad que veremos en profundidad.

CUENTO

Enfado y gritos

Cuenta una historia tibetana que un día un viejo sabio preguntó a sus seguidores lo siguiente:

—¿Por qué las personas se gritan cuando están enojadas?

Los hombres pensaron unos momentos y respondieron:

—Porque perdemos la calma —dijo uno—; por eso gritamos.

—Pero ¿por qué gritar cuando la otra persona está a tu lado? —preguntó el sabio— ¿No es posible hablarle en voz baja? ¿Por qué gritas a una persona cuando estás enojado?

Los hombres dieron algunas otras respuestas, pero ninguna de ellas satisfacía al sabio. Finalmente él explicó:

— Cuando dos personas están enojadas, sus corazones se alejan mucho. Para cubrir esa distancia deben gritar, para poder escucharse. Mientras más enojados estén, más fuerte tendrán que gritar para escucharse uno a otro a través de esa gran distancia.

Luego el sabio preguntó:

—¿Qué sucede cuando dos personas se enamoran? Ellos no se gritan, sino que se hablan suavemente. ¿Por qué? Porque sus corazones están muy cerca. La distancia entre ellos es muy pequeña.

El sabio continuó:

—Cuando se enamoran más aún, ¿qué sucede? No hablan, solo susurran y se vuelven aún más cerca en su amor. Finalmente, no necesitan siquiera susurrar, solo se miran y es suficiente. Así de cerca están dos personas cuando se aman.

Luego dijo:

—Cuando discutan no dejen que sus corazones se alejen; no digan palabras que los distancien más: llegará un día en que la distancia sea tanta que no encontrarán más el camino de regreso.

Anónimo.

PARA SABER MÁS

Películas:
- Segal, Peter (director). (2003). *Ejecutivo agresivo* (título original: *Anger Management*).
  [Película]. Estados Unidos: Columbia Pictures.

Libros:
- Manes, Facundo; Niro, Mateo. (2014). *Usar el cerebro. Conocer nuestra mente para vivir mejor.* Buenos Aires: Editorial Planeta.

La evolución de los seres vivos: su impacto en el ser humano y en la enfermedad

«Mira profundamente en la naturaleza
y entonces comprenderás todo mejor».
Albert Einstein

Queridos lectores, permitidme comenzar este capítulo con una pregunta que creo que nos tenemos que hacer para comprender la enfermedad como una solución: ¿hay algo en la **naturaleza** que sea inútil, discrepante con el todo, poco armónico o incluso dañino *per se*?

Por mucho que me esfuerce, no consigo encontrar ningún elemento que no sea útil para ese todo. Según el Diccionario de la Lengua Española, una de las definiciones de *naturaleza* es el «conjunto de todo lo que existe y que está determinado y armonizado en sus propias leyes». ¡Qué maravilla!, «... armonizado en sus propias leyes». La naturaleza viva de un vegetal, animal o ser humano tiene por lo tanto que estar en armonía dentro de sus propias leyes. Como dice Albert Einstein, podrás comprender todo mejor si miras la naturaleza.

Esta siempre ha estado bien preparada, cuenta con los recursos necesarios y sabe cuáles son las acciones correctas para cada instante. Además, es precisa e inteligente, ya que aporta a cualquier ser vivo la solución de supervivencia interior a los problemas que se plantean en el exterior. Un simple ejemplo son los temblores cuando la persona está expuesta al frío. Esos micromovimientos facilitan el calentamiento corporal. Si lo prevé para el frío, ¿por qué no para otras situaciones? Cuando aparece una dificultad (factor externo) habrá una respuesta orgánica que ayudará a pasar mejor el momento. Esta relación es la que el Dr. Hamer descubrió como sede de la aparición de una enfermedad que llamó *programa biológico de supervivencia* (PBS).

Todo este paradigma comenzó en los años 80 del siglo pasado cuando el Dr. Hamer vio en las tomografías sin contraste que, cuando una zona específica del cerebro presentaba una alteración visible en forma de diana en la imagen, esta se acompañaba siempre de una alteración orgánica y que, a cada zona cerebral le correspondía una parte del cuerpo en particular. A esa zona del cerebro en forma de diana le llamamos ahora *foco de Hamer*. Observó también que la enfermedad responde a un conflicto no solucionado en otro nivel, a nivel de la psique, y que es la tonalidad emocional del conflicto la que determina el órgano afectado porque existe este mecanismo de traspaso de la información y de descarga de la tensión. Supone comprender que la enfermedad tiene un rol en la supervivencia de la persona y por lo tanto de la humanidad, y que ocurre lo mismo en los animales. Más adelante se dará cuenta de que también pasa en el mundo de los vegetales, es decir, que la enfermedad tiene un rol en la evolución de la persona igual que lo ha tenido en la evolución de otros seres vivos. Son las leyes de la supervivencia de las especies, individuos, animales o vegetales las que se aplican en el campo de la salud. La única diferencia que hay entre los humanos y el resto de los seres vivos es que los primeros pueden agravar los procesos naturales con algo llamado *miedo* que pueden crear mediante pensamientos, o sea, imaginando algo también entraremos en conflicto biológico.

Es interesante saber que podemos experimentar conflictos biológicos de la misma forma en que le pasaría a un animal, es decir, de manera real. Es más, los humanos los podemos crear con la imaginación o de forma simbólica. Los animales no. Los seres vivos se adaptan a las necesidades del momento. Las personas tenemos la posibilidad de adaptarnos, pero no siempre nos gusta cambiar de vida o nos da miedo hacerlo. Veamos unos ejemplos. Ciertos investigadores afirman que la polilla del abedul que habita en las islas de británicas ha oscurecido sus alas para pasar más desapercibida en un ambiente más contaminado que hace 100 años y evitar así la muerte por agresión. Los animales que necesitan conservar la reserva alimenticia durante el invierno porque en esa época no encontrarán comida tendrán la necesidad de hibernar. Por ello, cuando hay más comida, hibernan menos, del mismo modo que si falta el alimento, hibernan más. Los cactus que necesitan sombra tendrán aristas y espinas más blanquecinas para reflejar los rayos solares. Además, cuando necesitan más protección, usan otro mecanismo: hacen que su carne sea rígida como una piedra. Se cree que en tan solo los últimos 10.000 años el ser humano que habita la zona del norte de Europa ha aclarado su color de piel con el objetivo de absorber mejor la vitamina D en los momentos de menor exposición solar. En todo caso son adaptaciones al medio cuando se ha presentado un conflicto biológico y la modificación es la respuesta orgánica posible en el momento. Quizás otras puedan surgir en otros instantes. La sabiduría intrínseca del universo natural responde de la manera en que lo ha hecho desde tiempos inmemoriales.

En este capítulo veremos el valor adaptativo de la enfermedad y hasta qué punto esta solución es la «mejor solución» a nivel biológico para permitir la supervivencia. Hemos de comprender que es la mejor solución para el cerebro arcaico que aún recuerda los peligros de la época primitiva y que se coloca en posición de alerta cada vez que hay algo diferente en la vida que le deja unas necesidades descubiertas. Para entenderlo revisaremos el desarrollo evolutivo de la vida.

Desarrollo evolutivo de la vida

Numerosas teorías explican el origen de la vida en la Tierra y la evolución de esta. No nos haremos eco de ninguna en concreto, pero sí podemos hacer un viaje y tratar de imaginar cómo pudo ser.

La vida comienza hace más de 3.000 millones de años a partir del encuentro de rocas, cometas, y otros residuos del universo, como el polvo de estrellas con moléculas químicas —entre otros, el carbono—, que dan lugar a un espacio nuevo donde se aloja la vida en la que están desde el más pequeño microbio a los organismos más evolucionados en la actualidad. Otro modelo, el del *Big Bang* (gran explosión), nos cuenta que el universo se encontraba en un estado de muy alta densidad. Se expandió de la misma manera que a partir del encuentro de dos cigotos, un espermatozoide y un óvulo, surge una nueva célula: una nueva vida que se expande hasta crear un ser desarrollado. Después de la primera explosión, hace unos 13.000 millones de años, justo antes del inicio del espacio tiempo, el universo se enfrió para formar otros planetas y facilitar la vida. Es el momento en que aparecen la materia y la energía. Millones de años después aparecen las estrellas, así como la luz y el agua.

La primera forma de vida surgió hace unos 3.500 millones de años y fue la bacteria. En un principio era anaeróbica porque no existía el oxígeno en la atmósfera y se alimentaba de otras formas (heterótrofos) como azúcares, hasta que más adelante pasó a ser aeróbica. Lo consiguió cuando, después de digerir otras moléculas, la bacteria temprana empezó a producir metano y dióxido de carbono como producto de desecho que se convirtió en parte del medio natural. La aparición del oxígeno permitió la existencia de otras vidas para las que este es indispensable y, con el paso del tiempo, se desarrollaron nuevas formas de obtención de energía, entre otras, el Sol. Los organismos que pueden elaborar su alimento mediante la energía del Sol se denominan *autótrofos*. La fotosíntesis es el proceso en el que se usa la energía del Sol para alimentarse, lo que les dio independencia, ya que no tenían limitado el suministro y pudieron multiplicarse rápidamente. Al principio lo hicieron manteniendo su identidad y siendo eternamente ellos, ya que se clonaban a sí mismos de forma indefinida dividiéndose en dos y guardando el volumen original. «¡No se puede perder la identidad!»

La vida pudo comenzar entonces o con una gran explosión de dentro hacia fuera o uniéndose muchas partículas desde fuera hacia dentro.

En cualquier caso, de alguna forma se generó este maravilloso lugar en el que como seres humanos podemos experimentar un tiempo-espacio a través de nuestro cuerpo.

Esto es posible gracias a la creación de la célula, ya que es la unidad básica principal para los organismos unicelulares, que posteriormente pasarán a ser organismos pluricelulares mediante la especialización. Las células a su vez están compuestas por moléculas —como, por ejemplo, los ácidos grasos que conforman las membranas celulares—, por azúcares —que son la reserva energética—, por proteínas —encargadas de realizar las funciones metabólicas de la célula como transportar oxígeno, introducir nutrientes, degradar sustancias, expulsar los desechos fuera de la célula, reparar la membrana celular o construir la estructura de la célula—, y por los ácidos nucleicos que contienen la información genética. Las proteínas son los «obreros celulares» y los ácidos nucleicos son los «informantes celulares», por lo que la relación entre ambos tiene que ser muy estrecha y se necesitan mutuamente para poder realizar sus funciones. Uno sin el otro no puede sobrevivir.

De la célula se pasó al organismo pluricelular y, como el todo es superior a la suma de partes, se convirtió en un proceso que tiene ventajas adaptativas, como la economización de energía, una mayor fortaleza y un óptimo resultado en términos de rendimiento. Los organismos pluricelulares pasaron a formar tejidos cada uno con una función.

En la medida en que los seres vivos se multiplican y tienen éxito en su descendencia, surge un problema: comienza a disminuir la cantidad de alimentos existentes y por lo tanto aumenta el estrés. Es el momento en que se necesitan nuevas estrategias para encontrar el alimento o para generar nuevas fuentes de nutrición. Cada necesidad descubierta generará reacciones para poder satisfacerla.

Desde el período en el que aparece el espacio hoy llamado Tierra, en el que no había vida, a la explosión de vida de la actualidad pasan muchas etapas que van en resumen desde la Era Arcaica al período Holoceno. En todas ellas hay un elemento común: la presión del medio con incontables situaciones desestabilizantes. Son los conflictos biológicos naturales. Los cambios se presentan y la naturaleza de las fuerzas exige adaptación, cambio y evolución constante. Una vez más, hay momentos en los que quedan necesidades descubiertas que requieren una reacción.

Gracias a la existencia del agua aparecen formas rudimentarias de vida. Estas formas captan clorofila y aparecen las algas. Más adelante se desarrollan progresivamente los gusanos, los moluscos, los crustáceos, los primeros peces, los peces acorazados gigantes y entre zonas de aguas como los pantanos comienzan a aparecer las primeras plantas terrestres. De este modo, los anfibios y los escorpiones se encuentran con un espacio para crecer a sus anchas. Muchas formas de vida han perdido la capacidad de producir su propio alimento a través del Sol, por lo que necesitan de otros seres vivos para sobrevivir. En esta etapa nos encontramos con la necesidad de matar a otro ser para sobrevivir, cosa que acaba naturalizándose.

En el período carbonífero, hace 360 millones de años, aparecen los reptiles, la Tierra se cubre de musgo y helechos. Más plantas, más oxígeno, salen las primeras coníferas y en espacios cercanos a ellas habitan los dinosaurios, del mismo modo que en los mares grandes viven reptiles marinos. Cierto tiempo después, hace 245 millones de años, llegamos a la etapa de la aparición de los primeros mamíferos y aves. La vida sigue en expansión hasta que unos 100 millones de años más tarde aparecen las flores y lo hacen porque en ese periodo se extinguen tanto los dinosaurios como otros grandes mamíferos y pueden existir sin temor a ser devoradas. Simios y homínidos irrumpen hace 25 millones de años hasta que un enfriamiento de la Tierra junto con una glaciación hace 5 millones de años provoca la extinción de muchos mamíferos grandes, pero facilita a su vez el desplazamiento de los homínidos, que abundan en ese momento. Es en la era cuaternaria, hace 1 millón de años, cuando el hombre hace su aparición: el *Homo neanderthalensis* y el *Homo sapiens*. Hace unos 25.000 años comienza el período Holoceno, en el que el hombre evoluciona hasta su estado actual y esta única especie consigue dominar a las otras, así como a gran parte de lo que hay en el planeta.

Tal es el cambio que se ha producido en la Tierra que hoy numerosos científicos como Paul Crutzen (Premio Nobel de Química en 1995), Eugene Stoermer y Erle C. Ellis, entre muchos otros, creen que el período Holoceno ha finalizado y ahora nos encontramos en el período Antropoceno. El hombre ha modificado de forma irreversible gran parte del hábitat en el que reside y ha conseguido manipular sus elementos o cambiar la geografía e incluso el clima, a pesar de que el tiempo de existencia en la Tierra no es más que una pequeña parcela si tenemos en cuenta el inicio de la vida en el momento del Big Bang. Si tomamos como ejemplo que un año significa toda la existencia en la Tierra, al hombre se le pueden asignar un par de horas del último día del año. ¿Y aun así nos creemos experimentados?

Teniendo en cuenta que el ser humano apareció de forma repentina y ha ocupado un brevísimo espacio de tiempo en el planeta Tierra, en el que aún no acaba de tomar conciencia del valor de la vida, del respeto por el espacio que nos han cedido para habitar, del valor de los ecosistemas y de la importancia de todas las formas de vida por muy pequeñas que sean, es probable que desaparezca también de forma rápida y abrupta. Es como si el cerebro arcaico nos hiciera creer que aún estamos en la caverna y que necesitamos dominar para sobrevivir. Podemos comprender que una araña tiene tanta importancia en el nivel del ecosistema como un mamífero superior o el hombre mismo, pero quizás no podamos resistirnos y la matemos inocentemente si aparece cerca de nosotros. Imaginad el peligro que supone la extinción de las abejas y otros insectos para la polinización y las consecuencias que tendría esa desaparición en la Tierra.

Desde épocas remotas, la principal actividad diaria fue sobrevivir a los conflictos biológicos naturales y luchar para conseguirlo era la tarea más importante. Cuando parecía que todo estaba estable, de repente llegaba un nuevo elemento que desestabilizaba y alteraba la tranquilidad del momento forzando a las especies a cambiar y modificar los hábitos para seguir con vida. Esos han sido los estímulos para la evolución, pero también los condicionantes sobre los que nos estructuramos. Es como la vida misma. Cuando creemos que todo está tranquilo sucede alguna cuestión que altera la normalidad. En ese momento toda la intención está puesta en regresar a lo conocido, lo rutinario y lo establecido como «normal» por la persona y su grupo de referencia. Cambiar, hacer algo diferente, no suele ser fácil para una gran parte de las personas. La estabilidad da seguridad. El cambio, aunque sea enriquecedor, puede ser vivido como inseguro.

El Programa Biológico de Supervivencia (PBS) o enfermedad en la evolución

A día de hoy, las situaciones de conflicto biológico nos ofrecen la misma oportunidad: mutar, cambiar, hacer algo diferente, probar, arriesgarse, transformarse para ser un nuevo individuo distinto del que éramos, evolucionar. Eso supone soltar miedos y fluir con las propuestas existenciales. Las enfermedades son una manera de pedirnos un cambio importante en la forma de estar en la vida. No siempre es posible atreverse y a veces es más seguro no variar con el objetivo de estar tranquilos permaneciendo en la rigidez del «paraíso» que nos hemos creado. Sin embargo, ante un shock, la tensión aumenta y es ahí cuando cobra sentido el *programa biológico de supervivencia* (PBS) o enfermedad.

La información de todos los cambios que se han producido la llevamos bien guardada en lo más profundo de nuestro organismo, en cada célula, y esto tiene un sentido biológico que consiste en evitar comenzar de cero, tal y como lo tuvieron que hacer los primeros individuos de cada especie. El ser humano tiene códigos innatos, igual que sucede con los animales, y en esos códigos está guardada la información para la supervivencia. Todos llevamos la memoria de la vida de nuestros ancestros directos disponible en nuestras células, lo cual nos permite reaccionar para sobrevivir sin tener que pasar por el intelecto. Absorbemos un banco de datos común de códigos derivados de la historia del mundo. Es el principio del símbolo tal como lo explicó Carl Jung.

Para el inconsciente real, simbólico, virtual o imaginario es lo mismo.

La guinda del pastel en el ser humano la pone el modo de comunicación y de reacción en situaciones de emergencia y, por lo tanto, de conservación de la vida, a través del sistema nervioso autónomo: simpático y parasimpático. Ambos gestionan la fase de estrés y de recuperación, tanto en el día a día como en situaciones de peligro. Esto mismo se reproduce cuando la persona se expone a un conflicto biológico. La simpaticotonía facilita la supervivencia ante el peligro mediante una actividad celular o funcional específica. Las posibilidades son hacer más células, hacer menos células, hacer más función o bloquear una función. Todo esto tiene un objetivo: dar un margen de tiempo para encontrar la mejor solución. Por ejemplo, ante una situación de falta o carencia (pongamos por caso sentir que «me voy a morir de hambre»), el hígado encargado del almacenamiento de la glucosa hará más células para poder realizar mejor su función. En otro caso, si la persona se enfrenta a una situación de mucho enfado o rabia por un problema territorial con relación al dinero que le ha dado a su pareja y que se ha gastado en cosas y no ha pagado la hipoteca, sus vías biliares se ulcerarán (harán menos células) con el objetivo de que pase más fluido a través de ellas.

Si un animal se encuentra en una situación de estrés porque lo persigue un depredador y siente que va a morir, su sistema simpático por un lado puede ser que ayude a que sus células, encargadas de la respiración o la circulación, funcionen mejor, o por el otro quizás se tengan que generar más células para poder hacer frente a la necesidad de aire. Cuando al día de hoy un ser humano tiene la vivencia de «me voy a morir» porque ha sufrido un accidente, le han dado un diagnóstico y se asusta o se enfrenta a un ataque real, puede ser que use la misma estrategia que antaño y genere más células (adenocarcinoma de alveolo pulmonar). Después del trabajo que ha realizado el cuerpo cuando se encontraba bajo estrés, esas células que han crecido tendrán que desaparecer y para ello entrará en juego el sistema nervioso parasimpático y los microorganismos que realizan el proceso de reparación de los tejidos. Por ejemplo, la tuberculosis tiene como misión eliminar el exceso de células pulmonares producidas en el momento de estrés.

Esto lo veremos reproducido durante la secuencia que conforma el PBS o enfermedad que se produce a partir de un conflicto biológico. Primero pasamos por la fase de simpaticotonía hasta que se encuentra la solución, momento en que comienza la fase de vagotonía. En el medio de esta fase y con el objetivo de preservar la vida, se presenta un pico momentáneo de simpaticotonía para drenar el edema residual. Una vez pasado volvemos a vivir con tranquilidad y la enfermedad queda solo en un recuerdo.

Filogénesis

La filogénesis se define como la evolución de una especie explicada en el marco de la transformación de la vida en el planeta Tierra. Por ejemplo, en el caso del ser humano, abarca desde la forma de vida más sencilla hasta la aparición del ser humano actual: unos 3.500 millones de años. Por otro lado, la ontogénesis es el proceso de desarrollo de un individuo desde la concepción hasta la adultez. Por último, la embriogénesis contempla el desarrollo desde la fecundación hasta el nacimiento. En esta ocasión, me centraré en el primer concepto, ya que nos permitirá entender el síntoma desde otro paradigma.

¿Qué conflictos biológicos pueden tener impacto en la persona? Los que han estado presentes desde el inicio de la vida y dejan una necesidad descubierta.

¿Cuándo comienza la vida? Cuando las condiciones para que esta pueda desarrollarse se van produciendo en cascada, una tras otra de manera sincrónica, haciendo que el paso siguiente sea un progreso sobre lo anterior. De un organismo unicelular, como las bacterias primitivas y sus transformaciones, cuyas necesidades básicas son respirar, alimentarse, eliminar y reproducirse, se pasa a la unión de distintas células. La cooperación bacteriana sirve para traspasar el programa inicial de supervivencia que tiene como finalidad estabilizar las condiciones para facilitar la reproducción y transmisión de información en los ácidos nucleicos, o sea, permitir la supervivencia de la especie.

La vida progresa y se produce un cambio en la manera de reproducirse, ya que comenzará a ser sexual, por lo que el nuevo ser estará condicionado a la unión de dos partes. ¡Dos para hacer uno nuevo! Es el momento de la gran magia, porque se necesitan dos seres diferentes para producir un tercero, multiplicando de alguna forma la cantidad y la calidad de la información que va a recibir el nuevo ser. Surge de dos ramas distintas, y cuanto más distintas mejor, ya que tendrán información muy diferente para enriquecer al nuevo ser. De este modo, cada parte aportará un conjunto de informaciones para el nuevo ser que lo harán más competente. Una buena estrategia adaptativa: ¡cuanta más información disponible haya, mejor podremos escoger! Y todo ello con el propósito de sobrevivir. El ser humano es un ejemplo de esta ventaja, ya que el aporte celular de las dos partes que lo componen dará una buena cantidad de posibilidades, como la mezcla de 46 posibilidades de los 23 pares de cromosomas paternos y maternos. Con un solo cromosoma que varíe, el nuevo ser podrá ser completamente diferente.

El nuevo ser, informado con todo lo que tiene que saber y con células especializadas cada una de ellas para realizar una función distinta, puede organizarse y evolucionar perpetuando la especie.

Con la reproducción sexual aparecen asimismo las polaridades masculina y femenina complementarias en todo y a la vez tan diferentes. ¡Y cuánto tenían que aprender una de otra hasta darse cuenta de que ambas están en el interior guardadas, a veces escondidas!

Etapas, ¡son capas!

En la evolución de los seres vivos lo primero es poder realizar las funciones básicas y reproducirse. Aquí se contempla todo lo más arcaico o vital que va a producir los órganos de la supervivencia, todos derivados del endodermo y que llamaremos *primera etapa de la biología*.

El siguiente paso es la exposición al exterior. Por ejemplo, los animales marinos que dejan su medio natural se exponen a agentes agresivos para su piel que amenazan su supervivencia, por lo que necesitan una cubierta o membrana protectora. Tienen que hacer frente a las agresiones y amenazas del exterior y cubrir la necesidad de protección. Es así como aparece la piel endurecida o caparazón que se corresponde con los órganos derivados del mesodermo antiguo y hablamos de la *segunda etapa de la biología*. Esta piel en algunos casos sirve también como estructura o exoesqueleto y permite la respiración.

En una etapa posterior los seres vivos necesitaron tener una estructura interna que les diera cierta rigidez pero que permitiera a su vez los movimientos y desplazamientos: fue cuando los vertebrados hicieron su aparición. Algunas especies, como las marinas, tienen una espina primaria rudimentaria en comparación con nuestra columna vertebral superespecializada que permite su función: llegar a los lugares donde se pueda sobrevivir escapando de los depredadores, así como encontrar la comida necesaria. La aparición de un endoesqueleto está en relación con los órganos derivados del mesodermo nuevo o la *tercera etapa de la biología*.

Para que todas las funciones puedan realizarse, la naturaleza ha previsto un sistema de control y gestión que se va a ir haciendo cada vez más complejo. A partir de un tubo neural se desarrollan partes más especializadas, como son el sistema nervioso central —compuesto de cerebro, cerebelo, tronco encefálico y médula— y el sistema nervioso periférico —formado por nervios craneales y pares o nervios raquídeos. Se corresponde con los órganos derivados del ectodermo y se cierra aquí con la última etapa que es la *cuarta etapa de la biología*.

Esta evolución la vemos desde los seres vivos primitivos, los peces, las aves hasta los mamíferos y más adelante los seres humanos. En estos últimos aparecen dos diferencias: el crecimiento de la zona prefrontal y la corteza cerebral, compuesta por sustancia gris o cuerpos neuronales. Estas dos partes han permitido los procesos cognitivamente complejos como la toma de decisiones, el razonamiento, la memoria, el uso del comportamiento adecuado en cada momento o situación, el uso de la palabra, de la comunicación y ha facilitado las relaciones entre personas. Permite coordinar los pensamientos y tener en cuenta las necesidades internas. Es un paso más hacia el uso de partes cada vez más humanas como son la empatía, la compasión, la comprensión y el amor.

Resumiendo, las etapas de la biología son una manera organizada de llamar a los órganos que derivan de las capas embrionarias para observar los órganos que derivan de cada una de ellas. A continuación, veremos estas capas con mayor detalle.

- Endodermo: órganos con función de supervivencia.
- Mesodermo antiguo: órganos de protección.
- Mesodermo nuevo: órganos especializados en el movimiento externo e interno.
- Ectodermo: órganos especializados en la relación y en la comunicación.

El endodermo da lugar a los órganos que nos permiten realizar las funciones vitales y es la parte que está más en contacto con lo animal, lo arcaico.

Desde el mesodermo saldrán los órganos que nos permitirán sentir nuestros órganos nobles protegidos, que sufren ante una agresión o ataque y que al cubrirnos nos da la seguridad de la protección.

El mesodermo nuevo nos da la posibilidad del movimiento, el ir a la acción y realizarnos a través de ella. Como dice Olivier Soulier (2013), el mesodermo es «la unión entre lo animal y lo espiritual. Es el amor que surge porque esta etapa da lugar al corazón (miocardio) y es gracias al amor que se unen ambos».

El ectodermo nos permitirá poder vivir los valores humanos, el respeto, la espiritualidad, la expresión de las ideas, la vida de relación, la empatía y la compasión.

La evolución de los conflictos

La evolución de la vida en la Tierra se ha producido durante millones de años y ha pasado por distintas etapas con el objetivo de perennizar la especie hasta que el ser humano ha tenido las condiciones idóneas para establecerse en este planeta y entrar en relación con otros congéneres. Cada etapa no ha estado exenta de dificultades o problemas que confrontaban a cada individuo con un gran estrés. Ya vimos cuán importante era para la especie la adaptación a los cambios, que de no realizarse podían hacerlo desaparecer.

Es interesante esta analogía, porque desde la Descodificación Biológica se considera que las enfermedades están detrás de cuatro grandes conflictos, que se corresponden a su vez con las cuatro capas embrionarias o etapas de la biología, es decir, con la progresión biológica de los seres vivos. Además de estar en relación con las cuatro capas embrionarias, tienen su impacto en las cuatro partes del sistema nervioso en las que el Dr. Hamer encontró la huella o Foco de Hamer. Trataremos estos puntos a continuación.

	ENDODERMO	MESODERMO ANTIGUO	MESODERMO NUEVO	ECTODERMO
ETAPA DE LA BIOLOGÍA	1.ª etapa.	2.ª etapa.	3.ª etapa.	4.ª etapa.
FOCO DE HAMER: SISTEMA NERVIOSO	Tronco cerebral. (Protuberancia, bulbo y mesecéfalo.)	Cerebelo.	Sustancia blanca hemisférica.	Corteza cerebral.
CONFLICTO	Arcaico de supervivencia.	Agresión.	Rendimiento.	Relación, miedo, comunicación y territoriales.
NECESIDAD DESCUBIERTA	Preservar la vida personal y grupal.	Protección.	Valor, consideración.	Relación humana, contacto.
FRASE O PALABRA CLAVE	Atrapar el bocado.	Protegerme.	Poder, ser capaz, valer, llegar, rendir, conseguir.	Contrariedad, miedos, unión, contacto, separación, deber, querer.
TIPO DE TEJIDO	Glandular.	Mesotelial.	Conjuntivo.	Epitelial.
APARATOS O SISTEMAS	Respiratorio. Digestivo. Urinario. Endocrino y glandular. Reproductor. Musculatura lisa. Oído medio. Nervio acústico.	Dermis. Membranas de protección de órganos. Glándulas mamarias.	Sistema músculo esquelético. Aparato cardiovacular, bazo y sangre. Sistema linfático. Grasa. Gónadas (hormonal), suprarrenal y parénquima renal.	Partes epiteliales de otros sistemas. Tejido nervioso. Esmalte dental. Retina, vítreo. Motricidad. Piel y periostio. Canal ductal. Páncreas endocrino. Órganos de los sentidos.

Las cuatro familias de conflictos

El ser humano guarda la memoria de las cuatro grandes etapas evolutivas, como si contuviera en sí mismo un inmenso registro de las soluciones ganadoras de la vida y lo repitiera en su desarrollo embriológico mientras está en el vientre materno. Es nuestro cerebro el que vela para que vivamos lo máximo posible para reproducirnos. En este mundo moderno en el que vivimos seguimos funcionando con un cerebro arcaico y nos enfrentamos a los peligros como si estuviéramos en la época de las cavernas. En palabras de Laurent Daillie (2014),

> por mucho que seamos mujeres y hombres muy modernos del tercer milenio, seguimos funcionando, desde lo más profundo de nosotros mismos, según leyes muy viejas y totalmente arcaicas con un único objetivo: sobrevivir tanto tiempo como sea posible adaptándonos a la presión del entorno.

Primera etapa

La 1.ª etapa es de **supervivencia**. Esta etapa se corresponde con los primeros animales, los organismos pluricelulares que estaban en el océano primitivo, ya que la vida comenzó en el agua, del mismo modo que el bebé está en el vientre de su madre —el océano materno— viviendo en un líquido. En esta etapa se lleva a cabo lo primordial: respirar, comer, eliminar y reproducirse. Reproducirse es el primer programa de la vida.

Todos los órganos asociados a esta primera etapa, a esta primera familia de adaptación, tienen su foco a nivel del tronco cerebral o paleoencéfalo. El sistema nervioso de los primeros seres vivos era muy simple, pero permitía cubrir estas necesidades vitales. La primera etapa de la biología tiene como función adaptarse a las necesidades básicas en la vida y poder cubrirlas. Los conflictos de este grupo de órganos giran alrededor de atrapar, incorporar, sacar, escupir o eliminar el bocado.

La noción de bocado o trozo es amplia. Puede tratarse de un bocado real, imaginario, virtual o simbólico. Lo veremos con algunos ejemplos.

El pedazo o bocado para atrapar puede ser un alimento real que da lugar a un conflicto de «no tengo para comer», pero también puede ser «no tengo trabajo» o «no tengo dinero para poder comprar el alimento». Ante la noción de no poder atrapar un bocado, puede darse que reaccione alguna parte de la boca, la primera parte del tubo digestivo, cuya función es atrapar o eliminar. Si la vivencia es de «no tengo para comer», puede ser que repercuta en el hígado, que es la central de almacenamiento del cuerpo y que puede poner a disposición del organismo la glucosa que ha almacenado.

A veces nos sentimos obligados a «tragar un bocado» indigesto que nos gustaría eliminar o sacar. En este caso, el esófago será el órgano encargado de materializar esa vivencia. Es el caso de una mujer con cáncer de esófago, en la parte inferior, que, por no tener recursos para separarse y mantener a sus hijos, «aguantó» la infidelidad de su marido con una amiga en común. Tal y como ella misma dijo, «tuve que tragar carros y carretas».

Veamos otro caso. Para el oído, órgano sumamente importante para evitar ser atrapados por un depredador, es importante «atrapar la información». La otitis es un cuadro infeccioso que se produce después de solucionar un conflicto de «atrapar o eliminar el bocado auditivo».

Las glándulas salivales tienen como función humedecer el bocado para que pueda ser tragado. Parte del proceso digestivo se inicia gracias a las enzimas que se secretan junto con el agua. Cuando la persona vive un estrés por no atrapar un bocado o no poder eliminar algo indeseado (se escupe gracias a la saliva) y tiene que tragar forzosamente o no consigue hacerlo, las glándulas comenzaran a trabajar más produciendo así más células.

A modo de ejemplo relataré el caso de un hombre con un tumor de glándula salival del lado izquierdo. Este hombre recibe una agresión en público y responde a ella, por lo que es sancionado. La empresa en la que trabaja le impide hacer declaraciones y no puede expresar o quejarse para sacarse de encima algo que le quema en la boca. Escupirlo hubiera rebajado su tensión, pero no pudo. Se lo prohibieron. El estrés vivido hace que su cerebro ordene al órgano encargado producir saliva para que haga más y pueda así eliminar el bocado indigesto.

Decíamos que el primer medio en el que se desarrolló la vida fue el medio acuático. Ahí los seres que estaban adaptados al agua aprendieron a bloquear los homólogos de los riñones si accidentalmente se encontraban fuera del agua y de esa manera podían conservar en su interior todo el líquido posible a la espera de poder retornar al agua. El sentido de la patología renal que afecta a los túbulos colectores renales se comprende bajo esta perspectiva. El ser humano que hoy en día se vea alejado de su medio natural de manera dramática y llegue a un entorno hostil donde tenga que recomenzar su vida, que luche por su existencia, se encuentre solo, abandonado y sin referentes, podrá estar iniciando un cuadro renal. Los inmigrantes, sobre todo aquellos que han tenido que marcharse para salvar su vida y llegan a lugares donde se les niega la asistencia, se los coloca en sitios vallados para que no contacten ni salgan del recinto, están solos y se sienten abandonados, son caldo de cultivo para una patología renal, por supuesto, siempre que tengan esa vivencia conflictual.

El sobrepeso hídrico se produce por el conflicto anteriormente mencionado en el que es casi inmediato el bloqueo de los colectores renales que provoca retención de líquido y edema, por lo que el aumento de peso es muy rápido.

La pérdida real, imaginaria, virtual o simbólica de un hijo o pareja (especialmente si esta es tratada como un hijo) o lo que represente un hijo para la persona —un animal, un proyecto, el trabajo o la empresa—, tiene su impacto en los órganos encargados de la fecundación como son los ovarios y los testículos en sus células germinales.

Segunda etapa

Una vez que los seres vivos han conseguido sobrevivir, el siguiente paso es organizar la **protección**. Esta etapa se corresponde con la época en la que los animales salen del agua y se tienen que cubrir con células más especializadas en la protección. Los primeros animales que están recubiertos de un caparazón que trabaja como exoesqueleto son los insectos.

En la 2.ª etapa de la biología, los órganos que están asociados con la función de protección tienen su foco de proyección en el cerebelo y derivan del mesodermo antiguo. El conflicto relacionado es de ataque a la integridad con la tonalidad de agresión, mancillamiento, mancha, suciedad, atentado, insulto. La necesidad descubierta es la de protección ante insultos, «dardos» verbales, miradas de odio, contactos desagradables vividos como sucios, golpes, etc.

Los órganos relacionados con la protección son la dermis, que recubre la totalidad del cuerpo, las membranas que recubren los órganos como la pleura, el pericardio, el peritoneo y los senos o glándulas mamarias, que responden a un conflicto de protección del nido en sentido estricto o amplio y el cuidado de las personas queridas.

Una mujer es tocada por un compañero de trabajo en un seno y ella le rechaza, pero no dice nada por no montar un escándalo. Un tiempo después le diagnostican un tumor, un melanoma, en la misma zona que había sido tocada. La dermis hace de escudo de protección generando más células para aumentar la función.

Una mujer ha sido diagnosticada de cáncer de ovario y recibe tratamiento alopático. Explica que cada vez que le aplican un tratamiento siente que la agreden introduciendo en su cuerpo sustancias que le pueden hacer más daño. Al cabo de 4 meses la diagnostican cáncer de peritoneo (carcinomatosis peritoneal).

El peritoneo es la membrana que recubre los órganos abdominales que reaccionan a los conflictos de ataque a la integridad de la persona y es justo lo que vive esta mujer cuando sabe que en su interior un órgano tiene cáncer y desde el exterior le aplican algo que no desea.

Tercera etapa

Los envoltorios de protección se volvieron duros y pesados con el tiempo evolutivo, por lo que impedían un desplazamiento sencillo. Para facilitar la movilidad en los seres que tenían que moverse para conseguir su alimento o escapar de un depredador el esqueleto externo pasó a ser interno y de este modo los órganos nobles (cerebro, pulmón, tórax, médula espinal...), quedaron protegidos por huesos. El esqueleto interno permite mantener la protección, conforma la estructura y facilita el desplazamiento.

Nos encontramos en la 3.ª etapa de la biología, en la que los animales empiezan a desplazarse y moverse libremente y se comparan para ver la fuerza de cada uno y decidir si atacar o huir en función de ello. Es el momento en el cual el ser humano sale de la caverna y mira si puede cazar o si será «cazado». El endoesqueleto aparece en los animales con una cuerda vertebral que en los mamíferos dará lugar a la columna vertebral.

Una vez que las funciones más primarias se han consolidado y la protección está asegurada, se inicia el movimiento para ir a buscar lo que se necesita del exterior. Es el camino hacia lo que conviene y para ello es necesario poder moverse. Es el momento en el que se crea el movimiento para cada acción mediante un maravilloso y complejo sistema de huesos, articulaciones, ligamentos, meniscos, músculos, tendones.

Para nutrir a todos estos órganos, aparece la sangre, por lo que, en esta etapa, además de los órganos mencionados que son derivados del tejido conjuntivo, encontramos los vasos sanguíneos (arterias, venas y capilares), la sangre y otros órganos como el riñón (glomérulo), las gónadas (hormonal) y la glándula suprarrenal, el bazo o el sistema linfático. Tiene un prestigioso lugar un músculo especializado: el miocardio. Sin él, nuestra vida dejaría de funcionar.

Aquí aparece la noción de rendimiento, fuerza, potencia y **valor**. Cuando la persona se compara y siente que no llega al rendimiento, vive un conflicto de desvalorización. Para el miembro de un grupo es importante contribuir, cooperar, sentirse válido, sentir que aporta, que construye, que participa, que da y tiene apoyo. Todo el sistema osteomuscular nos permite hacer movimientos muy particulares que expresan nuestra valía en un sentido físico. Quizás por eso hay quien necesita primero marcar y luego mostrar más sus músculos para sentir en sí mismo ese valor. Otras subtonalidades de este conflicto son depender de otros por no sentirse válido, solo/a, no saber qué dirección tomar, no sentirse seductor/a, no poder amortiguar situaciones, sentirse con poca importancia. En el caso de los ganglios linfáticos, puede ser sentirse atacado, no poder defenderse y que nadie le resguarda o le protege.

Los conflictos asociados a la 3.ª etapa derivados del mesodermo nuevo tienen los focos de Hamer ubicados en la sustancia blanca cerebral o médula cerebral.

El cuerpo humano tiene unos 206 huesos, unas cuantas articulaciones entre los distintos huesos y 650 músculos, impresionante y complejo sistema para poder movernos y a la vez protegernos. Cada parte del sistema musculoesquelético tiene una función específica según la acción que realiza.

Por ejemplo, una persona presenta dolor en el hombro izquierdo y es diestra. La pregunta que nos plantearíamos es ¿cuál es la función del hombro? ¿Para qué sirve? El hombro nos permite hacer movimientos, alejar algo, retener algo junto al cuerpo, como coger al bebé, hacer acciones de cuidado o acceder a determinados sitios. También está vinculado con el afecto que hay en la relación madre-hijo en las personas diestras. Si la persona siente que «no lo hace bien» como madre o en relación con su madre, es posible que aparezcan molestias en esta zona. Si fuera el hombro derecho el que nos permite hacer todos los gestos de la vida cotidiana o defendernos, sería este el lado social y activo en relación con los colaterales de todo lo demás que no es íntimo, como la pareja, el trabajo, los hermanos, la empresa, la casa, etc.

Cuarta etapa

Seguimos discurriendo etapas y ahora vemos que la persona ya ha atrapado el bocado, se ha protegido, tiene un sentimiento de valor por lo que puede desplazarse, hacer y cumplir con lo que se necesita. Es así como llegamos a la 4.ª etapa, en la que al salir de nuestro espacio entraremos en relación con los otros con los que necesitamos comunicar y hacernos entender. Es el momento en el que tener una **identidad** se convierte en algo crucial para poder decir quién se es, delimitar un **territorio** para poder buscar el alimento en él, tener donde cobijarse y mantenerse alejado de depredadores.

Debemos tener presente que el alimento no siempre está disponible, que se ha de caminar mucho para conseguirlo, que las condiciones climáticas y del medio son las que son, por lo que es fundamental hacer una previsión, pensar, escuchar la propia intuición antes de actuar, recordar, establecer relaciones entre ideas, etc. Pasa a ser importante la vida en relación. Vivir para conseguir la presa, alimentarse, dormir y volver a comenzar deja de tener sentido cuando otros humanos hacen su aparición. Ahora la relación, la comunicación, el entendimiento, el observar al otro y ser empático no solo importa, sino que pasa a ser necesario.

En esta etapa toma crucial interés el territorio. Una vez más, el territorio puede ser real, virtual, imaginario o simbólico. Para un niño el nombre en la bata del colegio en su maleta, en su armario, sus juguetes o sus padres son su territorio. Lo mismo para un adulto que pone el nombre en la puerta de la casa, vigila los límites del jardín para que las ramas del árbol del vecino no entren en su terreno, tiene un sofá o una silla que todos saben que es suya, pelea por una plaza de parking, por mantener un canal de televisión, por una idea o por la manera de entender el mundo.

Los conflictos alrededor de la 4.ª etapa son los conflictos de contacto, separación, movimiento contrariado, territorio, ciertos miedos como el miedo frontal o el miedo por detrás (la nuca), el asco, la repugnancia, la pertenencia, el afecto, el placer. Los órganos asociados a esta 4.ª etapa tienen su foco en la corteza cerebral o córtex.

Derivados de esta, y por lo tanto del ectodermo, encontramos la zona motriz desde donde se activa el movimiento muscular, la epidermis (piel externa), el periostio (piel de los huesos), la capa mucosa de diversos órganos huecos (piel interna de los órganos), la retina, una parte de los dientes, el páncreas endocrino (insulina y glucagón). También se activan pequeñas partes de otros órganos, entre ellas, los canales tiroideos, la laringe, la tráquea, los bronquios, las arterias y las venas coronarias, la vagina, el cuello del útero, las vesículas seminales, el recto inferior, el ano, el esófago alto, el estómago (curvatura menor), el duodeno y los canales pancreáticos, biliares y ductales.

La forma de reacción bajo estrés es hacer menos células. Por ejemplo, una persona siente miedo en el territorio con terror porque le pueden invadir y la zona que se activará será el epitelio de los bronquios. ¿Cómo lo hará? Ulcerando la mucosa bronquial de forma tal que la luz o el espacio por el que pasa el aire se vea ampliado. ¿Cuál es el sentido? Contar con más aire para poder luchar mejor cuando se esté aproximando el «enemigo invasor». Cuando solucione su conflicto es posible que tenga tos o desarrolle una bronquitis. Este último síntoma es inflamatorio y tiene como objetivo llevar a la mucosa bronquial ulcerada los elementos necesarios para poder restaurarla.

Cuando lo que se necesita es oler o no oler algo porque ese algo es peligroso o el ambiente está enrarecido, el conflicto va a ir al órgano que biológicamente se encarga de sentir o percibir el aire (el ambiente), es decir, la mucosa de la nariz. En fase de estrés esta mucosa se ulcera y en fase de reparación se inflama provocando un resfriado con la nariz que gotea.

Otro ejemplo nos lo encontramos cuando vivimos una «contrariedad indigesta» con la sensación de enfado o ira. Reacciona una parte del sistema digestivo, la curvatura menor del estómago, que durante la fase de estrés hará menos células de la mucosa, pudiendo aparecer por ejemplo acidez o, en caso avanzado, una úlcera gastroduodenal.

Conocer cómo funcionan las etapas de la biología, la forma de reacción de los órganos pertenecientes a cada una, el lenguaje general de cada etapa es fundamental para poder encontrar las vivencias conflictivas cuando aparece una molestia o una enfermedad.

Epidemias

Todo lo que hemos visto antes se aplica a cada persona de manera individual, pero ¿qué pasa cuando varias personas tienen la misma enfermedad?

Algo tan simple como que cada una de las personas que tienen la misma enfermedad tiene el mismo conflicto y la misma forma de vivirlo, de la misma manera que no hay enfermedades genéticas, sino que lo que se ha transmitido en las personas de una familia que tienen la misma enfermedad es la manera de vivir los conflictos.

Por ejemplo, durante una guerra o en épocas en las que hay una amenaza de Guerra Fría, las personas que sufren el conflicto del miedo a morir pondrán cada una en marcha un programa llamado *cáncer de pulmón* con el sentido biológico de hacer más células para poder respirar mejor y contestar a la falta de aire del miedo a morir.

Una vez que el peligro haya pasado, estas mismas personas entrarán en lo que se llama *fase de resolución* y, si se cuenta con los gérmenes apropiados, dará lugar a una tuberculosis o lo que la medicina oficial llamará *un brote de tuberculosis*. Incluso lo explicarán teniendo en cuenta factores de riesgo como la pobreza, la crisis, la mala alimentación, la mala higiene, etc.

Un relato anónimo dice así:

Un hombre está sentado a la salida del pueblo y ve pasar a la muerte. Le pregunta:

—¿A dónde vas?

—Al pueblo vecino.

—¿A hacer qué?

—A matar a cuatro.

A su regreso, después de que comenzara una epidemia que dejó miles de muertos el habitante del pueblo increpa a la muerte diciéndole:

—Me dijiste que matarías a cuatro y van miles ya que han muerto. ¿Por qué lo has hecho?

Y la muerte le responde:

—Yo solo maté a cuatro. El resto murió de miedo.

En resumen, la meta para cualquier organismo es vivir el máximo tiempo posible sobre la Tierra y reproducirse y, para conseguirlo, se han de atravesar determinados conflictos. Estos pueden ser de cuatro categorías, es decir, que están en correlación con las capas embrionarias y sus funciones. La naturaleza tiene como vocación perpetuarse, quiere al ser humano y a los otros seres vivos y por ello los ha creado. Por lo tanto, ante un conflicto biológico, sea cual sea, la naturaleza nos propone una solución biológica de adaptación como lo ha hecho desde siempre en el transcurso de la evolución de las especies. Las enfermedades son la prueba de los conflictos biológicos ligados a esta adaptación.

Cuento

— Maestro, ¿hay alguna manera de lograr que todos los seres humanos se transformen y vivan en paz y armonía?

— Hijo, elimina el miedo a la muerte y el miedo a la supervivencia diaria. Si logras evitar que nos llegue la muerte y resuelves el problema del sustento y el bienestar diario de todos los humanos, verás que todos se transforman en verdaderos monjes zen. La gente ya no sufrirá la angustia por lo desconocido que trae la muerte ni la angustia por no saber qué comerá mañana, y solo por eso dejará la violencia.

Anónimo.

Para saber más

Películas:
- Annaud, Jean-Jacques (director). (1981). *En busca del fuego* (título original: *La guerre du feu*).
  [Película]. Francia: Belstar Productions / Ciné Trail / Famous Players / International Cinemedia Center / Royal Bank / Stéphan Films.
- Malaterre, Jacques; Salanova, Javier (directores). (2003). *La odisea de la especie* (título original: *L'Odyssée de l'espèce*).
  [Miniserie de TV, Documental]. Francia: France 3 Cinéma / RTBF / Mac Guff Ligne / Transparences Productions / 17 Juin Production.
- Malaterre, Jacques; Proser, Chip (directores). (2005). *Homo sapiens.*
  [Película, Documental]. Francia: Ballistic Pictures.
- Malaterre, Jacques (director). (2007). *El amanecer del hombre* (título original: *Le sacre de l'homme*).
  [Película, Documental]. Francia: uFilm / France 2 (FR2).
- Chapman, Michael (director). (1985). *El clan del oso cavernario* (título original: *The Clan of the Cave Bear*).
  [Película]. Estados Unidos: Warner Bros.

Libros:

- Hexalogía: *Los hijos de la Tierra* de la autora Jean Marie Auel.
  - Auel, Jean Marie. (1991). *El clan del oso cavernario.* Madrid: Maeva Ediciones.
  - Auel, Jean Marie. (1984). *El valle de los caballos.* Buenos Aires: Javier Vergara Editor, S.A..
  - Auel, Jean Marie. (2006). *Cazadores de mamuts.* Madrid: Maeva Ediciones.
  - Auel, Jean Marie. (2005). *Las llanuras del tránsito.* Madrid: Maeva Ediciones.
  - Auel, Jean Marie. (2006). *Los refugios de piedra.* Madrid: Maeva Ediciones.
  - Auel, Jean Marie. (2011). *La tierra de las cuevas pintadas.* Madrid: Maeva Ediciones.
- Herreros, Pablo. (2014). *Yo, mono: Nuestros comportamientos a partir de la observación de los primates.* Barcelona: Editorial Destino.
- Corbella, Josep. Carbonell, Eudald. Moyà, Salvador. y Sala, Robert. (2010). *Sapiens. El largo camino de los homínidos hacia la inteligencia.* Barcelona: Península-Atalaya.
- Morris, Desmond. (2016). *El mono desnudo.* España: Editorial De Bolsillo.
- Hawking, Stephen. (1988). *Breve historia del tiempo: Del Big Bang a los agujeros negros.* Barcelona: Editorial Crítica.
- Hawking, Stephen. (2015). *La teoría del todo.* Barcelona: Editorial Crítica.
- Hawking, Stephen. (2015). *Brevísima historia del tiempo.* Barcelona: Editorial Crítica.

La enfermedad en Descodificación Biológica

«Nuestros cuerpos son jardines en los
que hacen de jardineros nuestras voluntades».

WILLIAM SHAKESPEARE

En este paradigma la enfermedad no existe; es una solución. La única solución que ha encontrado nuestro cerebro arcaico cuando detecta un peligro: estrés es igual a peligro. Quizás sea muy atrevido hacer esta afirmación a sabiendas de que hay gente que sufre mucho con su o sus enfermedades, así como con los problemas asociados a los tratamientos que se realizan para intentar eliminar la enfermedad. Pido disculpas anticipadas si alguien se siente molesto por esta forma de explicar los síntomas. En todo caso propongo también una invitación a verlo de una manera distinta a la común u «oficial», a comprobarlo y a creer solo lo que cada uno acepte creer. Como decía Carl Jung «no estamos aquí para sanar la enfermedad, sino que la enfermedad viene a sanarnos».

Me permito aclarar a qué me refiero con tal afirmación: la enfermedad no existe, sino que es una solución a cómo hemos vivido un conflicto. No existe tal como hemos creído durante tantísimos años en los que nos aseguraron que los síntomas son el resultado de un desgaste, un fallo orgánico, de la genética, una avería o la respuesta a algo exterior, un factor externo, que lo altera. Es la forma que tiene la medicina oficial para explicar el origen: encontrar la causa que ocasiona una enfermedad para eliminarla. La propuesta es la siguiente: *usa otra lógica para entender la aparición de una disfunción en el sistema cuerpo.* Usa la **lógica biológica,** que nos dice que:

Existe un programa previsto en la naturaleza que da respuesta al estrés vivido, para el que no hubo una reacción adecuada, con el objetivo de dar a la persona un margen de tiempo para encontrar una *solución.* Es la última posibilidad de evacuar el estrés. Este programa es tan sabio que hace en cada instante lo que la persona necesita. Para cada situación genera más o menos células o más o menos función. Es un programa que pide ser comprendido para sanar y no atacado o combatido. Una vez que se ha pasado el estrés, llega una segunda fase en la que las células saben cuál es la **acción** que deben realizar, lo que permite la reparación de los tejidos, es decir, que la naturaleza prevé volver al equilibrio cuando el cuerpo se ha desgastado.

Si en fase de estrés se construyeron más células (por ejemplo, un tumor de estómago, de hígado o de alveolo pulmonar) es lógico pensar que después de encontrar una solución, el cuerpo elimine el sobrante, aquello que ya no es necesario. Lo mismo pasa si en fase de estrés el cuerpo consideró que era lógico hacer menos células y provocó una disminución de los tejidos, como en el caso de una osteoporosis. En el momento en que se supera el conflicto de no llegar a un rendimiento que genera desvalorización en relación con uno mismo, que en este caso afectaría al hueso, comienza la reconstrucción del tejido haciendo más células.

Este programa está maravillosamente coordinado entre la psique, el sistema nervioso y el órgano diana. En otras palabras, la enfermedad es la actuación de emergencia biológica que pone en marcha el cerebro cuando cree estar en una situación de vida o muerte. ¿Qué le hace creer que está en una situación de peligro? La dichosa psique con su manera de ver y responder a las situaciones cotidianas dentro de las que pueden aparecer las situaciones de conflicto biológico.

El cerebro es eficiente, aunque no actúe de forma inteligente. Podemos decir que el cerebro es obediente y cumple a la perfección cubriendo las necesidades descubiertas, aunque el resultado sea una enfermedad porque, al contrario que nosotros los humanos, nuestro cerebro no interpreta que tener una enfermedad sea un problema, sino que encuentra una alternativa para salir del atolladero en el que está la persona.

Por ejemplo, una persona vive una situación de miedo en la que se quedó petrificado o rígido como una piedra y el cerebro, al detectar el miedo paralizante, da la orden a la zona precisa del cuerpo que habla ese lenguaje metafórico y funcional: la zona motriz. La respuesta como enfermedad podría ser una alteración o fallo en la conexión neuromuscular. Si el miedo vivido fuera extremo, como una situación de pánico que deja sin habla, con la tonalidad de terror o de no poder expresar, la respuesta estará en la laringe.

El Dr. Hamer explica que la enfermedad es el resultado de nuestro paso por las distintas etapas evolutivas que se han atravesado a lo largo de toda la existencia de los seres vivos y que las mismas soluciones adaptativas que encontraron los órganos de otros seres vivos son las que pone en marcha el cuerpo humano siguiendo un orden, siguiendo el sentido biológico. ¿Por qué? Porque nuestro cuerpo tiene toda la información de esos procesos guardada a nivel celular. ¿Y cuándo se tuvieron que adaptar los órganos? Cuando estuvieron expuestos a situaciones de tensión que activaban las reacciones de supervivencia. La enfermedad es lo que se denomina una respuesta a una emergencia biológica.

Un ejemplo en la evolución lo encontramos en la salida del agua de los peces y la necesidad de protección de la piel para evitar la deshidratación. La biología da un resultado adecuado: la aparición de un caparazón que protege de las inclemencias y agresiones del exterior. Podemos ver un paralelismo entre este ejemplo y cuando hoy una persona vive una situación de estrés de la tonalidad de agresión, insulto o atentado a su integridad. La reacción puede aparecer en la zona de la dermis, ya que ésta es la encargada de la protección de nuestro cuerpo. ¿Cómo lo hará? Con un crecimiento de células de la dermis a modo de escudo protector igual que los animales.

El estrés de un conflicto biológico provocará un desencuentro entre la estabilidad y comodidad interna de la persona, y lo que le está ocurriendo en el exterior. ¿Por qué se viven situaciones de estrés? Porque naturalmente tenemos necesidades biológicas que no siempre se pueden satisfacer. También podemos hacer otra lectura y pensar que es la vida la que nos hace propuestas a través de experiencias que nos mueven de nuestra zona de confort, de nuestro espacio de protección, que nos sacuden del lugar conocido para que experimentemos algo diferente: exigen cambio y evolución. Seguir haciendo más de lo mismo es poco sano como individuos y como sociedad. Es involucionar. Para vivir con salud hay que estar en coherencia y armonía en las distintas esferas de nuestra existencia. Supone vivir experiencias, tener la reacción que nuestra psique considera adecuada ante ellas, poder expresar y vaciar la tensión que se acumula de forma sana, liberar la angustia visceral y poder cubrir las necesidades descubiertas. Por lo tanto, la enfermedad es una parte indisoluble de la vida de la persona cuando algo la golpea y no puede dar respuesta. Expresa a través del cuerpo lo que no ha podido vaciar de otra manera.

Cada uno tiene una idea sobre su paso por la Tierra, pero es posible que pasemos al lado de los momentos sagrados de nuestra existencia de una forma distraída en algunos instantes con dolor. Lo que está claro es que cuando una persona se enferma, nada es igual y todo es molesto. Hasta una pequeña herida producida por un corte en la punta de un dedo nos recuerda nuestra fragilidad y vulnerabilidad. Si alguna vez te has cortado con un papel sabes de qué hablo. Cuanto más nos sacude la enfermedad, más se asemeja a un proceso que nos acerca a las grandes preguntas de nuestra existencia: ¿qué es la vida?, ¿qué es la muerte?, ¿cuál es el sentido de la vida propia? Comprender el sentido de la enfermedad nos ayuda a ver cómo estamos viviendo y cuán lejos estamos del centro de nuestro ser. Como dice Morris, el protagonista de *Martes con mi viejo profesor:* «Cuando aprendes a morir, aprendes a vivir» (Albom, 1999).

Quizás lo que nos ocurre es que solemos razonar de manera antinatural y no en términos de supervivencia. Tememos morir y, protegién-donos de la muerte, nos olvidamos de vivir. Creemos que la vida tiene que ser lineal, sin problemas y cuando estos se presentan nos sentimos víctimas de las circunstancias y las queremos eliminar cuanto antes. Nos molestan las complicaciones y deseamos vivir siempre en la zona de confort, en nuestra preciada (¿y precaria?) comodidad, en el maravilloso positivo alejándonos de lo negativo. Pero negativo o positivo son solo clasificaciones. La enfermedad es la expresión de una desarmonía entre nuestro interior y el exterior, entre nuestro ser y lo que deseamos vivir y lo que la existencia prevé para nosotros. El síntoma nos habla para decirnos que algo no funciona bien en nuestro caminar. El síntoma que tanto ansiamos eliminar tan solo es un mensaje. En su origen está el conflicto biológico y lo podemos vivir como la ocasión y la oportunidad para ser tocados en un lugar de nuestro interior en el que hemos estado mucho tiempo protegidos, o podemos continuar sintiéndonos víctimas con mala suerte.

Por ejemplo, un joven va en moto un día de lluvia. El co-che que va delante frena en una esquina y él se ve obligado a hacer lo mismo. Resbala, se cae de la moto y, en consecuencia, se tuerce la rodilla. Puede ser que todo quede en un acci-dente o incidente con poca trascendencia: solo una anécdo-ta más de la que el joven se olvide rápidamente. Es posible que el resbalón haya ocurrido porque el suelo estaba moja-do, porque la moto no frena bien, porque el de delante frenó de golpe, porque… Pero también es posible que este joven consiga hacerse las preguntas adecuadas para aprender de ese maravilloso instante en el que la vida le muestra a través de este incidente que algo de su cotidianidad tiene que tener un antes y un después; o que algo se le está resbalando; o que él se siente resbalar en el camino de su juventud, que todo va muy rápido y a veces es desconocido y da miedo; o tantas otras posibles hipótesis más. Todos hemos sido jóvenes y sabemos cuánto dolor nos ha provocado un traspié en la vida. Solo con la distancia se ven los eventos en su verdadera magnitud. ¡Y qué evolución más maravillosa puede llegar a ocurrir cuando se consigue descubrir la historia que hay detrás de la historia!

Otro caso es el de una mujer que ha vivido protegiéndose de algo que no sabe qué es. Lo manifiesta a través del miedo al sufrimiento y al dolor, concretamente el miedo a la enfermedad y al dolor físico. Para evitar cualquier situación de desprotección, cuenta con un buen seguro médico, se hace todas las posibles revisiones médicas, se vacuna y ante un síntoma mínimo acude a ver al facultativo para que elimine el síntoma, no sin antes haber realizado cuanto estudio complementario sea viable. Un día, haciéndole un estudio habitual, encuentran de «casualidad» una pequeña mancha en un órgano. Se lo comentan y entra en pánico. A pesar de que la biopsia de esa zona «extraña» dio negativo, en poco tiempo vivió un terror profundo: el miedo a la enfermedad. Poco después, le diagnostican un tumor de ganglios linfáticos no Hodgkin. Si nos fijamos en su historia familiar, en la generación de su abuelo paterno murieron 2 hermanos pequeños menores de 6 años por sendas enfermedades que no pudieron ser tratadas. Por lo tanto, en su memoria, estar enferma es igual a morir.

En estos dos casos, ¿las personas son víctimas o partícipes de su historia? A nadie le apetece aprender mediante accidentes o enfermedades y por eso cuando aparecen nos resistimos a vivirlos, pero no dejan de estar presentes. Lo que se resiste ¡persiste! Lo que se trae a la consciencia y se vive en el cuerpo se desintegra.

Comprender cuál es el hilo de nuestra vida y cómo los eventos se han producido para enseñarnos algo nos ayudará a vivir con mayor coherencia. Se trata también de escucharnos en nuestras necesidades y respetarlas.

> Aquellos que no aprenden nada de los hechos desagradables de sus vidas, fuerzan a la conciencia cósmica a que los reproduzca tantas veces como sea necesario para aprender lo que enseña el drama de lo sucedido. Lo que niegas te somete. Lo que aceptas te transforma. (Carl Jung).

Un conflicto biológico o bioshock nos coloca en un espacio desagradable, en el que nos convertimos en seres de los primeros tiempos. Nuestro inconsciente biológico cree estar en situación de peligro total, por lo que reacciona en términos de vida o muerte siguiendo la lógica de la supervivencia. Para poder entenderlo es necesario visitar la parte más arcaica de nuestro sistema nervioso, la que tramita cada uno de nuestros instantes y que vive el momento presente, el único tiempo que existe. Todos conocemos las sensaciones asociadas al nerviosismo antes de una reunión, un examen, una discusión, un momento de dolor, un accidente, etcétera. Todas ellas, están gestionadas por el sistema nervioso vegetativo o autónomo. Continuar hoy en el presente viviendo bajo automatismos y comportamientos reptilianos que se han convertido en inadaptados solo puede abocarnos a un resultado: la enfermedad.

> En el caso de María, vive una situación de estrés con el sentir de que le han arrebatado algo que le pertenece, un bocado que ya era suyo, que ya estaba en plena digestión imaginaria y con el que contaba de forma segura e inequívoca, lo que activó en ella un programa destinado a «atrapar el bocado». En el instante mismo del conflicto biológico no pudo poner en marcha ninguna reacción que solucionara el problema que se había presentado. Aparentemente sintió desconcierto, rabia, ira, luego tristeza y, como en su cabeza rondaba el pensamiento de la historia vivida día y noche, cambiaba de emoción según las ideas que surgían. Por momentos sentía compasión

por su tía y soltaba la rabia, aunque en otros se revolvía contra lo que pasó, gritaba, lloraba, pateaba sin que nada cambiara. En cambio, lo que vivió como emoción visceral profunda, lo que realmente sintió en su interior, se quedó clavado sin ser consciente de ello.

Así es como su cuerpo organizó el programa temporal llamado *enfermedad* para salvaguardarla. Podemos preguntarnos ¿por qué su cuerpo ha generado más células en el páncreas? Porque ha entendido que había una carencia en un sentido vital, así que haciendo más células consigue provocar más secreción de enzimas pancreáticas que tienen como función disolver las grasas. Precisamente, lo que María ha vivido es muy «graso».

El sistema nervioso en la lucha por la supervivencia

El cuerpo de María ha reaccionado a lo que llamamos un *miedo visceral*, y lo hace del mismo modo que lo hicieron antaño los primeros habitantes de la humanidad y, antes que ellos, los animales salvajes y antes... Lo que le sucede no es nada extraño: lo hacemos todos los humanos ante temas que tienen que ver con la supervivencia y la perennidad de la especie. Son cuestiones como la conquista, la invasión o la pérdida de territorio, la lucha por la existencia, las situaciones de enfrentamiento o de huida, de tensión por el déficit o el exceso de rendimiento, la toma de decisiones para escoger una dirección, la falta de alimento o de agua o de algo esencial, la ruptura de contacto, la disputa dentro del grupo, la lucha por la posición dominante, el miedo al destierro, a la pérdida de integridad, al abandono, etcétera. Todos estos asuntos se viven como si fuesen vitales, aunque en realidad no nos estemos enfrentando a los peligros de la época primitiva.

Si María no puede recuperar el dinero y tiene que aplazar la decisión de independizarse unos meses, no se encontrará en una situación límite que la lleve a la muerte. Sin embargo, su cerebro arcaico es eficaz, pero no es inteligente y ha comprendido su estrés de una manera extrema. ¿Por qué desarrolla el síntoma en el páncreas? Porque el gran ordenador central cree que le han sacado algo que ya estaba dentro de él, para lo que ya se habían secretado enzimas y jugos con el objetivo de digerirlo y de repente se encuentra con que el bocado ya no existe.

En los momentos de situación de conflicto se activa el sistema nervioso autónomo y el eje hipotálamo-hipofisario-suprarrenal. Es lo mismo que nos ocurre cuando estamos ante un momento de alto riesgo. Antes de continuar con más ejemplos, vale la pena que dediquemos unas líneas a hablar de los sistemas nerviosos de los seres humanos. Es una explicación un poco más técnica, pero nos será de mucha ayuda para conocer la manera que tiene nuestro organismo de reaccionar cuando se encuentra en una situación de estrés.

El cuerpo dispone de dos grandes sistemas nerviosos: **el sistema nervioso central (SNC) y el sistema nervioso periférico (SNP).** El sistema nervioso central está formado por el cerebro y la médula espinal y se encarga de los actos voluntarios. Tiene diversas funciones, desde percibir estímulos procedentes del mundo exterior hasta transmitir impulsos a nervios y músculos para realizar acciones.

Por otro lado, el sistema nervioso periférico está integrado por una enorme red de nervios que tienen su origen en el sistema nervioso central y se ramifican por todo el cuerpo. Se puede diferenciar entre el sistema nervioso somático, que regula las funciones voluntarias o conscientes del organismo, como por ejemplo el movimiento muscular, y el sistema nervioso autónomo o vegetativo, que es el encargado de controlar los actos involuntarios, es decir, los que realizamos sin que nosotros los programemos, como los del corazón, el intestino, el páncreas y otros órganos internos.

El sistema nervioso autónomo

El sistema nervioso autónomo (SNA) o vegetativo lleva a cabo dos funciones complementarias que están siempre coordinadas. Una de ellas sirve para acelerar el organismo y la otra para frenar las actividades internas del cuerpo y permitir así la regulación del biorritmo en los ciclos día/noche, actividad/reposo, acción y desgaste/recuperación. Como decía, es involuntario y recibe la información de las vísceras y del medio interno para actuar sobre órganos, músculos, glándulas y vasos sanguíneos.

El sistema nervioso autónomo se activa, principalmente, en los centros nerviosos que están situados en la médula espinal, el tallo cerebral y el hipotálamo. También algunas porciones de la corteza cerebral, como la corteza límbica, pueden transmitir impulsos a los centros inferiores y, de esta manera, influir en el control autónomo.

El sistema nervioso autónomo se divide a su vez en dos: el sistema nervioso parasimpático y el sistema nervioso simpático. Empecemos por este último, el simpático, llamado también *sistema de gestión del estrés*. Está constituido por una cadena de ganglios paravertebrales, situada a ambos lados de la columna vertebral, que forma lo que se denomina el *tronco simpático*. Este sistema utiliza un neuromediador o neurotransmisor llamado *noradrenalina* y está implicado en actividades que requieren un gasto de energía y de tensión.

Es fundamental para enfrentarnos a situaciones de estrés, ya que nos prepara a nivel psíquico, físico y nervioso para reaccionar ante ellas. Cuando se viven emociones de supervivencia, el cuerpo secreta las hormonas del estrés, que tienen como objetivo prepararnos para hacer frente a una situación crítica. Por ejemplo, podría provocar reacciones como estar más atentos, en alerta, pensar más para encontrar una solución, dormir y comer menos para poder centrar toda la energía en el problema. Provoca la dilatación de los bronquios y de las pupilas, aumenta la frecuencia cardiaca y respiratoria y envía más sangre a los músculos, cosa que provoca frío en las extremidades. En una frase, y para resumir, la función del sistema simpático es prepararnos para la acción y nos permite actuar y adaptarnos a la presión del medio.

Centrémonos ahora en el sistema nervioso parasimpático, también conocido como *sistema de recuperación biológica*. Está formado por un nervio craneal, el nervio vago, y por ganglios aislados. Usa como mediador una catecolamina, la acetilcolina. Su función es almacenar y conservar la energía y permitir la reparación de los tejidos después de haber pasado por una situación de estrés. Podríamos decir que es el sistema antagónico al simpático, es decir, que hace lo contrario.

Este sistema se activa cuando se resuelve el conflicto que ha puesto en tensión a la persona. Ralentiza las actividades fisiológicas respiratoria y cardiaca; también lo hace con el pensamiento, restablece la energía corporal y facilita las actividades necesarias para la supervivencia, como digerir, eliminar o mantener una relación sexual, al tiempo que permite que los tejidos dañados se reparen. Para que se realicen estas funciones, lo que el cuerpo necesita es reposo y nutrientes y para procurarlo el sistema nervioso parasimpático ha previsto la sensación de cansancio, sueño y hambre. La naturaleza es maravillosa. Nuestro cuerpo tiene todo lo necesario para funcionar perfectamente si sabemos escucharlo.

A modo de resumen y con el objetivo de aprender a diferenciar con claridad estos dos sistemas, tenemos, por un lado, el sistema nervioso simpático, que actúa en fase de estrés preparando el organismo para una acción de supervivencia. Por el otro, el sistema nervioso parasimpático es prioritario para la reconstrucción de los tejidos una vez resuelto el conflicto biológico. La acción de cada sistema será distinta según cómo impacte en la psique, en las zonas de focos de Hamer o en el cuerpo. Veremos un resumen de ello en el siguiente cuadro:

	SIMPATICOTONÍA	VAGOTONÍA	CRISIS ÉPICA	NORMOTONÍA
PSIQUE	Pensamientos repetitivos, angustia, estado de alerta.	Tranquilidad; cansancio; confusión.	Aturdimiento.	Sentirse y dormir bien; sensación de relajación.
CEREBRO	Ruptura de campo electroquímico. Foco de Hamer sin edema.	Edema intra y peri focal; células gliales activas; presión intracraneal; dolor de cabeza.	Vértigos. Cefaleas.	Restitución completa o cicatrización glial.
ÓRGANO	Síntoma. Crecimiento o disminución celular. Trastorno funcional. Pérdida de peso. Oliguria. Frío externo e interno. Ritmo respiratorio y cardiaco aumentado.	Reparación tisular, edema en la zona de lesión. Aumento del apetito. Micción normal. Cansancio físico. Inflamación, infección, fibrosis cicatricial.	Según el órgano implicado: náuseas, calambres, contracciones musculares, arritmias, convulsión, parálisis.	Extremidades calientes. Funciones normales (comer, micción, excreción, etc.) normopeso.

Situación de estrés: perseguida en el trabajo

Después de toda esta teoría, vale la pena clarificar las ideas y los conceptos con un ejemplo, siempre mucho más fácil de entender.

Pongamos el caso de María, que con 23 años comenzó a trabajar a tiempo parcial en una empresa familiar de manipulación de cartón. Era un trabajo de 4 h que le permitía estudiar el máster y tener un poco de dinero para sus gastos. Después de unos meses de trabajo el jefe le empezó a devolver los informes que realizaba sin mediar alguna explicación. Ella prácticamente no le veía, pero cada mañana tenía sobre su mesa unas hojas con tachaduras. En un momento una secretaria le comentó de parte del jefe que le descontarían de su salario el coste del próximo error que cometiera y otro día un compañero le dijo que se comentaba que la despedirían. María podía reaccionar de muchas maneras ante este evento. Lo primero que empezó a sentir fue la impresión de estar perseguida, enjuiciada y desvalorizada en todo aquello que hacía y posteriormente empezó a sentirse perseguida en el trabajo por su jefe. Por instinto de supervivencia, fue en busca de la ayuda de sus compañeros y amigos. Les habló de lo que sentía, veía y le comentaban en su trabajo, con lo que, sin darse cuenta, vació el malestar que le provocaba esa situación laboral. De esta forma, con «el auxilio» desinteresado externo consiguió ver la situación que estaba viviendo desde un punto de vista objetivo y sin presión, lo que la tranquilizó y le permitió gestionar el sentimiento de forma racional y sosegada, y que en consecuencia redundó en volver a conciliar el sueño al estar en paz consigo misma, sin temor a lo que le pudieran decir en el trabajo. Poco tiempo después, cuando la despidieron, sintió que había sido lo mejor y encontró más ventajas a estar afuera de la empresa que dentro.

Cuando una persona se encuentra en un momento de tensión o de estrés, se activa el sistema nervioso simpático, lo que le provocará que note las manos y los pies fríos, su pensamiento estará más activo, no parará de dar vueltas a lo mismo, el mismo pensamiento girará en su cabeza día y noche y no conseguirá dormir o le costará mucho tener un sueño reparador.

Para el ser humano no es sano mantenerse permanentemente con una tensión elevada, aunque hay muchas situaciones límite que le obligan a estarlo, como por ejemplo quienes atraviesan escenarios de guerra, de incomunicación, de maltrato, de violencia y agresión y acaban manifestando el estrés del trauma. En circunstancias no tan extremas, ante un problema, podemos encontrar momentos en los que nos olvidamos de aquello que nos preocupa. Es un mecanismo que nos permite desconectar de la situación de conflicto de forma temporal. Cuando María así lo haga, entrará en vagotonía o, lo que es lo mismo, se activará el sistema nervioso parasimpático. Entonces, recuperará el calor en las extremidades, tendrá hambre, sueño y necesidad de descansar y reducirá su ritmo cardiaco y respiratorio, entre otras cosas para recuperarse. Eso sí, dependiendo de como María vea el mundo, de su manera de vivir, los síntomas que aparezcan pueden ser muy distintos si es que desarrolla alguna enfermedad.

¿Cuál es el proceso de la enfermedad?

Nos hemos referido a ella diciendo que es un Programa Biológico de Supervivencia (PBS) que se activa ante un estrés de tonalidad determinada (conflicto biológico o bioshock) y ampliaremos ahora diciendo que funciona en dos fases bien diferenciadas, fría y caliente. Además, para entender un poco más cómo enfermamos, debemos comprender que hay dos espacios en toda persona: el interior y el exterior. En el exterior es donde ocurren las situaciones y en el interior es donde se encuentran nuestros deseos y necesidades. A veces, estos dos espacios se alinean en la misma dirección y la vida es «un largo río tranquilo».

Otras veces es posible que el exterior te arrastre hacia él, como ocurre, por ejemplo, cuando hay discusiones, problemas, tensiones, separaciones, diferencias de opinión, obligaciones, contactos no deseados, falta dinero, no se puede fundar una familia… Cuando existe ese desajuste entre el exterior y el interior, entre las vivencias y las necesidades, es cuando surge una tensión. Estos desajustes persisten porque nos vamos estructurando en nuestra manera de pensar y de vivir de una forma en la que puede que no dejemos entrar otras alternativas. Nuestras voluntades actúan de jardineros sobre nuestros cuerpos moldeando el maravilloso soporte para este plano físico, tal como lo expresa William Shakespeare en la frase de inicio del capítulo.

Sabemos que, llegados al punto en que nuestra psique entiende que hay tensión y el problema se convierte en un conflicto biológico (no psicológico), la enfermedad aparece como respuesta para evacuar el estrés.

Imaginemos que una persona se encuentra en una situación extrema de tensión por maltrato, o un ser querido está en dificultades, o se divorcia, o descubre a su pareja con otra persona en circunstancias poco apropiadas, o le llama el director de la empresa en la que trabaja para quejarse de su trabajo o para despedirle, o recibe una carta de Hacienda en la que se le comunica que debe abonar una enorme suma de dinero, o se tiene que mudar de ciudad por un cambio en el trabajo de su pareja... Todas estas son situaciones que hacen aumentar el estrés.

En 1967 Thomas Holmes y Richard Rahe (1967), dos psiquiatras americanos elaboraron una lista con 43 ítems de acontecimientos vitales que provocan un aumento del estrés. Además de estos factores podemos encontrar todas las situaciones que tengan que ver con una función biológica como digerir, eliminar, tragar, respirar, hidratarse, desplazarse..., que si no se pueden cumplir también tienen como consecuencia el aumento del estrés. Pero el inconsciente biológico no sabe si el evento es real o imaginario, así que interpreta que se ha producido de forma indiscutible y reacciona a través de nuestros órganos. A veces, para intentar encontrar una solución a cualquiera de las vivencias, la persona se pone a pensar y a pensar, y eso hace que el estrés sea tan fuerte que ocupa toda la parte consciente de la vida de la persona. ¿Os habéis encontrado en esta situación? ¿Habéis vivido momentos en los que el problema se desborda tanto que ocupa cada minuto de vuestro día? Lo más seguro es que sí. En este caso diremos que se está en simpaticotonía.

Esta palabra, *simpaticotonía*, no es otra cosa que un estado del organismo que se caracteriza por un predominio del sistema nervioso simpático que, como explicábamos antes, es el que gestiona el estrés. Sería el estado opuesto a la *vagotonía* e implicaría una serie de trastornos en nuestro organismo como taquicardia, sequedad cutánea, carácter irritable, insomnio, inapetencia…

Vivimos cada día con un ligero estrés, en simpaticotonía, que es la activación que necesitamos para realizar las actividades de la vida diaria, y cuando descansamos entramos en vagotonía. Al conjunto de estas dos partes se le denomina *normotonía* o *eutonía*. Es un ciclo continuo de actividad y reposo. Este ciclo está bajo el control del sistema nervioso autónomo o vegetativo y ambas acciones nerviosas nos son útiles para mantenernos despiertos o descansar, cada una en el momento adecuado. Todo funciona de esta manera tan equilibrada hasta el instante de estrés que se presenta, sea por un conflicto biológico o por un conflicto psicológico.

Activación = estrés = día — Normotonía, eutonía
Relajación = reparación = noche

Lo primero que se activa cuando una persona está en tensión y supera el límite máximo de tolerancia o umbral es el sistema nervioso simpático. Es una fase en la que no hay fiebre y la sangre ya no está en las extremidades, por lo que a la primera fase de toda enfermedad se le llama *fase fría, activa, de estrés* o *simpaticotonía*. En esta fase, el organismo consume más energía, está más acelerado y, sobre todo, no se puede recuperar. Algunas veces la etapa fría de la enfermedad pasa desapercibida, ya que los síntomas más virulentos de la inflamación o la infección aparecen en la segunda fase de la enfermedad, una vez que se ha solucionado el conflicto. Son síntomas que se llaman de *enfermedad aguda*.

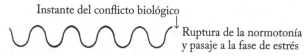

Instante del conflicto biológico

Ruptura de la normotonía
y pasaje a la fase de estrés

Habíamos mencionado que todos los órganos derivan de las capas embrionarias endodermo, mesodermo y ectodermo, así como que la forma de reacción del órgano en cada fase de la enfermedad es distinta para cada capa embrionaria.

La reacción de los tejidos derivados del endodermo y mesodermo antiguo en fase fría es hacer «más células» y «más función», y son las llamadas enfermedades verdaderas para la NMG. Por ejemplo, generan más células en el oído medio para atrapar un bocado auditivo, más células en el colon para eliminar más rápido algo indigesto, más alveolos pulmonares para respirar mejor y asegurarse de que entre el aire, más células en la dermis para protegerse de una agresión, más acinos en la glándula mamaria para aumentar la secreción de leche, más actividad en el riñón, específicamente en los túbulos colectores renales, para retener el líquido, o más células en el hígado para asegurarse un mayor almacenamiento o una mejor desintoxicación del organismo. Son solo ejemplos de algunas reacciones que pueden ocurrir al activarse el programa de supervivencia o enfermedad.

La reacción de los tejidos derivados del mesodermo nuevo y el ectodermo en fase fría es hacer «menos células» y «menos función». La parálisis motriz o sensitiva se activa si hay que percibir menos o hacer menos; la hipoglucemia aparece cuando disponer de menos energía es la solución; la osteoporosis es efectiva para aumentar el movimiento y sentir menos su peso para tener más rendimiento; la ulceración de la piel (epidermis) o de canales tubulares como los bronquios o el esófago tienen como objetivo mejorar el tacto o el paso de aire o fluidos. Si lo que se percibe a través de los órganos de los sentidos es doloroso, la opción será hacer menos función, como por ejemplo de visión, olfato o audición. Estos son ejemplos de hacer menos células o menos función en tejidos derivados del ectodermo y del mesodermo nuevo.

La persona no siempre siente el síntoma que se está produciendo, como es el caso de una ulceración de conductos o de la piel, la necrosis ósea o tendinosa o la primera fase de una enfermedad funcional como la diabetes. En cambio, se manifestará o será visible en la fase de reparación o vagotonía y por eso se las llama *enfermedades falsas o no verdaderas.*

	Fase activa	Fase reparación
1.ª etapa: endodermo	+ células/tumor/+ función.	- células/encapsulamiento.
2.ª etapa: mesodermo antiguo	+ células/tumor/+ función.	- células/derrames/ encapsulamiento.
3.ª etapa: mesodermo nuevo	- células/necrosis/-función.	+ células/tumor/ enquistamiento.
4.ª etapa: ectodermo	- células/ulceración/-función.	+ células/tumor/ enquistamiento.

En la primera fase de la enfermedad los síntomas están en función de la necesidad descubierta en el momento del conflicto biológico y, según la capa embrionaria que dé origen a los tejidos, la reacción que haga será tal y como mencionamos anteriormente. Por eso decimos que la enfermedad realiza dos acciones básicas y fundamentales: una es dar el margen de supervivencia evitando una muerte segura —ya que el órgano diana absorbe y descarga el estrés vivido en el instante de conflicto biológico— y la otra ventaja es que cubrirá la necesidad descubierta.

Fase de estrés/activa/fría

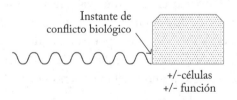

Instante de
conflicto biológico

+/-células
+/- función

En el caso de María, cuando tuvo el conflicto biológico de no poder digerir algo muy doloroso y de fuerte enojo con su tía por un bocado que ya consideraba suyo, activó un programa de supervivencia con relación al páncreas, cuya función a nivel exocrino es la secreción de enzimas digestivas con la finalidad de ayudar en la digestión de un bocado sumamente denso. ¿Cuál fue la necesidad descubierta para ella en el instante del shock? La necesidad de digerir algo inesperado, feo y que le enfada. La reacción del páncreas exocrino en fase fría es hacer más función o más células, y hacer más células lleva al diagnóstico de tumor en páncreas (adenocarcinoma pancreático).

Cuando la situación de conflicto biológico ha desaparecido consciente o inconscientemente o la persona puede hacer un cambio interno y mirar la misma historia desde otra perspectiva o asignarle otro significado o incluso olvidarse, todo el proceso comienza a cambiar. En todo caso, cuando algo cambia en relación con el estrés que se ha producido, comienza el proceso de la segunda fase de la enfermedad que es la etapa de reparación de los tejidos o vagotonía, también llamada *fase caliente,* porque es en esta etapa cuando se producirán reacciones de calor en los tejidos, la inflamación y la infección. Ninguna de estas dos reacciones se da en la fase fría.

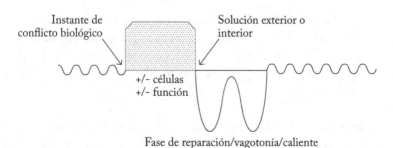

Fase de estrés/activa/fría

Instante de conflicto biológico

Solución exterior o interior

+/- células
+/- función

Fase de reparación/vagotonía/caliente

Durante la infección, hay síntomas como fiebre, escalofríos, malestar general, enrojecimiento, dolor, sudores nocturnos y dificultad orgánica ahí donde se esté produciendo la infección (congestión, diarrea, vómitos, dificultad respiratoria, etc.) y puede percibirse mal olor como, por ejemplo, en el aliento, la orina o los fluidos fétidos tipo caseoso (caseum, pus). La otra respuesta es la inflamación y esta fase se caracteriza por el dolor, el calor, el rubor o el enrojecimiento, la tumefacción y el edema e impotencia funcional. También puede presentarse sangrado debido al aumento de la circulación en las zonas de mucosas (sangrado en heces, en orina, en el vómito, en el esputo…). Para que se produzca la reparación, el cuerpo ha previsto un mecanismo que evita que volvamos a desgastarnos y el cansancio o la fatiga nos impiden movernos para que ocurra la sanación. La recuperación pide calma, reposo y una alimentación adecuada. El maravilloso refranero lo avala: «para curar una dolencia hay que tener paciencia» o «bendito sea el mal que con cama se va». Y para el cuidado del terreno valgan como ejemplo los siguientes: «la salud está en el plato» y también en el zapato» o «infusión caliente, salud para la gente».

Toda enfermedad comienza con una fase fría y termina con una fase caliente.

Patrick Obissier (2014) en el libro *Descodificación biológica y destino familiar* dice lo siguiente sobre el pasaje a la vagotonía:

> Desvelando el misterio, la enfermedad va cesando. Dado que la enfermedad es la solución para un problema que se revela irresoluble, tiene mucho valor. Para que desaparezca, tenemos que suprimir el problema. ¿El verdadero síntoma no será el episodio que, a partir de fragmentos, construimos?

Sabemos que en los seres vivos y en la naturaleza las fuerzas opuestas tienden a equilibrarse para permitir la vida. Los sistemas neurovegetativos no son una excepción y a la acción simpática le sigue la fase de vagotonía tan necesaria para que los tejidos se recuperen. Las reacciones serán distintas según el origen embrionario del órgano. En general, decimos que aparecen dos reacciones en esta segunda fase de la enfermedad como medidas reparadoras, la infección y la inflamación, pero también hay otras reacciones y vamos a especificarlo.

Infección

La infección es un proceso absolutamente estructurado, previsto por la naturaleza para conseguir la reparación completa de los tejidos del cuerpo y el tipo de microorganismo o germen que actúa es específico para cada uno de los tejidos. Asimismo, recordad que cada órgano ha derivado de una capa embrionaria concreta. Contamos con una gran cantidad de «ayudantes» llamados *gérmenes* o *microorganismos,* preparados cada uno para realizar una función y estos existen en mayor proporción que las células del cuerpo. ¿Para qué prevé la naturaleza contar con ellos? Si fueran inútiles habrían desaparecido tras tantos años de evolución. No hay nada en la naturaleza que no tenga un fin, que permanezca en activo, ya que no se gasta energía en algo inservible. ¿Cuál es la función? ¡Sanar!

Los microorganismos actúan en la fase caliente porque les es necesaria una determinada temperatura de activación y un medio concreto. Los hongos requieren de humedad y una temperatura baja. Las micobacterias se activan a partir de 38,4 °C. Las bacterias requieren de un poco más de calor corporal y los virus pueden desarrollarse a una alta temperatura, cercana a los 39,5-40 °C.

Para los órganos de 1.ª y 2.ª etapa de la biología, derivados de las capas embrionarias endodermo y mesodermo antiguo, los hongos y micobacterias son los especialistas que fagocitan y destruyen los tejidos que han crecido. Recordad que en fase fría los tejidos de estas etapas biológicas hacen más células o más función.

Por ejemplo, en el momento en que María resuelva el conflicto biológico de lucha por su bocado con indigestión y enojo, su páncreas inmediatamente dejará de producir más células (mitosis). Pero ¿cómo hace para que vuelva a tener su tamaño original? Mediante el uso de microorganismos encargados de destruir el sobrante. Sin embargo, los gérmenes no siempre están disponibles, ya que la lucha de los humanos culturizados y llevados de la mano de los antibióticos y vacunas hace que dispongamos de muy pocos de ellos después de tantos años de encarnecida guerra. Y como la naturaleza es sabia también ha previsto que, si no contamos con los gérmenes adecuados, se desarrolle otro mecanismo que es el encapsulamiento o enquistamiento del excedente celular. Un quiste es solo un proceso de crecimiento que los gérmenes no han podido destruir y para el que han encontrado otra solución.

Para los órganos derivados del mesodermo nuevo o ectodermo, 3.ª y 4.ª etapa de la biología, son las bacterias y los virus los encargados de la función de reparación y, en caso de no disponer de ellos, el cuerpo facilita el enquistamiento celular.

Algunos ejemplos de lo mencionado anteriormente son:
- Cándida o micobacterias, como las bacterias de la tuberculosis, descomponen los tumores del colon, los alveolos pulmonares, los riñones, los tumores hepáticos, los tumores de las glándulas mamarias, las alteraciones de la submucosa vaginal o el melanoma.
- Los estafilococos llenan los espacios del hueso que causó la degradación de células callosas y reconstruyen el hueso con la formación de tejido calloso de granulación.
- Durante la fase de curación, las bacterias reconstruyen la pérdida celular (necrosis) del tejido testicular y del ovario.

No entender este sistema de la enfermedad hace que se vivan los síntomas de reparación como un problema y usemos todo lo que esté a nuestro alcance para intentar eliminar la infección, el dolor o la inflamación. Además, su presencia activa en nosotros la intranquilidad, la zozobra o el miedo. Es absolutamente normal querer desembarazarse de estos síntomas o molestias, pero ello no permite la curación o hace que se vea interrumpida.

León Renard (2016), psicólogo especialista en Descodificación Biológica, lo explica con un ejemplo muy gráfico. Los gérmenes son los albañiles que han venido a reconstruir la casa y cuando vemos que han tirado todo abajo para reconstruirla, han levantado suelos, roto paredes, eliminado las luces y tantas cosas más, nos da miedo no tener nuestra casa en condiciones para seguir habitándola en lugar de estar contentos por lo que tendremos en el futuro, sabiendo que son los mejores profesionales los que nos están haciendo la reparación. Aunque de momento sea incómodo, hay ciertas medidas que pueden ayudar a estabilizar la obra. Los albañiles se ofenden porque creen que no apreciamos su trabajo y hacen más ruido y más polvo y más escombros que tendrán que ser eliminados y por lo tanto habrá más molestias y duraran más en el tiempo.

Es nuestra necesidad de querer controlar todo lo que altera el proceso natural. Es no confiar en los procesos naturales que han sido útiles durante miles de años, y esta desconfianza hace que queramos controlar todo lo que ocurre impidiendo que el propio cuerpo atraviese el proceso y salga reforzado. Es la activación de los miedos profundos la que hace que se magnifique una infección y no se detenga en el tiempo esperado. Cuando hay miedo, angustia y preocupación la persona vuelve a entrar en simpaticotonía, por lo que se altera el proceso de reparación de los tejidos.

En el siguiente texto del Dr. Hamer (1997) encontramos otra descripción sobe el mecanismo de reparación del cuerpo mediante la infección:

Imaginémonos a los microbios como a obreros de tres clases:
- Los que tienen por misión retirar los desperdicios (basureros). Por ejemplo, el *Mycobacterium tuberculosis*, que descompone los tumores intestinales (de la capa embrionaria interna, el endodermo) durante la fase de curación.
- Los que actúan como niveladores de terreno, encargados de cubrir los cráteres. Por ejemplo, los virus, cuya misión consiste en rellenar

las pérdidas de sustancia producidas en un tejido por las ulceraciones. Sólo podemos encontrar úlceras y virus durante la fase de curación, y eso únicamente en los órganos de la capa embrionaria exterior (ectodermo), gobernada por el córtex cerebral.

- Las bacterias, que tratan únicamente con órganos deteriorados (necrosados, osteolisados) de la capa embrionaria media (mesodermo), y tan sólo durante la fase de curación consecutiva a la solución del conflicto podrían ser comparadas a bulldozeres que quitan los escombros para que se pueda construir una nueva casa, es decir, para que el organismo pueda reconstruirse sobre una base sólida.

Así pues, nuestro organismo hace un llamamiento a sus amigos los microbios para reparar, para desescombrar, rellenar o nivelar los tumores, necrosis o úlceras que se han producido durante la fase conflictual activa. Algo parecido a la revisión técnica de puesta a punto que se aconseja a los automovilistas.

Inflamación

Una vez más nos encontramos con la sabiduría natural de nuestro cuerpo, que nos muestra cómo sanarnos. Así aparece otro proceso post-solución o vagotonía. Con mayor frecuencia lo hará en órganos derivados del mesodermo nuevo y ectodermo. Es la llamada **inflamación,** que, como decíamos antes, tiene los síntomas de calor, dolor, rubor, edema o tumefacción y en algunos casos impotencia funcional.

Un órgano derivado del mesodermo nuevo como un hueso, un tendón o un músculo en fase de estrés, por ejemplo, ante conflictos biológicos por no ser capaz de llegar al rendimiento esperado y por ello desvalorizarse hará una necrosis o, dicho de otro modo, una disminución de células. Mientras esto ocurre no hay síntomas físicos y la persona siente el malestar a nivel psíquico por el conflicto, pero no a nivel físico. A partir del momento en que se produce la solución consciente o inconsciente los tejidos necrosados (que han desaparecido) se rellenarán. Para ello existe un proceso natural que mediante la aparición de un edema (inflamación) lleva todo lo necesario a los tejidos: los minerales, la glucosa, las vitaminas, los oligoelementos, las proteínas, etc.

Mientras María vivía el estrés de tener que hacer un trabajo porque siempre recibía quejas y además sentía que estaban detrás de ella vigilando su trabajo, se encontraba en una fase de la enfermedad, la primera o fase fría, sin tener ningún síntoma. Cuando finalmente se marchó de la empresa e incluso estuvo contenta de haber dejado atrás ese periodo de su vida, tuvo durante unos días dolores musculares en la espalda e inflamación del hombro derecho que achacaba a la carga de pesos que había hecho esos días, los malos gestos y la tensión de la despedida. Luego pasaron y ya no se acordó ni del hombro ni de la espalda.

Es fácil poner la mirada en los factores externos cuando tenemos algún problema físico. Para un descodificador está claro que los dolores y la inflamación aparecen cuando el cerebro ha recibido la orden de que el conflicto está solucionado.

Muchos síntomas conocidos son la fase de vagotonía de un determinado conflicto que se ha solucionado. Ejemplos de esto serían:

- Cistitis: conflicto en solución de no poder organizarse o delimitar el territorio.
- Bronquitis: conflicto solucionado de invasión en el territorio.
- Gripe: conflicto de pelea en el territorio, disputa, bronca que se ha solucionado.
- Leucemia: conflicto solucionado de desvalorización profunda del ser y sentir que no se es capaz.
- Tortícolis: conflicto de desvalorización en solución por tener

que mirar en una dirección a la que no se quiere, no se puede o no se debe dar una ojeada.

- Venas varicosas: conflicto inestable (se soluciona y se vuelve a activar el estrés) en relación con querer limpiar y eliminar las situaciones sucias que son un peso y bloquean la marcha. «Sentirse encadenado a X situación, persona o cosa».

- Papiloma virus en cuello de útero: conflicto en vías de solución de frustración sexual o afectiva al sentir el rechazo de la pareja.

Recordad que en órganos de 3.ª y 4.ª etapa de la biología derivados de mesodermo nuevo o ectodermo en fase de estrés hay una disminución celular y en fase de reparación hay un relleno de esas células que han desaparecido. Si el conflicto ha sido intenso, la reparación será proporcional, por lo que dará lugar a un crecimiento celular llamado *tumor* o *cáncer* como linfomas, tumor bronquial, osteomiosarcoma, tumor esofágico alto o rectal bajo, tumor de vías hepatobiliares o leucemia, entre otros. El Dr. Hamer los llama *enfermedades falsas* en el sentido de que son patologías que aparecen para reparar los tejidos y no para solucionar un conflicto biológico.

Los síntomas en reparación suelen ser alarmantes, preocupantes y molestos, pues uno de los signos es el dolor y este no es bienvenido ni a sabiendas de que está ahí porque algo está comenzando a arreglarse. Otro elemento que puede provocar molestias importantes durante el proceso de vagotonía es que hay un pico de estrés que tiene como objetivo drenar el edema cerebral que se ubica alrededor del foco de Hamer y en ese momento —conocido como *epicrisis* o *crisis épica*— puede haber molestias fuertes como dolor de cabeza, migraña, infartos o calambres.

Esto ocurre en el momento más bajo de la primera fase de vagotonía y es el sistema nervioso el que acciona un mecanismo simpaticotónico de drenaje para que tanto el cerebro como el cuerpo puedan desprenderse del líquido sobrante. Es cuando pueden activarse síntomas muy virulentos e incluso graves si no se aplican medidas preventivas.

Por ejemplo, un día llegas al trabajo y te dicen que tu mesa está ocupada y que tienes que estar haciendo otra actividad un par de horas. Puede que te moleste y sientas la situación como «me obligan a hacer algo que no quiero». Es una contrariedad menor, pero inoportuna. Luego te marchas del lugar, sales con amigos, te lo pasas bien y te olvidas de cómo has empezado el día. Llegas a casa y te vas a dormir, y a las 3-4 de la mañana te despiertas con calambres. Durante la noche se produce la reparación y en el pico de la vagotonía ocurre una situación de crisis épica.

Las medidas de ayuda para la vagotonía son sumamente importantes en este periodo. También puede ayudar descargar la tensión del conflicto hablar o escribir sobre el tipo de conflicto que está en la base de la dolencia y descargar así emocionalmente la programación. Estas acciones serán una gran ayuda para disminuir la virulencia de los síntomas en crisis épica. Anotar sueños y vivencias, escribir, pintar, dibujar, modelar con barro, arcilla, plastilina, hacer un collage, recitar o lo que a cada uno le sirva tiene como objetivo sacar del interior y poner en el exterior algo que presiona a nivel inconsciente.

María podría visitar, emocionalmente hablando, y descargar las sensaciones corporales asociadas a otros eventos en los que sintió indigestión, rabia o enojo porque le quitaban algo suyo o la dejaban de lado y es casi seguro que tendrá muchas vivencias de este tipo. También podría escribir sobre el mismo tipo de situaciones vividas por su padre, su madre o las familias de origen respectivas. En todas las vivencias similares pueden estar los hechos programantes. A partir de la epicrisis, el organismo pasa a la etapa de cicatrización y luego regresa al estrés normal (eutonía o normotonía) con los tejidos reparados o cicatrizados y la psique tranquila.

El desconocimiento de cómo son las fases de la enfermedad puede llevar a mucha angustia, preocupación o miedo y estas reacciones pueden reactivar el estrés. Por el contrario, el conocimiento del funcionamiento de la enfermedad puede rebajar mucho la tensión, así como la aplicación de medidas para atravesar la vagotonía pueden ayudar más aún. Un ejemplo nos ayudará a verlo más claro:

> Un niño de tres años, digamos que se llama Pedro, se despierta una noche con tos, fiebre muy alta, sudores, vómitos e intranquilidad. Sus padres lo llevan a urgencias, donde es diagnosticado de alveolitis infecciosa de foco único. Unos años antes hubieran creído que padecía una bronconeumonía. Hoy, sin embargo, sus padres entienden qué es lo que le ha activado la enfermedad, comprenden el proceso de la enfermedad y cuál es el conflicto biológico vivido por su hijo que está en el inicio de la enfermedad. Es fácil de entender: hace unos días, antes de la aparición del síntoma, Pedro se perdió en el supermercado cuando sus padres hacían la compra; lo encontraron al cabo de un rato en un rincón, acorralado por otro niño mayor que no paraba de asustarle. Se dieron cuenta de que el pequeño había sufrido «miedo a morir»: había pensado que sus padres ya no estaban y que él solo moriría.

Ante este momento de estrés con una tonalidad específica el cuerpo de Pedro reaccionó biológicamente mientras él ya estaba seguro en los brazos de sus padres. El cuerpo del pequeño produjo más tejido respiratorio de lo normal, ya que, frente al miedo a morir, todo organismo busca el mayor bocado de aire posible para salvarse y, por lo tanto, genera más tejido pulmonar. Los síntomas que unos pocos días después aparecieron eran la fase de reparación ante los cambios biológicos producidos por el organismo de Pedro para hacer frente al evento conflictivo: los gérmenes habían aparecido para destruir los tejidos que habían crecido de más. En fase de vagotonía, es decir, cuando el peligro ha pasado, sus tejidos pueden comenzar la reparación y, si han crecido de más, necesitaran los gérmenes adecuados para fagocitar y hacer desaparecer todo lo sobrante. De esta manera podemos entender cuál es la causa de la enfermedad de Pedro.

Sus padres, que conocen el mecanismo de reacción que ha previsto la naturaleza, saben también qué medidas aplicar en cada caso. Tranquilizan a Pedro, enfrían su cuerpo y le ponen una bolsa con hielo en la nuca (centro de los alveolos pulmonares en el tronco cerebral), le acompañan turnándose para no dejarle solo y le dan seguridad y protección, tan necesarias para un niño.

Cuando Pedro se perdió tuvo 3 posibilidades de reacción, como nos pasa a todos cuando vivimos una situación de estrés. Podría corretear y divertirse esperando a que llegara la solución, es decir, sus padres. Podría ser totalmente neutro y ni preocuparse ni divertirse, simplemente esperar. O podría vivirlo con una gran preocupación, tal y como indica el síntoma con «miedo a morir». ¿De qué depende su vivencia? De sus programas y experiencias previas.

Si al niño de tres años, Pedro, le hubiera hecho gracia lo que hacía el niño mayor porque tiene un hermano o un primo que siempre le hacen la misma broma, se habría distraído y no habría percibido que estaba sin sus padres, por lo que probablemente no habría vivido la sensación de miedo a morir y el síntoma asociado ya no habría tenido razón de aparecer. Si el niño cuenta con el recurso de estar jugando con otros niños mayores no vivirá la presencia de estos como peligrosa.

Pedro debió de vivir su pérdida en el supermercado como inesperada, «no encuentro a mis padres»; dramática, «mis padres no están conmigo; estoy solo, me puedo morir»; sin solución, «no los encuentro y no pudo expresar la vivencia de miedo a morir». Al encontrarse con sus padres, pudo llorar y así lo hizo, se abrazó a ellos y al cabo de 5 minutos ya estaba correteando otra vez.

ÁNGELES WOLDER HELLING

Medidas para atravesar la vagotonía

Cuando comienza la fase caliente o de vagotonía, también hay reacciones en los tres niveles: psique, cerebro y órgano. La principal recomendación para pasar con menos molestias esta fase es conocer cómo funciona y tener paciencia, ya que es necesario un tiempo biológico para que los tejidos se reparen.

a) A nivel psíquico hay serenidad interior, calma y tranquilidad, la persona se puede relajar y está en paz. Ya no le vienen pensamientos repetitivos porque tiene la solución o la aceptación de los hechos. Dormir, descansar, darse permiso para no hacer nada, para estar en silencio, meditar, escuchar sus propias necesidades. Tener la certeza de la curación, poner la energía y asentir al proceso y a la vida, darse tiempo desde la tranquilidad, escuchar música tranquila o la canción recomendada por el Dr. Hamer para la vagotonía, usar visualizaciones sobre la sanación de los tejidos y la recuperación de la salud le ayudaran en esta fase.

b) En el sistema nervioso aparecen reacciones, como en el área del foco de Hamer donde habrá un edema cerebral que puede provocar dolor de cabeza, somnolencia y mareos, por lo que la zona estará más caliente. Por eso, se recomienda colocar algo frío o hielo en la zona del sistema nervioso que esté atravesando la segunda fase. Otras medidas son dormir con la cabeza un poco elevada con respecto al cuerpo para facilitar el drenaje del edema cerebral; no exponerse al sol o a elementos calientes como el secador de pelo, la sauna o los baños de vapor; colocarse un sombrero o un pañuelo para que no dé el sol de forma directa en la cabeza; no beber en exceso y no beber alcohol. En cambio, el uso de café fuerte y corto, vitamina C, té negro o productos astringentes facilitan un pequeño pico de simpaticotonía que ayuda a drenar.

c) A nivel orgánico hemos hablado de infección, inflamación, dolor, aparición de quistes, calcificaciones o la recuperación de funciones. Algunos síntomas requieren forzosamente de un edema en el órgano implicado, por lo que contaremos con dos edemas en el cuerpo: uno a nivel cerebral y otro en el órgano correspondiente. Se recomiendan medidas específicas de fitoterapia o el uso de plantas naturales según el síntoma y el órgano afectado y para eliminar líquidos. Otras terapias que faciliten la disminución del dolor, de la inflamación o de los efectos de la reparación ayudan a mantener la calma y la estabilidad mental tan necesarias para finalizar el proceso hasta volver a la normotonía. Reposar, dormir y tomar más proteínas de lo habitual son prácticas necesarias para la reconstitución del cuerpo.

Un *Acompañante en Descodificación Biológica* dará apoyo a la persona explicando los síntomas de cada etapa, calmándola si siente miedo y colaborando con el proceso natural de curación. Este es el modelo que sigue la salud y cuando salimos de la normalidad entramos en el proceso de enfermedad, pero los humanos somos humanos y pueden existir variaciones sobre este formato, algo que veremos en el capítulo siguiente.

Cuento

Lastre, el pequeño gorrión

Pájaro Lastre era un pequeño gorrión alegre, jovial y, sobre todo, libre; podía volar como quería cada día. Volar le proporcionaba una alegría inmensa, porque podía realizar acrobacias sin parar con sus compadres los gorriones, que lo adoraban. Lastre era visto como un pájaro generoso, atento, paciente y que, además, respiraba el gozo de vivir.

Sin embargo, Lastre no era diferente de sus amigos, que cada día les explicaban sus problemas, él también creía que a veces la vida era difícil de soportar. Pero a diferencia de los otros pájaros, Lastre no hablaba nunca de eso, se limitaba a consolar y a tranquilizar a sus amigos. Ahora bien, cada día se sentía más cansado y no encontraba una razón que lo explicase. No le dio importancia y continuó con sus ocupaciones como siempre, desatendiendo el peso que cada vez cargaba un poco más sobre sus hombros.

Una tarde, cuando volvía tranquilamente hacia su nido familiar tras un día bastante movido, un cansancio enorme le abatió y, a la mañana siguiente, una mochila gigantesca apareció misteriosamente sobre su espalda. Pesaba, pero él se sentía incapaz de sacársela de encima solo.

Los días pasaban y Lastre estaba cada vez más triste. Volar ya no era su pasatiempo favorito; ahora se había convertido en una tarea bien dura. Incapaz de sacarse aquella mochila, difícilmente conseguía seguir el aleteo de sus amigos o de sus padres. Día tras día se alejaba de su pasión y de todos los pájaros de su alrededor que lo apreciaban. Al no poder volar, su libertad era burlada. Lastre vivía en una profunda desesperación.

Unas semanas más tarde, mientras sobrevolaba el valle, se perdió. Desamparado, se detuvo a los pies de un árbol centenario con la intención de pensar e intentar reorientarse. De repente, de la nada salió el rey del bosque, que muy amablemente se dirigió así a Lastre:

—Pequeño gorrión, ¿qué haces aquí sentado en medio del bosque?

—Estoy perdido —lloriqueó Lastre, que, tras respirar profundamente, le contó la desgracia que le había caído encima—. Estoy triste, porque esta dichosa mochila me impide divertirme con mis amigos y volar con libertad. Desde aquella mañana en que apareció sobre mí, me siento ahogado y, sobre todo, apartado de mi libertad.

— ¿Pero qué te pasó aquella tarde? —le preguntó entonces el Rey.

Lastre contó su desventura a aquel misterioso desconocido. De repente, se percató de que a medida que abría su corazón y desvelaba sus sentimientos, su mochila iba vaciándose poco a poco, hasta que finalmente desapareció. El gorrión quedó entonces liberado de su lastre y, sintiéndose más ligero, retomó el camino a su nido de familia, silbando una melodía alegre y apresurado por retomar sus buenas viejas costumbres.

A partir del día siguiente volvió a volar, a practicar y a disfrutar de la actividad que más le gustaba. Hoy, cuando Lastre vuelve a sentir ese peso sobre su frágil espalda, recuerda al rey del bosque. De este modo, le es más fácil vaciar su mochila cerca de una oreja amiga.

Anónimo.

Para saber más

Películas:
* Turteltaub, Jon (director). (2000). *El chico* (título Original: *The Kid*).
  [Película]. Estados Unidos: Walt Disney Pictures.

A veces es diferente…

«La vida fluye como los ríos y nadie
puede bañarse dos veces en la misma agua».

RABINDRANATH TAGORE

La mayor parte de las veces se reproduce el modelo del carácter bifásico de la enfermedad, que supone una primera fase de estrés y otra, a partir de la solución del conflicto, que es de reparación de los tejidos. Son la fase fría y la fase caliente. Con frecuencia este proceso se desarrolla sin tan siquiera darnos cuenta de lo que está ocurriendo en nuestro cuerpo y si dejáramos que la naturaleza hiciera su trabajo, el transcurso de las fases pasaría a ser algo totalmente previsible y normal en nuestras vidas. Tengamos en cuenta que así sería, siempre y cuando dispusiéramos de todo lo necesario en el terreno, es decir, en el cuerpo físico.

Hemos visto cómo todo el programa llamado *enfermedad* se inicia con un conflicto biológico, producto del desencuentro de necesidades entre el exterior —que nos presenta algo que no esperamos y lo vivimos de forma dramática— y el interior —que anhela estabilidad—. Es la manera de vivir el conflicto lo que provoca un aumento del estrés de una tonalidad muy específica que es captada por el cerebro y que, metafóricamente hablando, le corresponde a la función de un determinado órgano. Este órgano, que ha sido llamado para colaborar en el proceso de ayuda conjunta para la supervivencia, cambia de comportamiento y hace más o menos tejido o más o menos función para permitir la solución biológica del conflicto. Ante la orden del cerebro, se activa la enfermedad en el cuerpo y esta evoluciona según la necesidad biológica específica. Para ello se requiere de la acción del sistema nervioso simpático (fase fría) o parasimpático (fase de reparación o caliente). El pasaje de la fase fría a la fase caliente se producirá cuando de forma consciente o inconsciente la persona pueda degradar, disminuir o traspasar el conflicto. Esto supone encontrar la solución al conflicto internamente de forma intelectual, espiritual, a nivel psicológico o de manera práctica; supone entonces encontrar la solución en la realidad exterior. Una vez que se encuentra la salida al problema, se da el pistoletazo de inicio para que el proceso caliente comience.

Los síntomas de la fase caliente son muy característicos: suelen apreciarse (pus, enrojecimiento, hinchazón, endurecimiento, etc.), ser molestos y son fastidiosos porque son de tipo infeccioso o inflamatorio. Se considera que son síntomas de enfermedad aguda. Otras veces los síntomas de reparación pasan desapercibidos: por ejemplo, cuando se produce un quiste. La duración de esta fase está en relación con la intensidad y la duración del conflicto biológico, pero también se tienen en cuenta otros elementos como los recursos de que disponga la persona a nivel físico, su actividad psíquica, la comprensión de la causa de la enfermedad, su convencimiento o certeza sobre la curación y la tranquilidad con la que pueda vivir las manifestaciones y también su propia vida.

El entorno inmediato, la familia y los amigos, tiene una gran importancia para que la persona que está atravesando un proceso más o menos agudo pueda sentirse tranquila y confiada en que la naturaleza hará lo propio. Por ello, es primordial que las personas cercanas le puedan aportar seguridad, protección, calma, confianza en los recursos de la persona y también en sus decisiones, pero sobre todo es importante la manera de vivir y de percibir la vida del propio sujeto implicado. Hallar en el interior los recursos para vivir de manera distinta los conflictos que se presentan cada día y los que son excepcionales, aprender a ver la misma situación desde distintas ópticas para no categorizar todo en bueno-malo y, sobre todo, aprender a escuchar las señales biológicas, sentir el cuerpo, percibir las sensaciones corporales del momento en el que se atraviesa un instante de conflicto son acciones que ayudan a desactivar o prevenir las enfermedades.

Aprovechamos el caso de María para ver cómo vive un conflicto de cada etapa de la biología y cómo finaliza cada uno:

> De los 7 a los 10 años María pasó por varios episodios de faringitis con fiebre, mucosidad, dolor y que acababan con tos seca. Era un dolor de garganta que le raspaba, quemaba y que le llegaba hasta los oídos.

La submucosa faríngea corresponde a los órganos que han derivado del endodermo a nivel embriológico, o sea, que reaccionan «haciendo más» tejido en fase de estrés y que, desde el momento en que la persona encuentra la solución, se inicia la inflamación reparadora del órgano. El conflicto asociado en el caso del dolor e inflamación de la garganta es de «no conseguir atrapar un bocado». Entiéndase la noción de bocado extenso, que cada uno asignará a lo que desee o anhele y se le resista o no llegue con facilidad.

Por ejemplo, si un niño quiere salir a jugar, ir a nadar a la piscina, tomar un helado, mirar la tele en lugar de hacer deberes o comprarse algo y no lo consigue, es su garganta la que estará en estrés esperando que eso llegue. Sin embargo, desde el momento en que se resuelva en el exterior o en el interior, la garganta se relajará, los tejidos iniciarán la reparación mediante la inflamación y aparecerá el dolor. Para un adulto, el bocado también puede ser muchas cosas: un trabajo, una actividad, un viaje, una persona, una reunión o un objeto.

> En el caso de María, de sus 7 a sus 10 años, en su familia se vivieron serias dificultades económicas, ya que su padre había muerto y su madre a duras penas conseguía pagar todos los gastos mensuales, lo que imposibilitaba la realización de gastos extraordinarios. María no pudo asistir a muchos cum-

pleaños de sus amigas porque no contaban con dinero para un regalo o no se podía comprar la ropa que le gustaba y que sus amigas lucían y se intercambiaban. Esa era la tónica de sus días, pero en contadas excepciones su madre conseguía algo extra y con ese poco más de dinero, se podía dar algún capricho. Justo un tiempo después, le aparecía el fastidioso dolor de garganta. Finalmente, esos molestos dolores desaparecieron de su vida y, solo esporádicamente, cuando siente que no puede atrapar algo, le reaparecen.

Cuando tenía 14 años, justo después de su primera menstruación, comenzó a notar pequeños quistes en sus mamas, sobre todo en la izquierda.

Los senos son órganos de la 2.ª etapa de la biología derivados del mesodermo antiguo que responden a un conflicto de querer proteger a la prole (relación maternofilial o de madre-hija/o), de darles el alimento para ayudarlos a sobrevivir y darles seguridad. Es el llamado *conflicto de nido estricto* (lado izquierdo para una persona diestra) o *nido amplio* (lado derecho en una persona diestra).

Por esa época vivió un momento muy triste cuando su perra, lo único que le quedaba de su familia de origen, que tanto había acompañado a su madre durante el tiempo que duró su enfermedad, comenzó a debilitarse, estuvo 4 meses enferma y finalmente murió en sus brazos. María estaba desconsolada; nada la calmaba, ni tan siquiera la idea de que su tía le trajera otra mascota.

Esta joven tuvo la experiencia de sentir que «no podía proteger y salvar al animal» que tanto amaba y al cabo de un tiempo, cuando poco a poco comenzó a distraerse y olvidarse del animal, los quistes fueron desapareciendo y nunca más regresaron. Como vemos en este caso, los nódulos o quistes (hacer más células) ocurren en fase de estrés y desaparecen durante la reparación.

Sobre los 16 años María tuvo una época en la que se sentía muy cansada, le faltaba el aire cuando corría, dormía más que de costumbre y su tía estaba preocupada por el estado semidepresivo en el que la veía, así que la llevó al médico, quien le indicó la realización de una analítica. Resultado: anemia.

La disminución de glóbulos rojos o de la hemoglobina que estos transportan responde a conflictos de la 3.ª etapa de la biología o capa embrionaria del mesodermo nuevo que por lo general llevan el título de *conflictos de falta de rendimiento*, de no llegar al objetivo y sentir desvalorización de sí mismo (relacionado con los huesos en cuyo interior se encuentra la médula ósea roja). En algunos casos, esta sensación de falta de rendimiento y autodesvalorización se asocia a la falta de autoestima.

En el caso de la anemia, la vivencia conflictual aparece cuando se acepta hacer lo que quiere la familia (los padres o sustitutos), para no hacerlos sufrir, lo que conlleva la sensación de desvalorización. Es como partirse en dos y no poder sostenerse a sí mismo/a. Cuando en la vida nos imponemos hacer lo que los otros quieren es porque no nos damos el lugar que nos corresponde o no prevalecen nuestras necesidades ante las de los demás. Para nuestra realidad biológica es como si no tuviéramos derecho a existir, a tomar el oxígeno para vivir.

Esto es lo que le ocurrió a María de adolescente, justo cuando debía decidir qué quería estudiar para apuntarse en el bachillerato correspondiente y su tía le insistía en que hiciera estudios de peluquería para continuar con el negocio que ella regenteaba. Nunca le había atraído nada de lo relacionado con el salón tocador de su tía, pero ¡cuánto le costaba decírselo! No quería hacerle daño, así que no se atrevía a decirle nada y acababa angustiándose por dentro. Finalmente, se decidió a hablar con su tía y mantenerse en su opinión. Definitivamente quería estudiar Psicología en la universidad y haría lo que fuera para conseguir materializar su deseo. ¿Quizás quería entender todo lo que había pasado en su vida y en la vida de los padres y familiares? ¿Quizás ansiaba entender el funcionamiento de los humanos para ver que puede ser diferente? Tres o cuatro semanas más tarde, ya estaba animada y no recordaba su cansancio ni su falta de aire. ¡Todo volvía a ser respirable!

Cuando su madre murió, María experimentó un cambio de vida bastante radical en muchos aspectos ya que dejó su casa, su colegio, sus amigos, su barrio, sus costumbres y se marchó a vivir con su tía; cambió también de colegio y de amigos. Fue una época difícil que, además del dolor de la muerte de su madre, tuvo como factores estresantes la separación de todo lo que antes estuvo en su vida.

Cuando llegó al nuevo colegio lo hizo con la cara, los brazos y las manos muy rojas, y la piel reseca y tensa. Los nuevos compañeros se reían de ella y le llamaban *tomatito* por su rojez. Su tía le ponía crema hidratante cada día y a veces conseguía una mejora, pero en otros momentos volvía a disparase la sequedad y a esta le seguían días en que la piel se descamaba.

La piel, específicamente la zona que corresponde a la epidermis, deriva del ectodermo y responde a conflictos de la 4.ª etapa de la biología vinculados a las situaciones de separación. Esta vivencia provoca en fase de estrés una ulceración de la epidermis que deberá rellenarse en fase de vagotonía. La consecuencia es que aparecerá más piel, o lo que se conoce con el nombre de *eccema*.

Este síntoma ha estado presente en su vida, ha ido apareciendo de tanto en tanto y siempre ha seguido los tratamientos que le han aconsejado los dermatólogos y ha procurado hidratarse la piel, pero María no ha conseguido eliminar totalmente este «problema». ¿Quizás sea entonces la solución a un conflicto de separación?

Todos estos síntomas tienen una aparición y una desaparición previsible. Entendamos que digo previsible para la NMG y la Descodificación Biológica.

La curación es posible y a veces *menos, es más:* cuanta menos intervención haya, mejor será para el organismo. Lo interesante es el trabajo sobre el conflicto biológico vivido, ya que después la sanación es espontánea. Si se produce un corte en la piel (lata, cuchillo, papel...), una erosión o una quemadura, el organismo aportará a la zona donde esté la lesión todo lo necesario para sanarla. ¿Qué ha hecho para curarse? Nada. Es el cuerpo el que lo ha hecho todo ya que dispone de todos los recursos para mantener la integridad y el equilibrio. Desde el exterior podría no hacerse nada y la zona se restablecería igualmente, pero los seres humanos casi siempre tomamos cartas en el asunto e intentamos por todos los medios encontrar una solución. Ante una lesión, limpiamos, desinfectamos, cubrimos la zona, protegemos, destapamos, ponemos apósitos o cremas, aspiramos la ampolla, incluso a veces ingerimos algún medicamento. Aunque la mirada no cure, solemos mirar la lesión de vez en cuando para asegurarnos de que todo va bien.

¿Qué pasa si la persona piensa «esta lata esta vieja», «esto tiene gérmenes», «ese cuchillo está oxidado», «peligro, la ampolla se puede infectar»? Que se activarán todos los miedos. Miedo es igual a estrés, por lo que al día siguiente la persona se encontrará con una herida que ha dado respuesta a esos recelos. La zona aparecerá con la lesión más inflamada, más dolorida, tardará mucho en cubrir el ciclo de curación y todo aumentará al mismo ritmo que aumenta la preocupación y el miedo.

Pensar, en este caso, es activar un conflicto de miedo y es justo el miedo lo que impide que el cuerpo haga su trabajo completamente.

Seguimientos posibles

A menudo los síntomas se reparan y desaparecen muy rápidamente, como acabamos de ver en los ejemplos anteriores, pero otras veces empeoran e incluso pueden ser incapacitantes, cronificarse o llevar al agotamiento y la muerte. ¿Qué es lo que hace que una enfermedad siga un recorrido u otro? ¿Qué es lo que condiciona la curación o el empeoramiento de un síntoma o una enfermedad?

En primer lugar, la curación completa depende de haber llegado o no a una solución, ya que es la condición *sine qua non* para iniciar la reconstrucción de los tejidos. Si recordamos que en fase de reparación los propios síntomas pueden colocar a la persona en estrés, nos daremos cuenta de que el proceso puede sufrir interrupciones. Pero ¿qué otras cosas pueden obstaculizar la sanación? La actividad conflictual mediante nuestros pensamientos, pongámosles por nombre *negativos* (miedo, angustia, terror al síntoma, etc.).

A veces ocurre que un síntoma desaparece un tiempo y sin saber ni cómo ni por qué, reaparece. En ese caso nos preguntaremos qué ha pasado en nuestra vida que seguimos desenfocados/as. ¿Hemos escuchado y tomado en cuenta el mensaje que viene a través del síntoma? La enfermedad como solución de supervivencia intenta aportar un equilibrio que no hemos encontrado en nuestro interior, en nuestra alma, y es ese sufrimiento el que necesita ser resignificado. **Abrir los ojos hacia la vida** para darnos otra oportunidad. Podemos decir que, por no haber encontrado el sentido de la enfermedad, no podemos crecer y evolucionar y no se pasa el ciclo completo de la enfermedad. Trascender la zona de conflicto es una medida preventiva, ya que no es necesario volver al mismo punto una y otra vez. Esto es lo ideal.

El protagonista de la película *Vivir,* de Akira Kurosawa (1952), Kanji Watanabe, quien tiene cáncer gástrico, escucha de su amigo escritor después de conocer el diagnóstico:

> La desgracia tiene otro lado bueno, la desgracia enseña al hombre la verdad...el cáncer le abrió los ojos hacia la vida...Es usted un hombre maravilloso...los hombres son frívolos, ellos se dan cuenta de qué bella es la vida cuando se enfrentan a la muerte y que tienen una oportunidad para recuperar el tiempo perdido...gozar de la vida es el deber del hombre. Malgastarla es una profanación de Dios.

Es una película que se convierte en un canto a la vida muy poético y bello.

Cambiar la manera de ver la vida es salud, es armonía.

La enfermedad aguda es la respuesta a una necesidad de cambio inmediato, un primer aviso de una urgencia psíquica no resuelta. La enfermedad crónica es la repetición hasta la perpetuación de una dificultad existencial. Es encontrarse todos los días con la misma piedra.

Otros ejemplos sobre el estancamiento de los síntomas que no llegan a la sanación completa, además de las enfermedades crónicas, son las llamadas *situaciones recidivantes* o las alergias. Veamos un caso de reactivación de síntomas en las glándulas mamarias. Si una mujer (con menor frecuencia, un hombre) vive su vida queriendo proteger a la prole, darles alimento, ayudando a todos a sobrevivir, dando seguridad, es probable que cuando los suyos sufran, viva un conflicto de nido que active la zona encargada de la protección del otro y el síntoma se manifieste a través de una patología mamaria. Puede ser desde una mama fibrosa, quistes, nódulos o mastosis hasta un tumor ductal o un adenocarcinoma o cualquier otra patología en los senos, según sea la intensidad del conflicto biológico.

Como mencionábamos antes, se trata de un conflicto de nido estricto (mama del lado izquierdo para una persona diestra por relación materno-filial/madre-hija/o) o de nido amplio (lado derecho en una persona diestra por relación con colaterales). Si la persona presenta una patología mamaria de tipo glandular (adenoma) y sigue los tratamientos alopáticos pertinentes sin llegar a desactivar el conflicto biológico vivido —que es lo más frecuente— o incluso si antes de tener la patología se hace una amputación «preventiva» de los senos, es probable que siga desarrollando patologías en la misma zona porque estas estarán expresando la manera de vivir de esta mujer, que seguirá siendo protectora, dadora, ofrecerá seguridad y alimento a todos (pareja, padres e hijos) al tiempo que se olvida de sí misma. Es la típica persona cuidadora, «sufridora» que responde al arquetipo de la madre.

Cualquier persona que atraviesa un proceso de enfermedad si sigue viviendo de la misma manera o no ha conseguido cambiar el sentido que pone sobre las experiencias de la vida, es lógico suponer que dará las mismas respuestas biológicas y tendrá el mismo comportamiento ante circunstancias similares, por lo que no podemos pretender que la reacción física sea distinta. Vivir las mismas experiencias nos lleva a vivir los mismos resultados. Esto da lugar a enfermedades recidivantes que aparecen de tanto en tanto en la vida de la persona, por lo general poco después de haber acabado la convalecencia.

Desde que se produce un acontecimiento se otorga un sentido al evento, ya que ningún evento tiene un sentido en sí mismo, sino que el sentido se lo da el inconsciente biológico.

Cambiar el sentido que se le da a la vivencia permite cambiar la estructura sobre la que se sostiene la experiencia, aunque la historia no cambie. Cuando una misma realidad se observa desde distintas ópticas, la vivencia interior se modifica: podemos aprender a posicionarnos en otro lugar en las siguientes situaciones similares y, en resumen, habremos hecho un cambio de mirada que nos permitirá evolucionar y trascender lo que estamos viviendo.

Cambiar la manera de vivir requiere despojarse de antiguos disfraces, de viejas presentaciones y escaparse de los roles o funciones que tanto han alimentado al ego. Es ir a visitar nuestra sombra con mucho cuidado y protección y mover el formato sobre el que se asienta nuestra personalidad y nuestra manera de reaccionar en la vida.

Sin embargo, pueden ser muchos los factores que impiden llegar a un equilibrio para estar sanos. Otro motivo es la costumbre de estar mal, a pesar de que estar mal no es normal. No siempre se hace evidente el malestar, ya que puede ocurrir que la persona se haya acostumbrado a vivir en una zona de conflicto e incluso que lo haya identificado con su manera de ser y no llegue a discernir a nivel consciente que está viviendo algo traumático, que está en crisis, aunque sea de intensidad baja o que la experiencia la está saturando lentamente.

Podemos oír a personas decir «soy diabética», «soy artrítica», «soy epiléptico», «soy hipertenso». La persona identificada con «tal o cual enfermedad» se presenta con el título de la enfermedad y la siente como parte de su identidad. Recordad que la enfermedad es una solución a una manera de vivir y por lo tanto no forma parte de una manera de ser. Cuando no se identifica el conflicto y lo sigue repitiendo, la persona no puede pasar a fase de solución definitiva, sino que entra y sale del proceso sin acabarlo.

En cualquier caso, si la enfermedad se bloquea durante la fase de vagotonía, miraremos lo que ha cambiado o lo que se ha aprendido para que se haya iniciado la fase caliente, teniendo en cuenta que sigue habiendo una tensión latente porque se ha vuelto a la fase activa. Si hay una lucha interna, la persona pasará una vez más a la fase de estrés. Lucha puede significar tener miedos, angustias, enfado contra la enfermedad o contra uno mismo, negación o muchas otras formas de no estar en armonía. Todas ellas reactivan la tensión interna regresando a la fase fría o activa.

La tía de María es una mujer que, según sus propias palabras, ha «padecido» dolores en los dedos de las manos de forma intermitente. Ha pasado temporadas buenas y épocas de más dolor e incapacidad. A veces se despierta por la mañana con los dedos entumecidos y le cuesta mucho poner las manos en actividad. Para ella y para su médico, estas molestias tienen su origen en el hecho de que usa sus manos constantemente en la peluquería: peines, tijeras, secador, estar mucho de pie sin descansar inclinando la cabeza. Todas estas actividades tienen los puntos asegurados para ser los responsables de sus molestias. El tratamiento consiste en una tanda de antiinflamatorios, fisioterapia, ejercicios y a continuar hasta la siguiente vez.

¿Qué pasaría si además de hacer estos tratamientos esta señora se preguntara cuál ha sido el momento en que se ha sentido que lo que hacía con sus manos no estaba bien? ¿Cuándo pensó que hubiera podido esmerarse un poco más para tener otro resultado? En esos momentos de descontento, estaría atravesando la fase de estrés o activa. Cuando se olvide del tema o alguien le diga lo bien que trabaja, comenzará con la fase de reparación de los tejidos y en ese momento aparecerá la inflamación en las manos que a su vez le provocará dolor. Cuando la tía de María se da cuenta de los síntomas que han aparecido —inflamación, dolor, incapacidad funcional—, es cuando se vuelve a preocupar, pero ahora por los propios síntomas, sin darse cuenta de que tiene que permitir la sanación y de esta manera sus manos volverán a funcionar estupendamente. Es un círculo vicioso que necesita tener una brecha para que escape la tensión, ya que solo así se podrá completar la fase de curación y volver al estado normal. Comprender el conflicto, tener mucha paciencia, poner alivio a través de medios naturales, pero sobre todo entender la función del dolor permite salir del bucle sin sufrir recaídas y superar la situación.

Podemos cansarnos de tener un síntoma recurrente que cada dos por tres aparece en nuestra vida. Es como una hierba que queremos arrancar, pero que de tanto en cuanto aparece en nuestro jardín cuando ya creíamos que había desaparecido: si no se saca la mata de hierba de raíz, volverá a salir. Sin embargo, para llegar a la raíz se necesita hacer un trabajo interior profundo que permita el cambio de mirada. Si alguien repite un mismo síntoma, aunque sea con escasa frecuencia, es porque sigue viendo la vida con las mismas gafas. Como dice el Dr. Jean Lerminiaux (2009), «la recaída no existe en el sentido habitual que lo entendemos. En efecto, es un nuevo conflicto que resurge y por ello la patología se manifiesta».

Una recidiva es la aparición del mismo síntoma un tiempo después de haber vuelto a la normotonía, por lo que la persona tiene que haber vivido la misma tonalidad conflictual. A nivel orgánico hay desgaste y a nivel cerebral se ven varios focos de Hamer sobre la misma zona.

Una recidiva es lo que vive María en su piel con la aparición del eccema de forma recurrente. Hemos visto que la epidermis responde a un conflicto de separación y de pérdida de contacto y que, en fase de estrés, la piel se ulcera, se enrojece, hay menos sensibilidad y con frecuencia, asociado a estos síntomas, hay pérdida de memoria, olvidos, despistes. La biología es magnífica y ha previsto que, para evitar el dolor de saber que no hay un contacto, lo mejor es no sentir (hiposensibilidad) y olvidarse, que son justamente los síntomas que vive una persona en fase de estrés de un conflicto de separación. En fase de vagotonía la piel se rellena, pica y aparecen las escamas de piel, dando lugar al cuadro de eccema. ¿Por qué vive un síntoma que aparece de tanto en cuanto? Porque cada vez que se separa o siente que se separa de forma real, imaginaria, virtual o simbólica activa un conflicto muy conocido para ella y para su familia: haber perdido el contacto. ¿Cuántas veces sintió María la separación con todas las pérdidas y cambios que tuvo que realizar en su vida?

Cuando no hay una vuelta al equilibrio natural, la enfermedad aguda se transforma en una enfermedad crónica, es decir, una enfermedad que permanece en el tiempo.

Cronicidad

Cuando un conflicto permanece indefinidamente en el tiempo con una mínima actividad o cuando hay una interminable sucesión de fases activas y de resolución (conflicto inestable) o el proceso de reparación no se puede completar, el síntoma se transforma en *crónico*. Cuanto mayor sea la intensidad del conflicto, más durará este, del mismo modo que ante una dinámica psíquica potente, mayor será la inflamación reactiva. En el terreno de la persona se inicia un proceso degenerativo, como si la naturaleza entendiera que no hay que reparar más si al mismo tiempo se está desgastando.

En la enfermedad crónica se observa que la resolución es insuficiente o que aparecen pequeños conflictos en relación con la propia enfermedad. Esos síntomas ponen a la persona en situación de estrés, por lo que el propio miedo a no curarse impide la curación.

La madre de María fue diagnosticada de colitis ulcerosa en el intestino grueso. Es un síntoma de un órgano del endodermo, 1.ª etapa de la biología que desarrolla una inflamación (colitis) en fase de resolución de un conflicto de no digerir un bocado muy sucio, una mala jugada, algo indigesto que provoca ira o rabia, algo «imperdonable». Seguramente en fase fría o de estrés su intestino grueso desarrolló más células para hacer más función con el objetivo de eliminar el bocado indigesto rápidamente y podría haber tenido diarreas, que cumplen la función de sacar del interior aquello que el inconsciente biológico considera nocivo para el organismo. Pero ¿qué es la colitis ulcerosa? Un síntoma crónico del conflicto antes mencionado al que se suma un conflicto de túbulos colectores renales o de sentirse sola, abandonada, sin referentes y con miedo por su existencia. La historia conflictual es la siguiente:

> Después de intentar volver a hablar con su familia sin obtener un buen resultado para lo que ella esperaba, decidió enviarles una carta donde explicaba sus sentimientos y la necesidad de volver a verles. Al cabo de unos días recibió un sobre con su carta sin abrir y una nota que decía: «Tú decidiste irte con la escoria. Quédate con ella. Ya no somos tu familia».

Esta mujer sufrió un fuerte conflicto indigesto que solucionó pasado un tiempo, pero cada vez que se activaba un recuerdo de su familia, este actuaba de raíz y despertaba la misma tonalidad conflictual en su interior. Junto con la tonalidad de indigestión vivió el conflicto antes mencionado de túbulos colectores renales, cuya reacción sintomática es el cierre del túbulo que impide la eliminación de líquidos y por lo tanto aumenta el edema tanto en el cuerpo como en el cerebro.

Conflicto activo de dosis mínima

Es un tipo de conflicto bastante frecuente en los casos de patologías musculoesqueléticas en individuos que han sentido desvalorización desde pequeños y viven casi de manera natural que se los insulte, desprecie, desdeñe o minusvalore o que se aplican esta regla ellos mismos y se dicen «no soy capaz», «no sé hacerlo», «soy inútil en»... No les parece fuera de lugar tratarse o que les traten mal. Probablemente, se extrañarían si fuera de otra manera. La tonalidad del conflicto es la misma siempre, «desvalorizado/a por no llegar al rendimiento» con una intensidad mínima sostenida en el tiempo. El resultado es una activación pequeña del estrés y corta vagotonía, pero sostenida en el tiempo, lo que lleva al desgaste de las partes implicadas, en este caso el sistema osteoarticular. Disminuye la intensidad del conflicto con lo que es soportable y así la persona por lo menos sobrevive.

Antes comentábamos que María oía a su madre quejarse de dolores de espalda y, a pesar de los analgésicos y antiinflamatorios, las molestias persistían. Es probable que la madre de María se hubiera sentido sin apoyo, desvalorizada y que no hubiera sido capaz de llegar al rendimiento muchas veces en su vida, hasta el punto de que, en una época en la que se sintió más sobrecargada, ese conflicto se activó. Sus padres dejaron de hablarle, toda su familia hizo lo mismo haciéndola sentir que no era nadie, la apartaron de todo lo conocido e incluso, si se cruzaba a algún familiar o amigo de casualidad, le giraban la cara y no la saludaban. Sentía que era un cero a la izquierda. No valía nada para nadie. Sin darse cuenta, al cabo de unos días de haber pasado por ese tipo de situaciones, volvía a tener los dolores de espalda, que nunca fueron muy agudos.

Conflicto en curación pendiente

La curación se produce cuando el conflicto se puede resolver por completo. A veces se transforma, y nos encontramos con un problema sin solución que da lugar a lo que se llama un *conflicto pendiente* o *en equilibrio*: no hay una actividad aguda ni una solución plena. Supone estar en continua resolución sin poder completar la fase de reparación debido a las repetidas recaídas que, por lo general, pueden darse por miedo o por presentarse algún componente que recuerde al momento de conflicto biológico.

Este tipo de resolución de la enfermedad podría presentarse cuando la persona soluciona el conflicto, sea en el exterior o en el interior, al cambiar el sentido de la vivencia dramática y comienza la fase de reparación con los síntomas agudos que hemos descrito antes. La aparición de los síntomas la pone en alerta, se angustia, se preocupa y esto hace que se vuelva a activar el proceso de estrés o simpaticotonía transformando el proceso en un conflicto inestable que no acaba de llegar a la normotonía. Son muchos los motivos que pueden provocar la recaída. A nivel cerebral continuará habiendo edema peri e intrafocal, tal y como sucederá en el órgano, por lo que no se podrá llegar a la curación.

Un ejemplo de esto es el caso de un hombre que presenta un tumor en bronquios (de células caliciformes o células glandulares secretoras, que corresponde al endodermo o 1.ª etapa de la biología) después de vivir un conflicto de miedo a ahogarse sofocado. Trabajaba en un taller de pintura, en el que un día vivió una mala experiencia cuando hubo una fuga y él no llevaba la mascarilla de seguridad colocada.

El tumor o adenocarcinoma secretor crece en fase de estrés y provoca más moco con el objetivo de hacer pasar mejor el aire y sacar lo que molesta en el aparato respiratorio. En fase de resolución se reduce mediante caseificación por gérmenes. Esta persona presentaba recaídas debido a que el moco que se secretaba le dificultaba la respiración y se reactivaba el conflicto de miedo a ahogarse, en este caso por la presencia de la mucosidad. En todo caso la vivencia conflictual es la misma.

Alergia

En las alergias también se produce una reactivación del síntoma cada cierto tiempo En este caso, se activa cuando aparece un raíl o huella, que será tan importante en la terapia como el conflicto mismo. En la mayor parte de las alergias que permanecen en el tiempo ocurre esta situación de alerta o aviso ante lo que el inconsciente considera un riesgo. Un raíl es el recuerdo de un componente que estaba presente en el momento del conflicto, grabado por los órganos de los sentidos. Cuando se vuelve a entrar en contacto con el elemento, puede desencadenarse el síntoma relacionado o tener una recaída sin tener que vivir un conflicto activo. Es una forma de protección inconsciente, un recordatorio de la situación estresante, peligrosa y dramática: un buen aviso para no pasar por lo mismo.

También es el caso de una mujer que de niña tuvo alergia al pelo del gato solo cuando lo acariciaba. De pequeña tenía un gato y su madre le había prohibido tocarlo para evitar «infecciones». Cuando jugaba con su gatito y lo acariciaba sin darse cuenta, su madre se enfadaba, la enviaba a su habitación (separación) al tiempo que ella se marchaba a casa de una vecina para castigarla dejándola sola en la casa. Unos días después del incidente, le aparecía un eccema en las manos y en los ojos, que antes habían estado irritados y llorosos, y entonces la madre insistía en que no era bueno tocar a los animales. Era la fase de reparación de un conflicto de separación. Esta mujer se acostumbró a la fuerza a no tocar al gato y por extensión a ningún animal. Ya de adulta, cuando veía algo con piel y pelo y lo tocaba (un abrigo, un bolso, una ropa...), volvía a tener los mismos síntomas pasadas algunas horas. Desactivar el raíl (pelo = separación) le permitió traspasar el cuadro de alergia que se repetía regularmente.

Recordad que, para sanar, los tejidos necesitan atravesar el edema cerebral y el edema en el órgano correspondiente. A la unión de dos conflictos, uno activo de túbulos colectores renales y uno de cualquier actividad conflictual en fase de reparación, el Dr. Hamer le llamó *síndrome de túbulos colectores renales*. Este tipo de unión de conflictos provoca la detención del proceso de reparación debido a la imposibilidad de eliminar los distintos edemas.

El síndrome de túbulos colectores renales

Es un proceso que bloquea la fase de vagotonía o de reparación de los tejidos impidiendo la finalización del proceso, ya que al edema de la fase activa de un colector renal se le suma el edema de reparación en el foco correspondiente en el cerebro y órgano afectado. Es importante pensar en las situaciones vividas con sensación de soledad, abandono o miedo por la existencia para poder desactivar el conflicto renal y así facilitar la resolución de ambos conflictos.

La vivencia conflictual de sentirse solo/a, abandonado/a, sin referentes y con miedo por la existencia aparece a menudo ante un diagnóstico grave, un pronóstico negativo («no podemos hacer nada más por usted»), una hospitalización, un ingreso para la realización de pruebas, etc. Cuanto más aislada esté la persona (por ejemplo, en el área de cuidados intensivos donde las visitas son restringidas y tienen horarios muy escasos), menos referentes tenga (los hospitales son todos bastantes similares y se pierden las referencias), más abandonada o sola se sentirá y mayores posibilidades tendrá la persona de temer por su existencia. Esta es la actividad conflictual mental que hace activar los túbulos colectores del riñón. La mejor manera de entenderlo es con un ejemplo.

Un niño de cinco años, al que llamaremos Daniel, es hospitalizado con múltiples contusiones después de haber caído por un barranco durante una excursión del colegio. Pasa ocho días ingresado en la UCI (unidad de cuidados intensivos), un tiempo en el que tan solo puede ver a sus padres y familiares durante unos momentos al día. El tercer día de ingreso, el personal de enfermería se preocupa por su evolución, ya que no orina. Sin embargo, este síntoma remite curiosamente cuando lo pasan a planta, en el momento en que Daniel ya puede estar con los suyos todo el rato. Sus padres le miman, le acarician y besan, le escuchan y están con él, contentos de que haya salido del peligro.

En realidad, ni los padres ni el niño conocen lo que es la Descodificación Biológica. Sin embargo, las etapas por las que ha pasado el estado del pequeño se pueden entender muy bien con la DB. Su cuerpo ha puesto en marcha un programa biológico de supervivencia para permitir su recuperación. Es importante señalar que Daniel no solo estaba luchando para curarse de las heridas provocadas por la caída, sino que lo hacía en un medio inhóspito, la sala de la UCI, desconocida para él, sin la presencia de sus seres queridos, lo que le producía una gran sensación de miedo. Este hecho, el estar a solas en un lugar que le generaba terror, es el que indujo al cuerpo del pequeño a poner en marcha mecanismos de supervivencia: en resumen, a iniciar cambios biológicos como la retención de líquidos. Cuando el momento pasó y volvió a estar en una zona de confort, estos mecanismos dejaron de ser necesarios, por lo que dejó de presentar el síntoma.

Podemos decir que los riñones del niño, específicamente una parte de ellos que son los túbulos colectores renales, cuya función es la gestión del agua y de la orina, se van a activar ante el conflicto biológico de sentirse solo, abandonado, con miedo por la propia existencia o ante la pérdida de referentes. Se activa esta parte del riñón porque tiene la función específica de liberar o retener agua, según sean las condiciones del medio.

Ante un medio en el que las condiciones son seguras, el riñón trabaja de forma normal y libera entre 2 l y 2,5 l al día. Cuando las condiciones ya no son seguras, y en función de las vivencias descritas anteriormente, el túbulo colector renal se cierra impidiendo la salida de agua en un intento de asegurar a la persona su supervivencia como cuando estábamos en el medio líquido, primer referente de nuestra existencia.

Asistir a un paciente, hablarle, acariciarle para que sienta físicamente que le acompañan, permanecer con una presencia activa escuchándole, mirándole, es decir, estar con la persona que está atravesando un proceso de enfermedad, le ayuda a pasar de manera más ágil y natural la vagotonía. En algunas tribus menos invadidas culturalmente o menos «deformadas», cuando hay un enfermo, siempre hay alguien a su lado para que el «mal» no se atreva a entrar en el cuerpo. Esa vigilancia ayuda a la persona a sentirse en conexión con el resto, a tener seguridad, a saber que hay un contacto y que no lo han abandonado.

Esto mismo se puede aplicar a las personas mayores o con una discapacidad que van a vivir a un centro residencial o que están ingresadas en un lugar que desconocen y que reciben con el paso del tiempo cada vez menos visitas. La sensación de soledad y de haber sido abandonadas provoca la activación renal mencionadas, y por este motivo estas personas presentan retención de líquidos o edema. El personal sanitario suele decir que es por falta de movimiento o porque están comiendo con mucha sal. Probad el acercamiento y el contacto para ver cómo la persona comienza a orinar con mayor frecuencia, signo de que los túbulos colectores han vuelto a su funcionamiento normal.

Síndrome de agotamiento

Es un síndrome que fue descrito por el Dr. J. P. Thomas-Lamotte (2002) y que se explica como la colocación de «oficio» por parte del cerebro en etapa de vagotonía con el objetivo de disminuir la actividad física y facilitar la recuperación que finalmente puede impedir la sanación y bloquearla. Metafóricamente hablando, sería «detener la lucha para evitar un desastre porque es demasiado peligroso continuar».

Biológicamente hablando, el *síndrome de agotamiento* responde a la necesidad de disminuir la actividad del individuo. Cuando una persona pasa mucho tiempo en simpaticotonía (con estrés) porque el conflicto dura, no se resuelve, hay recaídas, etc., el cuerpo entra en fatiga excesiva y no hay motivación para la actividad. Ocurre cuando el síntoma ha desgastado el cuerpo y la persona no tiene la energía suficiente para colaborar en el proceso. Es un punto de no retorno y de agotamiento biológico. Como la persona se encuentra en estado de agotamiento, pero no tiene en cuenta los signos de alerta y continúa con un desgaste excesivo para su cuerpo, el cerebro actúa y coloca a la persona en vagotonía con el objetivo de que no sobrepase sus propios límites. Es importante diferenciar que la vagotonía de un síndrome de agotamiento no corresponde a la vagotonía de fase de curación. Sobrepasar sus propios límites puede suponer, entre otras patologías, sufrir un ataque cardiaco o un derrame cerebral. Para el Dr. Thomas-Lamotte (2002) el tiempo necesario para la aparición del síndrome de agotamiento es de 6 meses desde el shock inicial (conflicto externo) sin tener una solución viable.

Desde la Descodificación Biológica en estos casos proponemos hacer un trabajo de estabilización mediante el uso de metáforas o ejercicios llamados *como si*, que acompañen a la persona a visualizar un futuro posible. Es frecuente asistir a personas que han pasado por enfermedades largas, con muchos tratamientos y cirugías que finalmente deciden probar otras alternativas, pero su cuerpo está agotado y sin energía disponible. Creo que es una oportunidad muy preciada poder comprender lo que ha vivido, los conflictos que ha atravesado y cómo el cuerpo ha acompañado en todo momento para poder marcharse en paz.

Negación

Cuando una persona niega o no reconoce la vivencia conflictual, mantiene en pausa la resolución del conflicto a través de la enfermedad. Mientras se encuentra en la negación no tiene una patología precisa y solo al darse cuenta del conflicto vivido, pondrá en marcha el programa biológico de supervivencia. Sin embargo, cuando lo haga, es posible que el cuerpo no pueda responder debido a la duración del conflicto latente pero inactivo. Recordad que el síntoma estará en relación con la intensidad o duración del conflicto. Esto ha sido bien explicado por expertos en psicología social, entre ellos por Stanley Milgram (experimento de Milgram), quien observó el comportamiento social en casos de obediencia a la autoridad en los que prima el acatamiento de órdenes antes que la actividad conflictual propia.

Se llega a la negación mediante un trastorno de comportamiento psíquico que se produce por la interacción de dos conflictos biológicos intensos que se bloquean mutuamente. La unión que le provoca la negación le permitió sobrevivir, así que es importante dejar de lado la moral y solo observar el funcionamiento del cuerpo para entender mejor qué nos ocurre o qué puede ocurrirnos.

Un caso conocido fue el de una persona perteneciente a la SS de la Alemania nazi, que fue juzgado después de la guerra por crímenes contra la humanidad y encarcelado con cadena perpetua. Tenía 50 años cuando entró en prisión y durante un tiempo, cerca de 20 años, fue atendido por un equipo de psicólogos a los que nunca reconoció los crímenes cometidos, las muertes de las que era responsable, todo lo que había hecho, algo que justificaba diciendo que solo cumplía órdenes. Un día en una conversación se dio cuenta del alcance de sus acciones y se derrumbó. Al día siguiente moría de un accidente cerebrovascular. En la descarga del estrés vivido hubo un gran agotamiento y su cuerpo no pudo restablecer el equilibrio.

La película *El lector*, basada en la novela del mismo título de Bernhard Schlink, se hace eco de un caso similar en el que la protagonista, Hanna Schmitz, antigua agente de la SS, es acusada de la muerte de 300 mujeres judías en un incendio de una iglesia por no abrir las puertas y dejarlas salir. Esta mujer no pudo estudiar y sufre enormemente su analfabetismo ocultándolo. Llega a ser para ella un conflicto de tanta intensidad que se reconoce como la única responsable de las muertes, aunque haya otras personas implicadas, con tal de no firmar y demostrar que no sabe hacerlo. No es capaz de ver cuál ha sido la responsabilidad de su acción y se muestra impávida ante las declaraciones de las víctimas porque hay otra actividad conflictual que es más fuerte para ella. Cuando finalmente aprende a leer y escribir, es decir, que resuelve un conflicto de desvalorización, hace lo que se llama un «pasaje a la acción» sobre el tema que la llevó a la cárcel. Pero no os contaré más, ya que os invito a ver la película.

Insuficiencia

Se define la insuficiencia como la incapacidad del 80 % del órgano en cuestión de realizar la función para la que está diseñado. Puede ser renal, hepática, respiratoria o cardiaca, entre otras.

Biológicamente, para que un órgano llegue a una insuficiencia, es necesario que la persona viva una misma tonalidad de resentir en su vida cotidiana con una intensidad baja. No se percibe como una situación de shock intenso, sino como pequeñas situaciones poco importantes pero repetitivas. Veamos los siguientes casos:

- La insuficiencia renal o fallo renal se produce cuando los riñones no son capaces de filtrar adecuadamente las toxinas u otras sustancias de desecho de la sangre.
- La insuficiencia cardiaca significa que el corazón ya no puede bombear suficiente sangre oxigenada al resto del cuerpo.
- La insuficiencia hepática es la incapacidad del hígado para efectuar sus complejas funciones sintéticas, metabólicas y excretoras.

Un ejemplo puede aclarar este proceso.

Un hombre, al que llamaremos Luis, va a su trabajo cada día y se encuentra con un compañero que sistemáticamente le invade en «su territorio» colocando sus materiales en una parte de la mesa de Luis. Él lo ha intentado todo. Le ha explicado a su compañero cuáles son los límites, cuánto le molesta que coloque cosas en su propio espacio, hasta que finalmente pasa a la acción. Cada día, cuando llega al trabajo, aleja y despeja su mesa de los elementos que deja su compañero y que no le pertenecen. Vive estos actos como una invasión molesta, pero no lo suficiente como para discutir de manera más seria por ello. Al cabo de años de mantener la misma situación, desarrolla una patología bronquial que acaba después de un largo proceso en una insuficiencia respiratoria.

He aquí un cuadro resumen de los distintos tipos de seguimiento posconflictolisis:

	ESTRÉS	CURACIÓN	EDEMA	FOCOS	RAÍLES
CURACIÓN PENDIENTE	Conflicto dormido.	Interrumpida.	Persiste en cerebro y órgano.	Dilatado por el edema.	Es posible.
RECIDIVA	Nuevo estrés de igual tonalidad.	Completa.	Persiste en cerebro y órgano.	Varios focos en el mismo lugar.	Es posible.
DOSIS MÍNIMA	Estrés de baja intensidad.	No se completa.	Menor.	Marcas poco densas.	Es posible.
CRONICIDAD	Reactivación del estrés.	Interrupción de la curación.	Persiste en cerebro y órgano.	Varios focos en el mismo lugar.	Es posible.
ALERGIA	Repetitivo.	Aparición de síntomas.	En cerebro y órgano.	Según el síntoma.	Seguro que están presentes.
INSUFICIENCIA	Estrés repetido de baja intensidad.	Interrupción de la curación.	Persiste en cerebro y órgano.	Varios focos en el mismo lugar.	Es posible.

Conflicto autoprogramante

Otro conflicto que toma la coloración de repetición es el conflicto autoprogramante que, como su nombre indica, es la propia persona o la reacción de la persona ante el síntoma lo que hace que permanezca, del mismo modo que es la forma de vivir en nuestro cuerpo lo que desencadena el síntoma y no un evento estresante externo a la persona. El resultado es un conflicto en bucle que se retroalimenta.

El origen está en la mirada que se pone sobre el síntoma, como por ejemplo cuando una persona pasa por un conflicto de agresión y su necesidad descubierta es de protección. Un componente del cuerpo cuya función es proteger es la grasa. Por lo tanto, siguiendo la coherencia biológica la persona, aumenta de peso, ya que acumula con el objetivo de sentirse segura. Al verse «más gorda» por el aumento de peso se agrede a través de su propia mirada. Como el inconsciente biológico no distingue entre real, imaginario, simbólico o virtual, solo sabe actuar; está preparado para la acción, por lo que hará que aumente más de peso acumulando aún más grasa y así el síntoma se mantendrá en un bucle.

El cerebro es eficiente, pero no es inteligente: cumple órdenes de nuestro inconsciente biológico.

Otro síntoma que se mantiene en autoactivación es el acné, que se describe como el taponamiento del conducto pilo-sebáceo por aumento de la secreción de sebo y que aparece ante un conflicto de ataque a la integridad, como cuando la persona, a menudo adolescente, no se siente atractiva y se autoagrede.

Por ejemplo, un/a adolescente se siente feo/a y se mira en el espejo diciéndose «qué feo, estás horrible, nadie te querrá mirar...», se compara y ve como miran a otros y se siente peor aún. En ese momento su dermis está recibiendo una autoagresión, pero la persona no tiene todavía ningún síntoma. Cuando se olvida del conflicto y entra en reparación, las micobacterias hacen el trabajo de reparación o descomposición del tejido glandular que ha crecido y se hace visible el grano infectado en la piel. La persona se molesta consigo misma al ver los granos y se vuelve a ver fea y a agredirse a través de su mirada manteniendo el conflicto activo. El acné se hace visible en la solución de conflicto; por lo tanto, cuando aparece y la persona se estresa, el conflicto vuelve a activarse.

Sidney Rosen en su libro *Mi voz irá contigo: cuentos didácticos de Milton Erickson* (2009) expone el caso de la madre de un joven que padecía acné y que visita a Erickson para que haga algo por su hijo, y este le recomendó que se fuera a un lugar donde no tuviera espejos y donde pudiera cubrir todas las superficies que se reflejaran para impedir que el joven se mirara durante 15 días. El objetivo es evitar estar en contacto con el agente agresor, en este caso con la autoagresión, para permitir la reparación completa en vagotonía.

Conflicto de diagnóstico

«Con el miedo no hacemos sino impulsar el objeto de nuestro temor, de manera que nos atrapa antes». (William Shakespeare).

El miedo es otro factor bloqueante del proceso natural de la enfermedad. Recibir el diagnóstico de una enfermedad considerada grave y el pronóstico asociado a la enfermedad puede ser un elevador fisiológico del estrés por el miedo que provoca. El diagnóstico puede ser entonces una ventaja o un inconveniente.

El instante del diagnóstico es un inconveniente cuando genera un nuevo conflicto biológico y la emoción visceral del diagnóstico es muy negativa, sobre todo cuando el caso se describe como «incurable», «mortal», «invalidante», «se cronificará», «es benigno, pero se puede transformar en maligno». Son sentencias muy perjudiciales para la persona que está en referencia externa (todo el poder lo tiene el otro). Este miedo no puede calmarse intelectualmente y mientras haya miedo el conflicto específico estará activo y no podrá producirse la resolución, ya que el pronóstico contamina el futuro.

Algunas películas como *El doctor* de Randa Haines (1991), *50/50* de Jonathan Levine (2011), *Amar la vida* de Mike Nichols (2001) o *Mi vida sin mí* de Isabel Coixet (2003) muestran magníficamente lo que ocurre en la persona en el instante de un diagnóstico difícil de asumir. Ann, la protagonista de la película *Mi vida sin mí*, relata sobre el momento en que el médico le dio el diagnóstico sin mirarla a los ojos: «Cuando se sentó a mi lado supe que era algo grave, ya que los médicos no lo hacen habitualmente» y cuando el médico finalizó, ella le dijo: «¿Y no hay alguien que me diga lo mismo, pero mirándome a los ojos?».

Cuando se diagnostica una enfermedad, puede provocar en la persona miedos específicos que aumentan el estrés, debilitan el terreno biológico y pueden desencadenar un síntoma asociado a la vivencia o resentir conflictual.

Por ejemplo, la persona puede tener la vivencia de miedo a morir y activar el área del pulmón que está encargado del intercambio de gases y es el alveolo pulmonar o sentir miedo a que el cuerpo no soporte los tratamientos o no confiar en las fuerzas del cuerpo. Entonces puede ser que active varios focos: la zona de los ganglios linfáticos de la cabeza, el cuello y el mediastino. Podría sentir miedo a intoxicarse o a no tener recursos para sobrevivir y activar así el tejido del hígado. Otro pensamiento que puede aparecer es la desvalorización por no ser capaz y, según la tonalidad, activar alguna parte del sistema óseo. Si siente una agresión como si el cáncer estuviera atacando desde dentro podrá desarrollar un tumor sobre las membranas que recubren el órgano. Médicamente se dirá que tiene una metástasis. En Descodificación Biológica se trata de revisar los nuevos conflictos que han surgido.

El desconocimiento del funcionamiento del programa llamado *enfermedad*, las creencias asociadas al diagnóstico, los comentarios de las personas que son importantes para el paciente o a las que les damos poder en nuestra vida, como los profesionales que nos acompañan en el proceso de la enfermedad, tienen una gran influencia en el decurso del síntoma y en la aparición de otros posibles. Los pensamientos positivos o negativos afectan profundamente a nuestra biología. Lo conocemos bien con el efecto placebo, en el que cuando alguien piensa y cree que algo le hará bien, ese será el resultado. La sanación se produce por la propia creencia de que se sanará. De la misma manera, existe el efecto nocebo que es creer que se puede tener una enfermedad o un resultado con un tratamiento, que también ocurrirá. Por ejemplo, alguien va al médico y le dice que «genéticamente» tiene una disponibilidad a tener tal o cual enfermedad y tiempo después aparece la enfermedad. Es como predecir el futuro y así el diagnóstico se transforma en pronóstico.

El Dr. Hamer le daba una gran importancia a la desactivación del conflicto de diagnóstico antes de comenzar a trabajar sobre el conflicto desencadenante, ya que el miedo actúa como un bloqueante impidiendo el pasaje a la curación. Es importante la pedagogía para comprender cómo funciona cada parte del proceso llamado *enfermedad* y lo que puede esperar en cada etapa (conflicto activo, conflictolisis, vagotonía, síntomas, inflamación, infección, etc.).

Importantísimo: desactivar cualquier miedo en relación con la enfermedad.

Para desactivar el miedo se puede hacer un ejercicio simple, muy sencillo, que consiste en estar en contacto con las sensaciones corporales y dejar que estas se vayan transformando solas a medida que van apareciendo. La propuesta es hacerlo como si fuera un descubrimiento. Primero pensad en una enfermedad o en tipos de síntomas que temáis mucho y que no quisierais tener nunca. Cerrad los ojos, dejad venir las sensaciones y escuchadlas. El objetivo único del ejercicio es estar en contacto con la sensación corporal. Están ahí para vaciar un estrés guardado. Si no somos conscientes del sufrimiento almacenado en el cuerpo y sigue ahí acumulado en los momentos de estrés, las reacciones serán puramente reactivas y automáticas. Una buena prevención es poder ir viviéndolas para dejarlas ir.

Un ejemplo de conflicto de diagnóstico es el caso de una persona que comienza a sentir una alteración de la sensibilidad (parestesias) y parálisis en una pierna. Acude al médico y es diagnosticada de esclerosis múltiple, tras lo que le dicen que es una enfermedad incurable. Si la persona cree en lo que le han dicho, la enfermedad se transformará en incurable y verá reducida la movilidad y la sensibilidad en un corto plazo. Si la persona conoce la Descodificación Biológica se dará cuenta de que ha vivido un conflicto de contrariedad en el movimiento o, lo que es lo mismo, ha querido hacer algo o ir en una dirección, pero no ha podido o debido hacerlo. Si también conoce cómo evolucionan los síntomas sabrá que después de solucionar el conflicto y justo en el medio de la fase de curación tendrá calambres o convulsiones (crisis épica) y que pasada esta irá recuperando la sensibilidad y la movilidad. En síntesis, le dará tiempo al cuerpo para que pueda resolver biológicamente, prestará atención a cómo vive para evitar angustias, preocupaciones o miedos e iniciará cambios que le ayuden a salir de las experiencias de contrariedad en el movimiento. Eso es dejar que la vida gestione una vez más algo que ya sabe hacer muy bien en lugar de solo «atacar» la enfermedad.

¿Qué pasaría si ante una enfermedad del tipo que sea el facultativo dijera?: «**No hay enfermedades, solo enfermos**». Sería un buen aforismo que ayudaría a cambiar la mirada sobre la dolencia. O tal vez comentara que cada uno reacciona de una manera, que no hay estadísticas sin un observador, que el cuerpo está preparado para regenerarse o que todos los tejidos tienen capacidad de regeneración y sólo hace falta confiar en él. Es la naturaleza la que sabe qué es lo que tiene que hacer en cada momento y la certeza de la curación ayuda a la curación. También es importante comprender, como dijo Voltaire, que «el arte de la medicina consiste en entretener al paciente mientras la naturaleza cura la enfermedad».

¿Por qué surgen tantos bloqueos contra algo que es tan natural como el proceso de curación? ¿Será porque los humanos intervenimos con nuestra psique, la cual está llena de condicionantes? ¿Serán los miedos? Quizás…

¿Escuchamos a nuestro cuerpo?

Cuando enfermamos, vivimos una oportunidad única para preguntarnos si tenemos el hábito o la costumbre de escuchar a nuestro cuerpo y, lo que es aún más importante, de respetarlo, porque es esencial tenerlo presente y hacerle caso. Además, también podemos aprender a confiar en el cuerpo por varias razones. Por una parte, nos ayuda a encontrar la información sobre lo que hemos vivido, ya que en él quedan grabadas todas las memorias de la humanidad. Por la otra, nos ayuda a procesar lo vivido para poder desalojar los recuerdos que nos hacen daño.

Nuestro cuerpo tiene una sabiduría innata: no hace falta que le enseñemos cómo hacer la digestión o cuáles son los procedimientos para reparar una herida. Son procesos que él ya conoce y que lleva a cabo de manera natural. Lo mismo ocurre con la reparación de los tejidos dañados de una enfermedad que, si sabemos escuchar, recompondrá nuestro organismo y podremos sanar.

El doctor norteamericano Carl Simonton (1993) ya habló de numerosas situaciones de *curación espontánea*. Pacientes que sin consumir ninguna medicina se curan de sus dolencias. Son fenómenos «inexplicables» para la medicina convencional u occidental, pero que no son otra cosa que dejar que el cuerpo haga lo que sabe hacer. Tan sencillo y «mágico» como eso. Trabajaba con un programa que incluye la visualización positiva y el trabajo de las células para sanarse, centrándose en la recuperación y no en el mal llamado *problema*. Es activar la inventiva y la imaginación para sanar siendo autónomos y responsables de los procesos que vivimos.

> Es aburrido explicar cómo se enferma una persona. El proceso de curación, por el contrario, resulta más creativo. Cuando cambiamos nuestras creencias conscientes y actitudes, cambia la química básica en nuestros órganos. (Simonton, 1993).

Es importante escuchar al cuerpo y, para hacerlo, se debe estar en el momento actual, en el aquí y en el ahora. De nada sirve echarnos en cara cosas del pasado ni fantasear con lo que nos gustaría sentir en el futuro; debemos estar en el presente y prestar atención a lo que ahora nos ocurre con las sensaciones corporales. Ellas te manifiestan lo que sientes: ¡escúchalas!

Me gustaría acabar este capítulo con una reflexión: debemos amar a nuestro cuerpo tal cual es, ya que tiene la forma y los síntomas que responden a los conflictos vividos. Incluso nos acompaña en las actividades que necesitamos para rebajar la tensión inconsciente oculta. Nuestro cuerpo es el maravilloso y asombroso reflejo de lo que somos y de lo que hemos vivido.

El maestro budista Thich Nhat Hanh lo decía de una manera muy hermosa: «Ser bello significa ser tú mismo. No necesitas ser aceptado por los demás. Solo necesitas aceptarte a ti mismo».

CUENTO

A un cojo, que sufre por tener una pierna más corta que la otra, un sabio le aconseja: «Deja de odiar tu pierna corta. Identifícate con ella. Entonces, cesando de quejarte, sentirás con alegría que tu pierna larga es un regalo».

Alejandro Jodorowsky.

PARA SABER MÁS

Películas:

- Barnz, Daniel (director). (2014). *Cake.*
  [Película]. Estados Unidos: Cinelou Films / We're Not Brothers Productions.
- Boone, Josh (director). (2014). *Bajo la misma estrella* (título original: *The Fault in Our Stars*).
  [Película]. Estados Unidos: Fox 2000 Pictures / Temple Hill Entertainment.

La bendita psique

«¡El milagro no es curarse sino cambiar!».

A menudo oímos decir que alguien ha enfermado después de una «mala racha», de una «época de nervios», de muchos problemas o que es normal que cayera enfermo después de la «vida que está llevando». Se asigna así un significado psíquico o emocional a la enfermedad o a la salud, tal como afirman los dichos *El corazón alegre de salud es fuente* o aquel otro que dice *La alegría es gran medicina, pero no se vende en botica.* ¡Si no se vende será cuestión de ser el propio creador! ¡Actitud ante todo! De igual forma otro refrán enfatiza en emociones y alimentación diciendo *De penas y de cenas están las sepulturas llenas.* El refranero popular cuenta con una gran sabiduría y experiencia, ya que transforma lo que ha visto una y otra vez en algo que podemos recordar y aplicarnos si nos conviene.

Hemos visto que las situaciones desestabilizantes pueden ser progresivas de manera que la persona se va adaptando, pero en otras ocasiones el drama llega de forma inesperada. Si no se cuenta con recursos y no se expresa la tensión acumulada, esta intentará salir por alguna vía que considere apropiada siguiendo las órdenes del cerebro.

Un hombre joven de 32 años de nombre Camilo tiene un dolor crónico de la articulación de la mandíbula desde hace tiempo, una contractura en la columna cervical del lado derecho y constantemente se queja de que no tiene trabajo suficiente para ser autónomo. Este joven se dedica a la creación de *bijouterie* de diseño.

Los dolores comenzaron a los 22 años aproximadamente y ha realizado todo tipo de tratamientos con más o menos resultado. Asiduamente repite que «siempre estoy apretando, la boca y el bolsillo» como presentación de su caso. Si seguimos tirando del hilo de su expresión, se pondrá en evidencia lo siguiente:

—¿Qué hubiera necesitado apretar antes de los 22 años o antes de que aparecieran los dolores?

—Apretar, no dejarla ir.... A mi novia... Una tarde discutimos muy fuerte, nos insultamos y luego cortamos como había ocurrido tantas otras veces. Llevábamos así 4 años. Me pidió dinero para marcharse y se lo di. Era poca cosa y no supe de ella hasta dos días más tarde cuando sus padres llamaron a mi casa. Acababan de avisarles que había tenido un accidente de coche. Fui rápidamente al lugar que me indicaron y me encontré una escena terrible, tuve que oír a sus padres gritar en llantos y me vi obligado a callarme cuando me acusaron diciendo que todo era mi culpa. Posteriormente nos dijeron que iba bebida y drogada. Siento que probablemente con el dinero que le dejé compró droga. Para mí la vida ha sido una «tortura injusta» todos estos años. ¡Ojalá todo hubiera sido distinto! Ojalá me hubiera marchado yo.

Su caso explica claramente cómo la psique vivió los acontecimientos y cuál es la sintomatología que mejor lo manifiesta. Como dice Salomon Sellam (2009), «es más fácil sufrir en el cuerpo que sufrir en el espíritu».

Sigamos la lógica bio-lógica observando la función de los órganos implicados. Es la lógica que manifiesta la coherencia mente-cuerpo. Es la magnífica coordinación entre lo que sentimos y lo que el cuerpo puede hacer para expresarlo. Podríamos decir que es una lógica indiscutible (¡esta es mi pasión por el cuerpo!).

Por un lado, apretar las mandíbulas impide hablar, discutir, separarse, agredir, defenderse o morder. De tanto apretar (significa que el conflicto se reactiva de forma continua por algún raíl o por una actividad conflictual similar) y trabajar con esa zona en tensión, un día, cuando se soluciona o se olvida el conflicto, saltan a la vista los síntomas de reparación que incluyen la inflamación y por lo tanto duele. Con el paso del tiempo de vivir procesos similares la articulación se desgasta. Recordad que el desgaste se debe a las repeticiones y no al tiempo cronológico.

En lo concerniente a su columna cervical, son las tres últimas vertebras las que están más afectadas —las C5, C6 y C7— además de presentar contractura muscular del lado derecho con mucha frecuencia. La columna vertebral es un pilar, un sostén del resto del cuerpo, que permite movimientos libres y armónicos cuando funciona bien. La zona cervical baja es la que permite bajar la cabeza o simbólicamente «someterse al otro». Eso fue lo que ocurrió cuando los padres de la chica, dolidos por la muerte de la hija, le acusaron injustamente, o así es como este hombre lo vivió. En sus propias palabras es un «injusticia y un dolor muy difícil de cargar sobre las espaldas». En general, los síntomas osteomusculares o articulares se producen cuando la persona se siente incapaz o impotente de hacer algo y no llega al rendimiento esperado.

Y aún queda un tema pendiente, el de su autonomía financiera.

Varias son las preguntas que giran alrededor del tema dinero en cuanto a la abundancia o a la capacidad de generar su independencia económica y su prosperidad. Esta palabra proviene del latín *prosperitas* y significa el éxito en lo que se emprende, la buena suerte en lo que sucede o el curso favorable de las cosas. Este joven ha sentido que no se merece tener suerte en la vida, no tiene permiso para el placer y para que las cosas sean todo lo fáciles que pueden ser, que tiene que sacrificarse como si con su expiación purgara algún delito que nunca cometió, pero del que fue acusado. Tal como él dice siente que «se arrastra por la vida y que la vida le arrastra».

Cuando vemos esta historia y tantísimas otras más, nos damos cuenta de la importancia que tiene nuestra bendita psique y de cómo se puede modular una vida alrededor de pensamientos y sentimientos, de creencias y de valores inculcados, de palabras no dichas y acalladas. En síntesis, vemos cómo se configura una vida alrededor de un gran dolor y cómo un dolor físico es la expresión clara de un dolor moral o de un gran dolor del alma. Se trata de encontrar el camino que ha seguido nuestro malestar moral y entender el mensaje que quiere transmitirnos.

Pongamos por caso que un hombre llamado Federico regresa del trabajo y se dispone a sacar a pasear a su mascota, una perra de tamaño mediano y aproximadamente unos 10 kg. Es una preciosa terrier llamada Frida.

Cuando la perrita estaba jugando muy entretenida con la pelota que su amo le tiraba, apareció un perro enorme y se entabló en una lucha absolutamente desproporcionada que Frida rápidamente suspendió al ver que sus pocas fuerzas nada podían hacer contra el pitbull. El perro agresor estaba empezando a devorar a la pequeña y se ensañaba cada vez más con ella.

Federico intentó por todos sus medios separar a los perros. Gritaba, suplicaba y pidió ayuda, pero muy poco pudieron hacer para evitar la desgracia, mientras la dueña del pitbull estaba en estado de shock sin poder reaccionar. Toda la escena terminó con el deceso de Frida y con Federico todo golpeado, con la piel quemada por la caída, con un esguince de muñeca y de tobillo derecho y tratando de enfrentarse a las terribles imágenes del fatal día que le despiertan de noche o que embisten contra su tranquilidad de día. Desesperado, se pregunta qué ha hecho mal, qué se pudo hacer, se acerca a la camita de su perra y le habla como si estuviera ahí.

Tiene momentos en los que se olvida de lo que ha pasado y cree que al llegar a casa y abrir la puerta, su can estará como siempre dándole la bienvenida. Hay quien se ha ofrecido a traerle otro animal, pero él se niega; no quiere remplazarla, al menos por el momento.

Para revisar su caso es importante tener en cuenta que sus palabras fueron «una auténtica sangría», «no es posible ir por la vida así» (por el animal suelto que se escapa y hace un desastre), «aquí es la ley del más fuerte», y lo que más lamenta es que fue «imposible salvarle».

Al reformular todas estas frases, Federico se da cuenta de que está viviendo en su trabajo una autentica tortura; siente que se tiene que alejar del peligro, que su jefe es como el pitbull, que va por la vida arrasando sin tener miramientos y que aplica la ley del más fuerte. Federico vive una situación de desgaste continuo cada día recibiendo amenazas y desprecios.

La misma reformulación le sirve para lo que se vive en su familia de origen. Su hermano mayor es próspero y emprendedor. Ha seguido los pasos de su padre continuando con el negocio familiar en el que tiene éxito, si nos referimos a la cantidad de beneficios anuales. Le falta éxito en ética, coherencia, decencia, honradez, dignidad y le sobra prepotencia y deshonestidad, según dice Federico, quien se siente repetidamente atropellado sin miramientos y despreciado por su hermano. La madre de ambos, separada de su padre hace muchos años, no tiene recursos económicos y cada vez que Federico llama a su hermano para intermediar entre su madre y él, sale completamente escaldado. ¡Está quemado!

Cuánto sufrimiento moral surge cuando puede liberar sus sensaciones y recomponer la historia de su trabajo, de su hermano y de su pequeña Frida.

Como dato anecdótico, Frida significa «pacífica» y Federico «el que gobierna en paz». Seguramente no le puso el nombre a la perra a sabiendas de su significado sino, como él explica, por Frida Kahlo, pero es interesante fijarnos en qué casualidad o causalidad hay detrás de su forma de vida que tiene la tendencia a evitar el conflicto. Suele ocurrir que cuanto más se niega la propia oscuridad, más aparece delante en las historias que vivimos para que la veamos.

Tal como lo define el DRAE (Diccionario de la Real Academia Española), la *psique* es «el alma o espíritu que contiene la parte racional tanto consciente como inconsciente». Esta es la parte que sufre cuando la lucha entre necesidades internas y experiencias externas se queda del lado de la última. Lo hemos visto en varios casos que se han desarrollado en otros capítulos. Ahora os invito a ver qué pasa cuando la psique se hace a un lado y deja paso a lo psicológico.

Números pares: 2 biológicas y 4 psicológicas

En capítulos anteriores hemos visto cómo se manifiestan los síntomas en las dos fases biológicas de la enfermedad. Todo comienza a partir de un choque biológico desestabilizante que tiene un altísimo impacto en la psique. El instante mismo de alto estrés siempre está en relación con una situación con contenido biológico y es el punto de inicio del programa biológico de supervivencia o enfermedad. ¿Pero qué ocurre a nivel psicológico cuando vivimos un conflicto biológico? Durante el proceso de shock, fase activa o de estrés, solución del conflicto y fase de reparación, lo psicológico también está funcionando.

¿Y qué es lo psicológico? Todo lo que atañe a la manera de sentir, de pensar y de comportarse de una persona o una colectividad.

Ahora dedicaremos unos párrafos a ver qué es lo que sucede en las fases psicológicas de la enfermedad, ya que estas pueden bloquear el proceso de sanación impidiendo que se cumpla el plan de las dos fases de la enfermedad y bloqueando, en consecuencia, la curación. Ya se han mencionado otras situaciones que pueden bloquear la sanación: retener líquido (tener un edema), debido a un conflicto de riñón (endodermo), por no haber descargado los raíles (recuerdo sensorial) que han acompañado el instante de choque biológico o tener miedo por ejemplo por un diagnóstico que asusta.

Las fases psicológicas son las etapas por las que se pasa a nivel del pensamiento, del sentir o del comportamiento en el momento en que se vive un conflicto biológico, desde su inicio durante las fases de la enfermedad hasta su resolución. Un ejemplo nos ayudará a ver cómo funciona.

José es diestro, tiene 42 años, está casado y tiene un hijo de 10 años. Trabaja como vendedor de seguros desde hace 4 años y pasa bastante más tiempo en la calle que en el despacho, al que acude una hora a la mañana y otra por la tarde. Para él es suficiente y cuando puede evita ir en el horario en el que aún hay compañeros trabajando. ¿Por qué?

Por su timidez, una característica psicológica suya y por la presencia de dos compañeros que se pasan el día de bromitas como dejarle basura en su mesa, esconder su silla y otras tonterías que a José le fastidian. Además, el trabajo en la calle le «da alas» y le permite conocer mejor a la gente y abrirse al mundo, todo lo contrario de lo que ocurre cuando está en las oficinas.

El síntoma que presenta es una digestión muy lenta, gases, eructos y con frecuencia nota el estómago revuelto. Le han dicho que tiene una vesícula biliar perezosa y que es por comer grasas, fritos, tomar alcohol o comer en exceso. En su caso no se cumple porque es vegetariano, come poco, no toma grasas ni alcohol y cuando puede va con su hijo a hacer deporte, lo que ocurre con bastante frecuencia, aunque menos de lo que desearía.

Viendo su cuadro, le empiezo a hacer preguntas sobre sus molestias digestivas y la conversación de desarrolla de la siguiente manera:

—¿Cuándo comenzaron tus molestias digestivas?

—No lo recuerdo bien, fue progresivo. Supongo que fue al tener que comer algún día un menú en un restaurante. Yo siempre me traigo mi comida, pero en invierno alguna vez, si hace mucho frío, entro en algún sitio cerrado y tomo algo calentito.

—Y antes de este trabajo ¿qué hacías?

—Estaba en una empresa que cerró. Ahí teníamos comedor. Hacía horario corrido y yo me llevaba mi comida.

—¿Recuerdas si estando en esa empresa ya tenías molestias?

—No, ahí no. Ahí me sentía bien físicamente... de hecho, en todos los aspectos... pero se acabó.

—¿Y al cabo de cuanto tiempo de empezar en el otro trabajo comenzaron las molestias?

—Ahora que lo dices, fue al año y medio, cuando me pidieron que cambiara y fuera a la calle. Hasta ese momento solamente estaba en la oficina y era una tortura pasar día tras día encerrado con esos dos imbéciles que siempre se estaban riendo de mí. Cada día cuando salgo de casa paso por el baño, me miro en el espejo y me digo: dejo a los rufianes aquí, ahora a tomar aires nuevos. ¡Limpieza! Pero estoy seguro de que las molestias aparecieron por lo que te decía, por empezar a comer alguna vez en restaurantes.

—¿Estar con ellos te provoca rabia, ira y mucho enfado?

—Sí, a un nivel que hasta me vuelvo agresivo, pero nunca digo nada. Si no me marchara a trabajar a la calle no sé lo que sería capaz de hacer. Cuando regreso ya estoy más tranquilo porque por lo general uno de los dos ya se ha marchado y uno solo no se atreve a hacerme las bromas.

Tras esta conversación, le muestro un esquema de las fases biológicas de la enfermedad y le comento que, en su caso y por lo que él explica, mientras está en contacto con estas personas vive un conflicto biológico de contrariedad indigesta con la tonalidad de rabia, ira o enfado. En ese momento las vías biliares se ulceran con el objetivo de dejar pasar más bilis para poder digerir mejor las «situaciones pesadas o grasas» de la vida. Es estar en medio del problema y en referencia a lo negativo que está ocurriendo.

En el momento en que siente que ya puede pasar de sus compañeros se detiene la destrucción de células, salvo que aún está en referencia a lo negativo que le ocurre en esta relación laboral. De igual forma es diaria la vivencia de «me voy y dejo aquí esta escoria», sale a hacer «limpieza» del malestar que hay en ese espacio. Tenemos una determinada percepción —como en este caso la necesidad de salir para limpiarse de todo lo que estos compañeros vierten sobre él— cuando en otro instante hemos sentido lo contrario. Es decir, cuando se quiere limpieza es porque antes se ha sentido algo sucio sobre uno mismo; cuando se quiere libertad es porque antes se ha sentido la falta de ella; cuando se anhela contacto es porque antes se perdió o no lo ha habido nunca.

Cuando José está afuera distraído se siente mejor y su cuerpo lo vive como una solución a su conflicto. En ese momento, dará comienzo la reconstrucción de los tejidos con una inflamación. Él sentirá como síntoma el enlentecimiento de la secreción biliar, lo que coincide con la comida del mediodía.

En su caso, cada día al regresar al despacho, vuelve a ponerse en contacto con lo que genera el conflicto al ver las mismas actitudes en sus compañeros, que parece que no vayan a madurar nunca. Por más que lo ha intentado aún no consigue vivir de forma neutra, liberarse de la molestia, de los pensamientos recurrentes, de la sensación que le provoca verlos juntos riéndose de él.

¿Qué podemos extraer de este caso? A nivel psicológico observamos que la enfermedad evoluciona en cuatro fases. A nivel biológico, estas cuatro fases se convierten en dos: fase de estrés y fase de recuperación. Mientras los procesos biológicos se llevan a cabo, la persona continúa con una actividad a nivel psicológico que puede interferir en el curso natural de reconstrucción de los tejidos. Es sumamente importante ver cómo nos configuramos y reaccionamos a nivel psicológico cuando atravesamos un PBS.

Un esquema posible es el siguiente:
1. Fase en relación con problema (-).
2. Fase en menor relación con el problema (- -) pero aun en referencia al mismo.
3. Fase en relación con lo positivo, pero mirando a lo negativo (+).
4. Fase neutra (/).

Por ejemplo:
1. Fase en relación con problema (-) «me siento triste».
2. Fase en menor relación con el problema (- -) «me siento menos triste».
3. Fase en relación con lo positivo, pero mirando a lo negativo (+) «hoy me siento más contento y alegre».
4. Fase neutra (/) «hoy iré con mis amigos».

La 1.ª fase psicológica o etapa en relación con el problema es cuando la persona está en simpaticotonía resistiendo la situación de estrés, es decir, la fase de conflicto activo. A nivel biológico hay una pérdida de células llamada *proceso de ulceración*. En el caso de José, por la manera de vivir el conflicto, son sus vías biliares las que reaccionan y se produce una disminución de células en la mucosa o piel de los conductos con el objetivo de que circule más bilis por el mismo espacio y así digerir mejor las sustancias «grasas, enjundiosas e indignantes» que provocan los comentarios o acciones de sus compañeros.

La 2.ª fase psicológica comienza justo en el instante mismo en que se resuelve el conflicto. La psique deja de estar en alerta y se inicia el proceso de vagotonía, aunque aún esté en referencia directa con el problema. Se trata de un instante de vulnerabilidad e inestabilidad, ya que el simple recuerdo puede activar el estrés. Recordad que en fase activa no puede iniciarse una recuperación biológica. José cada día al marchar se dice a sí mismo que estará mejor en la calle que en el despacho y cuando camina por la ciudad apreciando la belleza de una portería, de unas ventanas, el cantar de un pájaro o simplemente ve la gente pasar se repite «lo bien que estoy sin esos imbéciles». A pesar de no estar en contacto físico con sus compañeros continúa en contacto con ellos mediante sus pensamientos y sentimientos.

A partir del instante en que se produce la solución externa o interna del conflicto, se inicia el período en que se detiene la reacción específica que compete al tipo de tejido según su capa embrionaria. En el caso de José es el instante en el que se detiene la ulceración de los tejidos de los canales biliares. Ni crecen ni decrecen. Es un stop o parada técnica como en suspenso.

Es así como se inicia la 3.ª, fase en la que la persona puede mirar hacia lo positivo, es decir, que comienza a vislumbrar una solución. Algo puede cambiar en su vida y sentirse mejor. Sin embargo, esta mirada se hace teniendo como referencia lo negativo, por lo que el recuerdo del problema aún está activo. Es una fase de menor inestabilidad que la anterior, pero no obstante puede producirse un cambio hacia la etapa de estrés. ¿Por qué? Porque es justo en esta fase cuando a nivel biológico se producen los síntomas agudos de inflamación, infección si la hubiera, cólicos y dolores, y es cuando, por miedo a estos síntomas o por la preocupación de no poder sanar, la persona puede regresar a la primera fase y volver a entrar en estrés. José comienza a preocuparse cuando ve que de tanto en tanto tiene malestar digestivo, pero ahora ha decidido ocuparse y ver qué es lo que le está ocurriendo en su cuerpo para que no acabe de sanar.

La 4.ª fase psicológica es el momento de regreso a la normalidad. La persona ya no recuerda el conflicto y este está sanado a nivel biológico, por lo que la situación queda completamente neutralizada.

Confucio dijo: «Cada cosa tiene su belleza, pero no todos pueden verla». Creo que es maravilloso el funcionamiento conjunto de todo lo que pensamos y sentimos y las reacciones que tiene el cuerpo. Estoy segura de que sabréis apreciar la magia de la madre naturaleza y el milagro que se produce cuando todo está en coherencia. Es ver la belleza de la que Confucio se hace eco.

Cuadro resumen de las fases biológicas y psicológicas a partir de un conflicto:

	BIOLÓGICO	PSICOLÓGICO
0	Choque biológico.	Estado de alteración en el que la persona vive un problema.
1	Fase de estrés o simpaticotonía.	Fase negativa viviendo el problema intensamente. Se queja, protesta, se imagina que los saca de ahí o incluso afirma que «los mataría».
2	Conflictolisis o solución.	Ya hay menos problema. Se relaja o se distrae al salir.
3	Fase de reparación o vagotonía.	Fase en positivo por haber salido del problema.
4	Normalidad, normo estrés.	Neutralidad.

En resumen, en el caso de José las fases biológicas y psicológicas serían:

	Biológico	Psicológico
0	Choque biológico rabia e indignación.	Estoy en paro, tengo que trabajar, necesito este empleo, me da igual lo que hagan o digan, nadie los puede parar.
1	Fase de estrés: ulceración de vías biliares (VB).	Es injusto, ¡son imbéciles! Me quiero marchar para no verlos, me dan rabia, los odio, *estoy muy enfadado**, etc.
2	Solución: detención de la ulceración.	Ya no los veo. *Me siento menos enfadado.*
3	Fase de reparación: relleno de las partes ulceradas e inflamación de VB.	*Estoy más tranquilo.*
4	Normalidad, normo estrés.	*Qué bonita es la vida. Hoy puedo ir a jugar con mi hijo.*

* En cursiva el discurso interno psicológico y mental del sujeto llamado José.

Otro caso

Luisa, 46 años, es diestra, trabaja como enfermera en una sala de geriatría, vive sola y sale a correr unos 3-4 km cada día. Ha suspendido esta actividad porque tiene dolor desde hace aproximadamente 6 meses en el brazo derecho. Todo comenzó con pequeñas molestias en la parte baja de las cervicales que acabaron con una contractura sobre el trapecio y que se extendía hasta el hombro. Luego tenía pinchazos de noche que la despertaban y que eran como agujas que se clavaban por dentro del hueso. Le han diagnosticado tendinitis bicipital de hombro derecho. Comenta que no toma antiinflamatorios porque le hacen «daño» al estómago y porque no le gusta «empastillarse».

Le pregunto si recuerda cuando comenzó el dolor y me dice:

—Trabajé muchos años en turno de noche y fue justo antes de que me cambiaran al turno de tarde. Sí, cuando empecé por la tarde ya tenía dolores.

—¿Y unos días o semanas antes de que sintieras el dolor hubo algún momento en el que sintieras que hacías algo mal?

Me mira sorprendida, se le llenan los ojos de lágrimas y me dice:

—La coordinadora del turno noche me tenía «machacada». A sus ojos yo no hacía nada bien y era tal la presión que al final yo me equivocaba en todo. Un día preparé la medicación de 3 pacientes mal y por suerte lo vi antes de administrarla. Nadie más que yo lo vio, pero sentí que no podía continuar así. Eso sería unos 10 días antes de que llegara el aviso del cambio de turno. Hacía 3 años que había solicitado el cambio porque ya estaba cansada del ritmo de sueño, de no poder estar con los amigos, de no poder salir a cenar con ellos y porque quiero seguir estudiando y así no podía. Al final llegó el cambio y es verdad que enseguida sentí el dolor.

—Y ¿pudiste hablar de cómo te sentías cuando algo no te salía bien como lo de la medicación?

—No, nunca porque la gente no entiende todo lo que tenemos que llevar en la cabeza. No es solo seguir un listado y además se creen que…

Y hubiera seguido justificándose si no le hubiera pedido que por favor se centrara en el día y el momento exacto en el que preparó la medicación de manera equivocada. En cuanto llegó al mismo instante, pudo revivir también lo que le ocurrió a nivel físico y emocional y descargarlo. Es un momento de dolor que pasa a sentirse como un instante de gloria, liberador que se ha de superar para que llegue la calma otra vez.

El resumen de las etapas en el caso de Luisa podría ser así:

	Biológico	Psicológico
0	Choque biológico: no llegar al rendimiento y desvalorizarse.	*La coordinadora es una imbécil.* Esto es muy difícil. Hay mucho trabajo. Los jóvenes vienen muy bien preparados.*
1	Fase de estrés: destrucción (lisis) de células en el tendón.	No sé hacerlo bien, no llego, no rindo, me equivocaré, *no sé qué me pasa que ya no sirvo, estoy muy cansada, tengo que cambiar de turno, etc.*
2	Solución: detención de la necrosis	Ya lo hago mejor. *Me siento menos inútil.*
3	Fase de reparación: relleno de las partes en lisis e inflamación del tendón (tendinitis).	*Estoy más segura en lo que hago.*
4	Normalidad, normo estrés.	*Me gusta lo que estudio. Quedaré con los amigos y saldremos. Me iré unos días al mar.*

* En cursiva el discurso interno psicológico y mental del sujeto llamado Luisa.

Retomando el caso de María vamos a ver cómo se puede aplicar este concepto a su estado psicológico en relación con el conflicto de diagnóstico. Como se dice, vamos a matar dos pájaros de un tiro.

Una persona, en este caso María consulta con un acompañante en Descodificación Biológica después de recibir un diagnóstico de una patología que en su caso está en fase activa. Viene porque siente miedo, expresa que le preocupa lo que le han dicho y que no sabe bien qué camino tomar.

Dice: «Siento angustia o ansiedad. No sé muy bien que es, pero me noto muy mal». Al preguntarle específicamente qué es lo que le provoca esta sensación responde de manera general: «Es miedo a todo y a nada».

Esta manera de sentir es posible que le haga estar en estrés y que en ese momento se encuentre en fase activa y, hasta que no deje ese espacio de tensión, no podrá iniciar y acabar la resolución de su proceso en el plano físico. Hemos de tener en cuenta que si el estrés que vive en el momento del **diagnóstico** es un impacto fuerte y reúne las características de un choque biológico de una determinada tonalidad, se iniciará otro proceso simultaneo que la medicina oficial llamará *metástasis*. En el caso de que la angustia, la preocupación o el miedo no sean un choque biológico, estos «lamentos», como ella los denomina, quedarán como un conflicto psicológico. Ya hemos visto que un problema psicológico no pone en marcha un programa de supervivencia llamado *enfermedad*.

En un segundo tiempo María habla sobre estas y otras preocupaciones, lo que le permite descargar su tensión; ella misma aclara sus ideas, se siente escuchada y se relaja. Pasado este momento dice: «Ah, ahora siento menos angustia».

Lo que expresa nos muestra que continúa en referencia con el problema que inicialmente plantea y que por lo tanto se encuentra bloqueada a nivel emocional. El siguiente paso para poder traspasar la fase psicológica es reformular lo que siente dándole la oportunidad de que sienta lo que está bloqueando. Observad la respuesta ante la pregunta: «Y cuando dices que no sientes angustia, ¿qué sientes en tu cuerpo?». La persona puede avanzar un paso más escuchando sus sensaciones corporales. Como dice Antonio Damasio, «las emociones se representan en el teatro del cuerpo. Los sentimientos se representan en el teatro de la mente». Solo llegando al teatro del cuerpo podremos desagotar las emociones contenidas. Si la persona se queda en el teatro de la mente continuará en el conflicto psicológico.

Después de abrir las compuertas a nivel emocional y de sentir las reacciones asociadas, María dice: «Ya estoy tranquila… más tranquila» y es el momento en el que ha llegado a la tercera fase psicológica, cuando tiene una mirada más ligera sobre el problema.

Una vez más la invitación es ir al cuerpo y escuchar las sensaciones corporales que se producen ante estas frases. Lo interesante es que la persona llegue a vivir sin ni tan siquiera pensar en lo que siente en relación con lo que llama *problema*, o sea, el elemento que provoca una emoción negativa se vuelve neutro.

1. Etapa en relación con el problema (-) = *siento angustia.*
2. Etapa en menor relación con el problema (- -) = *ya no siento angustia o siento menos angustia.*
3. Etapa en relación con lo positivo, pero mirando a lo negativo (+) = *me siento más tranquila, más serena, con más paz interior.*
4. Etapa neutra (/) = *ya no hay reflexión ni sobre el miedo ni sobre la tranquilidad.*

Volviendo a la frase inicial de este capítulo, ¡**El milagro no es curarse sino cambiar**!, numerosas veces se han descrito casos de sanación, de curación o de mejora de un síntoma a partir de un cambio en la vida. Si la manera de vivir la vida que vivimos es lo que nos impide fluir y acaba dando lugar a un conflicto biológico con su consecuente programa o enfermedad, será tan fácil y tan difícil a la vez como cambiar la manera de vivir. El milagro es poder cambiar nuestras gafas y empezar a ver el mundo con otros ojos, a sentirlo con otra piel, a oír todo lo que quizás nunca nos permitimos oír.

No podemos cambiar el pasado. Solo podemos mirarlo de otra manera en la que ya no nos duela, incluso yendo más allá del instante mismo de dolor para ver el significado de ese momento en la totalidad de la historia de cada ser humano.

Es encontrar el sentido del sufrimiento en la sabiduría de la vida, la cual está llena de momentos que pueden parecer muy difíciles: perder a un familiar querido, a una mascota como le sucedió a Federico, a una pareja como le ocurrió a Camilo; un divorcio, una enfermedad; tener problemas en el trabajo como Luisa, que cierren la empresa en la que estabas tan cómodo, adaptarte a nuevas circunstancias; una traición, un disgusto fuerte, un robo como le ha pasado a María; quedarte sin dinero o sin casa y tantos otros temas que ensombrecen la alegría de vivir.

Hay momentos que son una **noche oscura del alma**. Para San Juan de la Cruz es a través de ellos como el alma puede encontrar la paz cuando se entrega a su destino, Dios, y así se ilumina. Para Thomas Moore (2005), teólogo y psicoterapeuta son las circunstancias que permiten iniciar el misterioso viaje a lo desconocido lo que aporta la más profunda comprensión del sentido de la vida, muestran una nueva forma de vivir, facilitan que se elimine todo lo superfluo y ayudan a recomenzar de nuevo.

> Una auténtica noche oscura del alma no es un reto superficial sino un hecho que le arrebata la alegría de vivir. Un hecho externo o un estado de ánimo que incide en lo más profundo de su existencia. No se trata sólo de un sentimiento sino de una ruptura de su propio ser, y quizá tarde un tiempo en atravesar ese túnel. (Moore, 2005).

Todas esas pérdidas o situaciones desestabilizantes pueden llevar a un sufrimiento, el cual puede indicar algo mayor que aún no ha sido descubierto. Es transformar el dolor en paz interior. Es como un puzle en el que de repente colocas una pieza y el resto se acomoda solo. No es que todo te pase a ti y solo a ti. Las experiencias son para todos y a cada uno le llegará lo más adecuado según su plan de vida. Tampoco es aquello de *todo está mal*, ya que pensar así es empequeñecer las posibilidades con eso de *mal de muchos, consuelo de tontos*. La vida es movimiento: pasar por circunstancias, aprender de ellas, encontrar un sentido, cambiar y continuar viviendo. Así hasta la siguiente.

Incluso hay personas que sufren por todo sin tener grandes problemas o dificultades.

> Un hombre soltero y sin hijos, de 45 años, tiene amigos, familia, compañeros con los que disfruta. Todos están sanos y viven bien. Cuenta con una empresa próspera que le permite un pasar económico muy sobrado. Posee varias propiedades,

desde casas a naves industriales, coches, barcos, entre tantos otros.

Imaginad alguien que valora lo material, todo lo que puede haber llegado a comprar y aun así siente que le falta.

En su origen este hombre nació en una humilde y trabajadora familia del sur de España que atravesó serias dificultades para sobrevivir. Emigraron y él pudo estudiar y hacer un imperio. Su única preocupación es el pasar económico suyo y de su familia. Nada de lo que tiene le alcanza (él se define así) y siente necesidad de hacer más y más sin parar porque vive atrapado en el miedo de su tierna infancia: a no comer. Mientras no sane la memoria de todo lo vivido y cambie el sentido que le ha dado, continuará atrapado y sin salida.

Repetir es compulsivo y solo lleva a más dolor. En su caso, el estrés lo evacua el hígado mediante nódulos, ya que es el órgano que actúa de reserva de nutrientes y de fuente dispensadora cuando se necesita en el organismo.

Todo síntoma responde a un sufrimiento en otro espacio como la psique, por ejemplo.

En resumen, nuestra vida psíquica es el camino que realiza nuestra alma en este plano de aprendizaje y nuestra vida psicológica, como los pensamientos y sentimientos que ponemos en lo que hacemos, va a hacer caer la balanza hacia un lado o hacia el otro de la enfermedad y de la salud. Si en una parte de nuestra leyenda se inclina hacia la enfermedad es porque el alma está sufriendo y casi seguro que te pide un cambio y tú no la escuchas. Préstale atención, pero atención plena y la novela de tu vida podrá empezar a escribirse de otra manera. Esa es la invitación.

CUENTO

Caminando por la selva un hombre se topa con un león dormido. Poniéndose de rodillas ante él, murmura:

—Por favor, no me comas.

La bestia sigue roncando. Esta vez grita:

—¡Por favor, no me comas!

El animal no se da por enterado. Temblando, abre las mandíbulas y acerca su cara a los colmillos para volver a gritar el ruego. Inútil. La fiera no despierta.

Histérico, comienza a darle patadas en el trasero:

—¡No me comas! ¡No me comas! ¡No me comas!

El león despierta, salta sobre él y, furioso, comienza a devorarlo.

El hombre se queja:

—¡Qué mala suerte tengo!

Anónimo.

PARA SABER MÁS

Películas:
- Winkler, Irwin (director). (2001). *La casa de mi vida* (título original: *Life as a House*).
  [Película]. Estados Unidos: New Line Cinema.
- Coixet, Isabel (director). (2005). *La vida secreta de las palabras*.
  [Película]. España: El Deseo S.A. / Mediapro.
- Saura, Carlos (director). (1989). *La noche oscura*.
  [Película]. España: Andrés Vicente Gómez.
- Muccino, Gabriele (director). (2006). *En busca de la felicidad* (título original: *The Pursuit of Happyness*).
  [Película]. Estados Unidos: Columbia Pictures / Overbrook Entertainment / Escape Artists.

- Nelson, Jessie (director). (2001). *Yo soy Sam* (título original: *I Am Sam*).
  [Película]. Estados Unidos: Columbia Pictures / Overbrook Entertainment / Escape Artists.

Libros:

- Marquier, Annie. (2006). *El poder de elegir.* Ediciones Luciérnaga.
- Botton, Alain. (2002). *Las consolaciones de la filosofía.* Punto de lectura.
- Moore, Thomas. (2010). *Las noches oscuras del alma.* Editorial Urano.

Enfermedades infantiles

«Los niños han de tener mucha tolerancia con los adultos».
ANTOINE DE SAINT-EXUPÉRY. *El Principito*

Hay quienes creen que este modelo sobre la salud y la enfermedad puede ser válido para adultos, pero que no se puede aplicar en la etapa prenatal o a niños porque los fetos, los bebés o los críos no tienen emociones, conflictos ni problemas psicológicos. Nada más alejado de la realidad. En primer lugar, me gustaría volver a recordar que hablamos de un conflicto biológico y no de un conflicto psicológico. Además, quisiera mencionar que, según el paradigma de la Descodificación Biológica, la enfermedad es la solución a una vivencia de estrés llamada *conflicto biológico* que el cuerpo se encarga de descargar mediante el síntoma. Este conflicto biológico puede ocurrir en cualquier momento a partir del instante mismo de la concepción, ya que es en ese momento cuando comienza la vida biológica. A este inicio se le agrega la memoria inmensa de la humanidad que viene a aportar las soluciones ganadoras de supervivencia.

En este sentido sabemos que en las células de los progenitores está toda la información de la historia de sus familias y que esta viene impresa tanto en la carga genética como en su epigenética. Así pues, cualquier memoria puede constituir un programa inicial en relación con la manera de vivir los conflictos. El resultado es que un feto, un bebé o un niño también tienen enfermedades y se aplican las mismas leyes biológicas para ellos. Tan solo hace falta observar a un niño pequeño en su medio natural y ver cuáles son sus necesidades para darse cuenta de cuáles pueden ser sus conflictos biológicos.

Dicho de otra manera, toda la programación de una nueva vida viene de lejos. El desarrollo y maduración del ser humano se realiza en etapas que paulatinamente van enlazándose unas con otras y en cada una de ellas hay una riqueza enorme de pasos que trascender de los que se pueden extraer magníficas lecciones, no siempre exentas de dolor o malestar. ¡Pero eso es vivir! Una de cal, una de arena, muchas de cal y muchas de arena. Podemos decir que nos constituimos en base a experiencias y estas, en parte, ya vienen inscritas en las células transmitidas por los padres y por la línea de ascendentes, nuestros ancestros desde tiempos inmemoriales. El resto de las vivencias se empaparán en el ser humano durante la concepción, el embarazo, el parto y en nuestra temprana infancia. Luego seguimos aprendiendo y experimentando, pero la mayor parte de las veces el impacto de aquellas será un reflejo de la historia anteriormente vivida. Como decía Freud, el ser humano tiene una tendencia o «compulsión a la repetición».

Recordad asimismo que durante la ontogénesis se revive la filogénesis completa en el ámbito intrauterino, o sea, durante el embarazo. Lo que nos interesa es que en todas las etapas de desarrollo podemos sufrir conflictos biológicos que o actúan como programas o desencadenan un síntoma. Los primeros que suelen aparecer son los más arcaicos, los correspondientes a la primera etapa de la biología u órganos derivados del endodermo, correspondientes a las necesidades básicas y vitales tales como la respiración, la digestión, la eliminación y la coordinación de las actividades orgánicas. Un embrión o feto necesita del alimento para sobrevivir y tiene una respiración especial a través de la sangre que le llega por el cordón umbilical.

Imaginad lo que puede pasar cuando la madre de este tranquilo feto de repente entra en una situación de estrés que le provoca no recibir suficiente alimento u oxígeno aparte de cargarse de un cóctel de hormonas que le provocan reacciones como miedo, enfado o malestar en general. Esto podría ser una situación muy frecuente para el bebé según como se encuentren sus padres durante el embarazo.

La reacción fisiológica que se produce ante un conflicto de los padres y específicamente de la madre durante el embarazo es el cierre de los vasos sanguíneos (en simpaticotonía o fase de estrés hay una vasoconstricción) y por eso se produce una disminución de la circulación sanguínea de los vasos que alimentan la placenta y, por lo tanto, al bebé. En ese caso el bebé pasa por una situación de estrés propia: por ejemplo, siente hambre o se angustia, además de incorporar en su cuerpo las sustancias liberadas en el momento de shock asociadas a una determinada sensación corporal.

Después viene la prueba de fuego: ¡el nacimiento! Al nacer tiene unos minutos para aprender a respirar y un poco más de tiempo para aprender a comer y a eliminar. ¡Menuda tensión nada más nacer! A esto le agregamos todas las maniobras antinaturales perinatales que se aplican en un ámbito sanitario sobre el bebe, así como otro estrés añadido que es el alejamiento de la madre con la que ha estado durante nueve meses en contacto. Esa es la primera forma de pasar por los conflictos de forma independiente a lo vivido por la madre o los padres.

Pretender que en esta etapa de construcción del ser humano no se tienen conflictos biológicos es como creer que porque al oso que está encerrado en una jaula en un zoo le ponen hielo y comida cada día, ya no sufre ningún conflicto vital a su condición de animal. Nada más alejado de la realidad bio-lógica.

Viajemos por las sucesivas etapas...

La maravillosa historia del ser humano se inicia con un encuentro en el que la unión de dos personas, un padre y una madre, que se han atraído gracias a múltiples razones culturales y psicológicas en las que no entraremos aquí, dan lugar a un hijo. Además, seguramente también se hayan sentido atraídos en un plano más biológico debido a la acción de las feromonas, pero no trataremos este punto por el momento. Cada uno aporta su propio material genético para la construcción del nuevo ser mediante las células germinales, un espermatozoide y un óvulo, que le ayudan a integrar dos partes fundamentales para estar en equilibrio, lo masculino y lo femenino. La selección de la pareja se hace en función de la complementariedad genética y será el grupo genético más opuesto el que dará la mejor calidad genética. Y ¿cuál es el destino que empuja a escoger la pareja complementaria para el árbol familiar? Es una reflexión que encuentra respuesta en el análisis transgeneracional.

Antes de que el niño se materialice mediante la unión parental existe una fase inmaterial, un proyecto: el proyecto de los padres. El niño al venir a este mundo dará sentido a ese proyecto a través de las acciones de su vida. Es lo que conocemos como *proyecto y sentido parental* de cada ser humano. Por eso, en la concepción, el bebé recibe bastante más que tan solo la carga genética. Es el momento en que lo vivido por sus padres, las circunstancias socioeconómicas, culturales o personales del período, el estado psíquico, físico o emocional de los padres, los anhelos y deseos conscientes o inconscientes de los progenitores se ofrecen al nuevo ser para que este haga su vida con ello. Por lo que se refiere al proyecto de vida, Boris Cyrulnik (2001) se pregunta: «¿Puede uno nacer sin ninguna razón de vida y morir de casualidad?». Creo que no y es un no rotundo. Venimos con una razón o misión, venimos con un plan de experiencias que vivir. En el camino se nos contagian las razones de los padres y vivimos desarrollando sus peticiones de forma ciega y sin contestarlas hasta que logramos restablecer el contacto con la parte más íntima y coherente de nuestra existencia, que nos permite descubrir la esencia de nuestra misión de vida. Entonces y solo entonces comenzamos a vivir esa vida plena que había previsto en nuestro plan de experiencias que vivir.

Las emociones, las necesidades y los conflictos de los padres y del entorno durante el embarazo también forman parte de la memoria celular del bebé y se impregnan en su biología.

El estrés de los progenitores, específicamente el de su madre, será absorbido por el bebé a nivel intrauterino, ya que cada neuromediador, hormona o componente del cuerpo de su madre atraviesan la placenta y le informan de lo que se está pasando en el otro espacio o en el espacio materno. Todas las vivencias tendrán influencia sobre el nuevo ser, que captará la información sensorial, por lo que en cada uno de nosotros quedará grabada esa información y podrá reaparecer mediante sensaciones corporales.

La información sensorial está en la base del desarrollo neuronal de la misma manera en que, ya en vida, lo estará el contacto afectivo. Un bebé durante su primera etapa de vida no puede distinguir entre sus propias emociones y las de su madre. Él experimenta sensaciones y estas son agradables o desagradables, le dan gusto o le molestan, le provocan ganas de acercarse o alejarse y conforman el primer mundo de conexión del feto. Un mundo de representaciones organizadas alrededor del placer o displacer. Con todo esto a su desembarco en la Tierra el bebé trae un aparato neural y psíquico bien provisto de sensaciones que le permite filtrar el mundo exterior y organizar las respuestas.

Particularmente las vivencias de la madre en este período son las que tendrán carácter de programantes en el futuro ser humano. Situaciones dramáticas, shocks, productos tóxicos (drogas, alcohol, medicamentos, tabaco...), enfermedades, traumas, violencia, etc., dejan una huella importante en la biografía de cada ser. Las vivencias del embarazo, del parto o de la etapa preverbal ocupan el espacio de lo no consciente, que se manifiesta mediante sensaciones.

Por ejemplo, la madre sufre emocional y afectivamente durante el embarazo y el bebé percibe una desconexión. Después puede que manifieste una excesiva demanda de cuidados, la sensación de avidez de afecto o el ofrecimiento de afecto a otros para obtener reconocimiento y la devolución del mismo. Esas reacciones las vive automáticamente cuando se activan las sensaciones corporales, aunque no pueda poner palabras a lo que siente.

Un niño de 9 años llamado Vaughn presenta un retraso madurativo en su crecimiento y, según el pediatra, el percentil de peso y estatura se halla en la escala más baja de su grupo. Al buscar la ventaja de ser pequeño o el peligro de crecer, encontramos varias respuestas. Un primer elemento para la madre es que al darse cuenta del embarazo no quiso decírselo a su marido e intentó ocultarlo hasta que en el sexto mes fue evidente. Tenían 3 hijos más y el marido repetía que ya no quería «ni medio más».

Además, la pareja no pasaba por su mejor momento y las discusiones se sucedían día sí día también. El estrés en la madre y la vasoconstricción produjeron menor flujo sanguíneo al feto. Le pregunto por la ascendencia del nombre, ya que en España este nombre no es frecuente y me dicen que la madre tiene un bisabuelo galés y en su honor lleva un nombre de su tierra.

Cuando busco el significado del nombre, me vuelve a maravillar la sabiduría del inconsciente: Vaughn significa *pequeño o menudo*. Este niño obedece y reproduce todo lo que se le pide, de manera que el cuerpo sigue el ritmo de las necesidades psíquicas del sistema familiar. ¿En qué hay una ventaja en ser pequeño en la familia galesa? El bisabuelo mencionado trabajaba desde niño en una mina de carbón en condiciones penosas. Quedó atrapado en un desprendimiento y fue uno de los que murió en ese accidente laboral a la edad de 42 años. Quizás en el inconsciente familiar se ha transmitido que ser grande es peligroso, ya que puedes quedar atrapado. La información que tiene en su interior es enorme y él será quien despertará una u otra memoria. Numerosas preguntas acuden en este caso y la hipótesis sólo la podrá validar el pequeño Vaughn.

¿Es que si sigue siendo pequeño será aceptado por su padre?

¿Es que aún continúa vigente el mensaje materno de «tiene que estar oculto»?

¿Es que este niño intenta contentar a papá siendo menos de un medio o menudo?

¿Será que se sobrevive cuando no se está a la altura?

Un conflicto bastante frecuente que se produce en la etapa embrionaria es la exposición al ruido, ya sea por ruidos externos (tránsito, sirenas, ambulancias, frenazos, industrias, máquinas, accidentes...) como por ruidos producidos durante las pruebas de ecografía (ultrasonido). El ruido coloca al feto en alerta tal como ponía en alerta a los seres que vivieron expuestos a las condiciones naturales: el rugido de un león, el sonido del viento fuerte, el estruendo de un volcán o de un huracán, los ecos de la lluvia, los silbidos, chirridos, crujidos, etc. Todos los sonidos fuertes de la naturaleza están codificados de igual manera que ocurre con los animales. El resultado es que nos coloca en posición de alarma, como si se acercara un depredador o un desastre natural. La exposición al ruido puede dar distintas expresiones sintomáticas así como reacciones paranoicas u otras reacciones psíquicas, fobias e incluso puede haber modificación de la carga de ADN. El Dr. Hamer ha encontrado que uno de los factores que pueden alterar la carga cromosómica es, en el caso del síndrome de Down, el conflicto biológico de miedo ante situaciones de ruido externo.

«Para cambiar el mundo hay que cambiar primero la forma en que nacemos». (Michel Odent).

Al nacer, el bebé continúa en fusión materna, algo que seguirá así mientras dure el desarrollo y la mielinización de sus vías nerviosas, por lo que no será capaz de diferenciar entre quién es él y quién es el otro. A partir de los 24-30 meses, una vez atravesado este pasaje de su vida, puede comenzar a sentirse un ser diferenciado, aunque seguirá captando el universo familiar a través del inconsciente.

El niño es muy receptivo, perceptivo, intuitivo y sensible a todo lo que ocurre a su alrededor y a los conflictos de sus padres. Es un gran radar que acumula información de las tensiones y sabe qué hacer para evacuarla. Esa gran sensibilidad le conecta con la realidad interior de los padres entrando en resonancia con ellos y viviendo sus conflictos biológicos. Lo hace por amor y por necesidad de pertenencia. Es importante destacar que los padres no son culpables de esta situación, sino responsables de lo que viven y que todo niño actúa por amor. Veamos algunos casos representativos.

Un bebé de 2 meses es diagnosticado de bronquiolitis (inflamación de la parte final de los bronquios llamados bronquiolos) y el conflicto que narran sus padres fue vivido a los 5 meses de la etapa intrauterina, cuando los padres sufrieron un accidente de coche mientras venían discutiendo muy fuerte, la madre quedó atrapada y sintió pánico, terror u horror. Todo se bañó de una tonalidad de miedo en el medio de una disputa territorial. Al nacer el bebé, desarrolló la segunda fase de la enfermedad o reparación en vagotonía.

Otro bebé, en este caso de 3 meses, de igual forma presenta bronquiolitis. Sus padres comentan que apareció poco después de Navidad y que no ha sido la mejor etapa de sus vidas ya que en esas fechas reapareció de repente el padre del hombre que hacía 23 años que se había marchado sin despedirse. En los días que estuvo, provocó sonados altercados con casi todos los miembros de la familia. Después de la comida de Navidad estaba un poco bebido, cogió al bebé, que estuvo a punto de caerse cuando lo lanzó al aire y se le resbaló. Le salvó en el último momento el sofá sobre el que cayó. Todos se quedaron atónitos, conteniendo la respiración en una situación de pánico por el niño. Una vez que se supera la primera fase o de estrés que el propio niño puede vivir con miedo aparecerá un síntoma inflamatorio para reparar las paredes de los conductos por los que pasa el aire.

Otro ejemplo de un bebé de 4 meses con bronquiolitis es el de Juan, cuya madre vivía con terror el hecho de dejar una vez por semana al niño con una cuidadora. Eran solo 2 horas y una vez por semana, pero para esta madre, que había tenido 6 intentos de embarazo que no pudieron llegar a término, era terrible dejar con una «desconocida» al hijo sano y salvo. De forma causal, al día siguiente a la salida, el niño presentaba un cuadro respiratorio.

En el niño, la enfermedad puede ser el resultado de la vivencia de un conflicto biológico propio o la evacuación del estrés de los conflictos biológicos paternos.

Numerosos profesionales y defensores de un cuidado alrededor de la llegada de un nuevo ser, como médicos, biólogos, comadronas, doulas, psicólogos, etc., han hecho hincapié en la importancia del cuidado del embarazo, el parto y el nacimiento, ya que son etapas críticas desde el punto de vista neurológico, hormonal y de registros corporales que tendrán un gran impacto sobre la salud física, psíquica y emocional del bebé.

Una situación que puede generar conflictos biológicos es la separación madre-hijo en el momento del nacimiento. Para John Bowlby (1993) (teoría del apego), «la falta de vínculo afectivo con la madre se traduce en niños ansiosos o con depresión».

Desde su nacimiento, el niño necesita sentir al menos un contacto seguro y predecible. La falta de conexión y de apego seguro madre-hijo puede poner en riesgo la vida del neonato y está en la base de la vida afectiva futura. La forma en que funcionamos con las parejas tiene una gran programación en este primer momento de contacto entre dos.

«La capacidad de amar se gesta en torno al nacimiento». (Michel Odent).

Más adelante, se podrá observar ruptura de contacto en distintos lapsos. Ya mencionamos que el instante del nacimiento es un instante de mucha fragilidad para la piel externa y para la «piel psíquica» del neonato, que ha pasado alrededor de 9 meses completamente en contacto con las paredes en las que se aloja bañado en líquido amniótico y que de repente en un segundo todo eso que estaba a su disposición deja de estarlo. Nils Bergman dice: «La madre es la clave para el desarrollo neuronal» ya que este depende de los estímulos y experiencias que la madre activa en el niño.

Durante los primeros meses de vida, cuando el bebé es dejado al cuidado de otras personas y su madre se marcha, puede ser que reviva la misma sensación de separación o que aparezcan otras formas como el abandono, el miedo por la existencia o la soledad. Por lo general, ante la separación vemos síntomas en la epidermis, pero, según como viva la separación la madre y cómo se desarrolle el proceso de desapego, producirá en el niño un tipo de estrés u otro. La angustia maternal de la separación o la inseguridad puede darse según la tonalidad de la vivencia, la causa programante de un síntoma en la epidermis, de un trastorno respiratorio o de una enfermedad en el sistema de defensa del organismo: el eccema, la dermatitis atópica, la bronquitis o bronquiolitis o la inflamación de ganglios linfáticos.

Un caso que puede servir como ejemplo es el de un niño que comienza el parvulario y se siente separado de la madre. Llora, se aferra a la puerta del cole, se estira en el suelo y patalea hasta agotarse. Vive lo que se denomina un *conflicto de separación*. En una primera fase o fase de estrés, su piel, la epidermis, se ulcera y se enrojece. En la fase de reparación, las zonas que tenían menos tejido (ulceradas) se cubrirán con más células (reparación) y aparecerá un síntoma que es el eccema. En este caso le aparece un eccema en las manos, los brazos y las mejillas, que son las zonas que han sentido el estrés. Se trata de comprender en qué fase está apareciendo el síntoma y calmar su virulencia sin detener el proceso natural de curación. Recordad que una infección o una inflamación son síntomas en fase de resolución y si los padres comprenden este mecanismo podrán acompañar mejor durante el proceso de la enfermedad.

El niño va captando la información del medio externo a través de los sentidos y de las emociones, y siente muchas cosas antes de poder hablar. En los primeros años de vida en los que el niño no posee ningún lenguaje para expresarse, las emociones son un vehículo para poder manifestar su interior y juegan un rol fundamental en la construcción neuronal y de los circuitos nerviosos. Cuanta más estimulación reciba el sistema límbico del bebé, más información se impregnará y más recursos o puntos débiles, según el contenido de las vivencias, tendrá el futuro adulto. Esas huellas tempranas están cargadas de un fuerte contenido emocional y van a reaparecer espontáneamente ante eventos de tonalidades similares actuando de programantes en los conflictos biológicos.

Otro elemento que influye en el niño es la manera de vivir tanto las emociones propias como las que tienen los padres y cómo reaccionan ante ellas. El niño formará y organizará su comportamiento emocional adulto a partir de este modelo. Las reacciones que puede tener son la represión, la sustitución y la naturalidad, que procederé a detallar a continuación:

- La represión o anulación de las vivencias emocionales se produce cuando estas han sido muy dolorosas y para el ser en construcción es preferible olvidar que estar en contacto con algo que le hace daño. Más tarde, ya de adulto, la persona no tiene conciencia de esa emoción ni de su vivencia. Se olvida y se reprime evitando la expresión de esta.
- La sustitución es el origen de la emoción secundaria. En realidad, es una emoción falsa que no se corresponde con lo que la persona siente, como por ejemplo decir que se está triste cuando se está enfadado o al revés. La educación ha hecho mucho en este senti-

do diciendo al varón que está prohibido llorar o a la niña que está muy mal visto que se enfade.

- La expresión natural de las emociones está ligada a la autenticidad. La persona podrá expresarse con libertad, sintiéndose segura y respetada al hacerlo. Para ello es necesario darle el marco de tranquilidad en el que la sanción no cabe, así como validar la comprensión de la vivencia y el permiso de expresarse.

Ese nuevo ser necesitará de 18 a 25 años para conseguir la maduración total a nivel neurológico y, cuando complete su maduración, estará preparado para procrear y así continuar con el primer programa de la especie, es decir, la perennidad de esta.

Cuando un bebé llega al mundo, está lleno de información y nunca lo hace como una página en blanco. ¡Imaginad la información que ha acumulado 10, 20 o 30 años más tarde!

En resumen, todos los aprendizajes realizados antes de los 6 años aproximadamente serán fundamentales para sus experiencias. Luego son repeticiones de los comportamientos de éxito obtenidos de este primer modelo y sus reacciones de adulto dependerán de los aprendizajes efectuados en todas las etapas previas.

¿Y qué es el éxito para un niño pequeño? Es sobrevivir cueste lo que cueste. Es el concepto de sobrevivir para un mamífero, ya que, sin el alimento y el cuidado, el bebé no conseguiría atravesar el primer período de su vida. Para conseguir el alimento y los cuidados tiene que atraer a la madre, por lo que la naturaleza ya ha previsto una manera química de conseguirlo, es decir, mediante la liberación de la oxitocina o la hormona del amor. De aquí parten conceptos como el apego, que en un adulto se transformará en amor, la pertenencia a la familia y al grupo de referencia, y la lealtad familiar. Lo que nos ha permitido sobrevivir conforma el llamado *placer biológico*, que es una recompensa neurobiológica.

El rechazo o abandono materno se vive como mortal. Para el bebé, que no comprende y vive en un mundo de sensaciones ligadas a emociones que aún no ha etiquetado, no tener contacto a causa de una separación temprana, no recibir alimento real y afectivo supone un peligro de muerte.

Algunas enfermedades de la infancia

Mediante las enfermedades de la infancia el niño manifiesta las vivencias de conflicto biológico propias y las de sus padres. Tanto las enfermedades del niño como las de un adulto atraviesan dos fases, estrés y recuperación. Los síntomas de reparación ayudan a que los tejidos se recuperen.

Por ejemplo, un niño se pierde en un espacio público y siente pánico de no poder llamar o encontrar a sus padres. Cuando finalmente los halla se relaja, llora, suelta su estrés, y sus tejidos, que han estado en estrés, comienzan su recuperación. En este caso, el síntoma que aparecerá será una laringitis. La laringitis es la manifestación del horror vivido por el niño en una primera etapa y tiene como objetivo la curación de la mucosa laríngea. La inflamación procura llevar a los tejidos todos los elementos nutrientes y reparadores necesarios para sanar el órgano.

Otro mensaje que hemos recibido de la medicina oficial es que los/as niños/as tienden a enfermarse con frecuencia porque su sistema inmunitario está en formación y por lo tanto es «débil». Se dice que la exposición a los gérmenes les ayuda a generar los anticuerpos necesarios para mantenerse sanos. Dentro del marco de enfermedades infecciosas son comunes las patologías respiratorias de vías altas, las infecciones llamadas «contagiosas» y los síntomas digestivos como vómitos o diarreas.

Algunos ejemplos de las enfermedades más comunes son:

Conflicto biológico	Tejido afectado	Síntomas posibles
Separación.	Epidermis.	Irritación, enrojecimiento, eccema, aftas. Rechazo del contacto. TDAH. Varicela, rubeola.
Miedo en el ambiente «Esto apesta».	Mucosa nasal.	Resfriado.
Miedo en el ambiente Sentirse impotente de cambiar algo. Discusiones, broncas.	Aparato respiratorio. Articulaciones y músculos. Sistema digestivo.	Gripe con o sin síntomas osteomusculares, digestivos.
Pánico.	Laringe.	Disfonía, afonía, crup viral.
Invasión.	Tráquea, bronquios, bronquiolos.	Bronquiolitis, bronquitis.
No atrapar el bocado.	Faringe, boca.	Amigdalitis, faringitis.
No aceptación.	Sistema digestivo.	Vómitos, diarreas.
Soledad, abandono.	Túbulos colectores renales.	Retención líquidos.
Territorio.	Vías urinarias.	Enuresis, control de esfínteres.
Miedo frontal. Angustia.	Ganglios.	Ataque de pánico, inflamación de los ganglios.

Aquellos que tengan niños podrán comprobar que las patologías más frecuentes en esta etapa son respiratorias, del aparato auditivo, trastornos en la piel, síntomas digestivos como vómitos o diarreas y las llamadas *enfermedades obligatorias de tipo infeccioso* como la varicela o la rubeola, que son fundamentales y vitales para el crecimiento.

Patologías respiratorias

Traducen lo que «se respira» en el ambiente familiar y en la relación de los padres con el niño de forma real o imaginaria. Es la presión que hay en el ambiente, las discusiones o broncas, las que se «mal respiran». Por otro lado, ¿qué vive un bebé en su cuna cuando se le acercan desconocidos y todos le hablan a la vez? ¿Y si le miran fijo y le atraviesan con la mirada en su espacio de respiración? ¿Qué siente el niño si sus padres discuten entre ellos o con otras personas? ¿Qué vive si le amenazan o le gritan? ¿Y si siendo pequeño le dicen que le dejarán en la calle o solo? Todo eso es lo que respira real, imaginaria o simbólicamente hablando.

Los cuadros que pueden aparecer ante estos conflictos biológicos van desde el resfriado común a la neumonía, pasando por la bronquitis, la bronquiolitis, el asma o la laringitis, entre muchos otros. A nivel conflictual se traduce por la sensación de peligro en el ambiente, discusiones, broncas, gritos, enfados, pánico o terror profundo, invasión del espacio del niño hasta la vivencia de miedo a morir, que involucra al pulmón, el cual desarrolla una infección micobacteriana o una neumonía en fase de resolución. Cuando un niño presenta con frecuencia cuadros respiratorios altos nos podemos preguntar: ¿qué es lo que el niño vive como amenazante? ¿Son peleas? ¿Miedos por los padres? ¿Familiares que amenazan?

Una niña de 8 años tiene cuadros de asma bronquial desde los 3 años. El cambio que se produjo en la vida de esta niña a los 3 años fue que su abuelo paterno murió y la abuela materna fue a vivir a su casa. Ahí comenzaron las peleas continuas con su madre, con quien tenía una tregua cuando su tía se la llevaba durante una semana. Esa era la semana en la que aparecían los síntomas. La vivencia de miedo o pánico e invasión con peleas en el territorio dan soporte a esta patología.

En un niño el conflicto de pánico o terror en fase activa produce ulceración de la zona de la laringe, lo que puede afectar a las cuerdas vocales. Una vez que el miedo se ha resuelto, comienza la fase de curación con inflamación de la laringe y quizás un diagnóstico de crup viral.

Es el caso de un niño que va a una fiesta de cumpleaños en la que hay un payaso. Esta presencia le provoca angustia y miedo, por lo que intenta alejarse de él, hasta que el payaso, viendo que se estaba apartando y con ánimos de ayudarle a reintegrarse, lo coge en brazos y le da tres vueltas provocando en el niño un pánico espantoso que le deja sin habla. Al día siguiente, estando en la seguridad de los brazos de los padres y habiéndose ya olvidado del conflicto vivido, comienza con una alteración respiratoria que es tratada en el hospital como crup viral.

Desde la Descodificación Biológica se puede ver cómo después de pasar un gran miedo, que le ha generado a su vez un fuerte estrés, sobreviene la fase caliente, expresada mediante una inflamación. Cuanto mayor sea la intensidad o duración del conflicto, mayor será la masa conflictual o gravedad del caso.

También están los cuadros de vías altas. El dolor de garganta, las anginas o un cuadro de faringitis pueden tener la tonalidad de atrapar algo y perderlo o estar a punto de perderlo, o de algo que cuesta mucho conseguir.

Una niña tiene anginas repetidas. El órgano afectado es el tejido adenoideo de la garganta y corresponde a un órgano del endodermo, 1.ª etapa de la biología. Imaginad un gorrión que está pendiente de atrapar un gusanito para alimentarse. Está a punto de atrapar el bocado y siente que se lo pueden sacar, se le puede escapar el bocado tan deseado. ¡Pero al final lo consigue! A ese estrés le sigue la fase de resolución, que cursará con inflamación de la garganta diagnosticada como anginas.

Quien haya tenido anginas puede preguntarse: ¿cuál es el trozo que estuvo por escapar y que finalmente consiguió?

Si miramos el sistema auditivo (ORL), vemos que hay dos posibilidades de conflicto. El auditivo —que es oír, no oír, ser oído o no ser oído— y el ambiental —que afecta a la trompa de Eustaquio—. Este último es la vivencia de peligro y la presión en el ambiente, así como el no soportar los cambios de humor en el ambiente. El niño tiene la necesidad de que todo sea armonioso y que sus padres estén bien, no sean atacados o agredidos para que puedan cuidar de él.

Un niño de 6 años presenta otitis repetitivas, que es la enfermedad en fase de resolución cuando ha solucionado un conflicto, tal como describíamos antes, de oír, no oír, ser oído o no ser oído.

En su caso, la madre ha observado que con frecuencia es el domingo por la mañana el día en que el niño comienza con dolor de oídos. Averiguando qué es lo que quiere oír y no consigue, cuenta que su padre se marcha por trabajo de domingo noche a viernes noche y que cuando regresa él quiere mostrarle todo lo que ha hecho durante la semana, pero su padre llega cansado, pone la televisión y le manda a dormir. Los sábados al despertarse va corriendo a la habitación de sus padres para jugar con el admirado papá y este le dedica un rato mientras se viste para ir a jugar tenis con sus amigos. Luego siempre tiene ocupaciones fuera de casa y es casi imposible volver a verse, o mejor dicho «oírse», por lo que es prácticamente el único instante en que está por el niño. Para este niño, que espera y desespera por oír algo de su padre y por ser escuchado, ese rato es la solución al estrés que tiene cuando no atrapa ese bocado auditivo. Esas palabras del padre son la solución a su conflicto e inicia la reparación mediante la infección u otitis.

Trastornos de la piel

Se producen cuando se percibe una pérdida de contacto abrupta ante la vivencia conflictual de separación cuando aún no se ha podido construir la noción de unidad y permanencia a pesar de no estar físicamente en contacto con alguien.

Un bebé que ha estado protegido, mecido y en contacto estrecho con las paredes del útero durante aproximadamente 9 meses tiene cada centímetro de su piel estimulado y ese contacto se manifiesta aún más al pasar por el canal del parto, momento en el que está más apretado dentro de las paredes en su salida hacia la luz. Al llegar al exterior puede encontrar un vacío y, según la manera de criar al niño, este vacío puede ser mayor si se le deja solo en su cuna y no se responde a sus llamadas. En la familia aprendemos también lo que significa tocarse, acariciarse, respetarse a través del tacto, sentir el afecto en la piel, la tranquilidad y calma que proveen las caricias, pero es posible que en ese aprendizaje aparezcan otras sensaciones como la falta de contacto, el rechazo, la separación o el abuso, que llevan a la separación de sí mismo. Un libro que habla de forma extensa sobre el tema de la separación temprana y sus consecuencias es *El concepto de continuum* de Jean Liedoff (2003).

A veces, a fuerza de sentir la separación, el niño o la niña acaba por usar la estrategia de rechazo del contacto físico. El objetivo es no volver a sentir la separación, lo que puede conllevar la pérdida del placer del contacto. De adulto puede ampliarse al contacto íntimo con rechazo sexual.

Según Enrique Blay Llauradó (2012)

> Mucho antes de que un niño pueda comprender las palabras, comprende el tacto. Su percepción emocional convierte todas sus experiencias en sentimientos y emociones. ¿En qué transformará el bebé la experiencia de ser acariciado, besado, abrazado? Es evidente: en sentirse amado.

El eccema o la dermatitis es frecuente en niños y puede tener varias causas: sentirse inseguro ante la falta de contacto, pérdida o ausencia de contacto o necesidad de dejar de sentir un contacto. Este último es el conflicto del bebé que siente rechazo a los besos de alguien de quien no los desea, a los pañales, a la ropa y tiene la necesidad de sentir el placer de la libertad sin ropa. Por otro lado, la costra del bebé en la cabeza puede aparecer por sentirse separado del contacto con la madre o con las paredes de su útero, que decíamos que le acarician durante 9 meses.

Un bebé de 6 meses que usa pañales desarrolla una dermatitis atópica con áreas de sangrado en toda la zona genital y glútea al cambiar la marca de pañales. La explicación desde afuera es que el pañal «tiene otra composición», pero vale la pena tener en cuenta que se han mudado de país para entender esta dermatitis desde una perspectiva más global. La niña con 6 meses anhela y desea estar sin pañales, tal y como había ocurrido durante los últimos días en su país, donde era verano y jugaba en la piscina desnuda. En el nuevo lugar es invierno, ha de ir cubierta y ponerse pañales y este rechazo da como resultado un eccema o dermatitis atópica.

Observar de qué se quiere separar o de qué se ha separado el niño puede servir para comprender la vivencia y ayudarle. Acariciarle, ponerle crema en el cuerpo, masajearle, apretarle suavemente o achuchar al bebé piel con piel le ayudará a recuperar la seguridad epidérmica.

Dermis

Otro conflicto que puede aparecer en la piel, pero en este caso en la dermis, es la marca o cicatriz que queda en la zona donde se ha colocado una inyección o vacuna. El conflicto biológico de la dermis está asociado al atentado a la integridad real, simbólica o imaginaria, que ocurre cuando el niño siente el pinchazo y le da miedo ver cómo un elemento externo le invade el cuerpo. En esa zona, la cicatriz tardará más en curarse o se hará más gruesa la piel con el objetivo de generar un escudo protector.

Es importante hablar con el niño, explicarle el procedimiento de la aplicación, que lo pueda probar con muñecos, pero sobre todo que exprese los miedos que tiene y que describa las sensaciones que le aparecen cuando lo observa, por ejemplo, en un dibujo o en un muñeco. Tras la aplicación, acariciar la cicatriz hasta no tener sensaciones angustiantes producirá un buen efecto sobre la piel.

Enuresis

Es la micción involuntaria que suele ocurrir de noche cuando se está durmiendo profundamente. ¿Para qué sirve la orina en los animales? Además de ser una necesidad fisiológica en el ámbito de los animales, tiene la función de marcar o delimitar el territorio, de dejar una huella para que se sepa dónde se encuentra un animal.

En los humanos, específicamente en los niños que sufren por no tener claro los límites de su territorio o porque se sienten que no se pueden organizar como quieren dentro de su territorio, puede aparecer la enuresis.

El niño juega en su territorio, reconoce lo que hay en su espacio, ha aprendido el sentido de propiedad y se organiza con ello en su lugar hasta que de repente entran en su espacio, le cogen sus juguetes, los dejan en cualquier sitio o incluso se los rompen. Valgan estos como ejemplos de un drama infantil con relación a su territorio: la presencia de un hermano, el no disponer de un lugar propio (territorio), el que tenga que dejar su cama a otros que vienen de visita, entre tantos otros casos, pueden estar en el origen del estrés de un síntoma de incontinencia o de enuresis. El niño durante el día podría perder gotitas de orina (incontinencia) y no darse cuenta. De noche, en vagotonía, soluciona el conflicto y aparece la enuresis.

Enfermedades infecciosas

Según la Descodificación Biológica la infección aparece para ayudar a restaurar los tejidos que han estado sometidos a un alto estrés de un carácter específico.

Por ejemplo, en determinadas enfermedades en las que aparecen manifestaciones en la piel, el conflicto es la separación (vivencia muy frecuente en los niños al separarse de sus padres, su familia, su casa, sus juguetes, etc.) y es en la segunda fase o vagotonía cuando el cuadro infeccioso se va a manifestar sobre la piel o mucosas, como en el interior de la boca con vesículas con agua, rojeces, granos, pápulas que pican. Todas las manifestaciones en la epidermis y en las mucosas (nasal o bucal, por ejemplo) están en relación con conflictos en los que el niño o la niña han sentido separación y aparecen en fase de resolución. Veremos a continuación algunos casos de enfermedades infecciosas que nos permitirán comprender este aspecto.

La varicela es una enfermedad infecciosa causada por un virus (varicela zóster) que se manifiesta con pequeñas manchas rojas en la piel, fiebre alta y que afecta a la mucosa nasal u oral. El conflicto es de separación más un conflicto de «esto apesta».

Un niño de 7 años va con su madre a pasar un fin de semana largo a casa de sus abuelos maternos en el pueblo. Ahí se encuentra con sus primos, disfruta del cariño de los suyos y de todos los cuidados que le proveen, además de sentir una libertad única comparada con la vigilancia que tienen en la ciudad. La despedida fue dolorosa para todos, incluida su madre, quien lloraba al despedirse de sus padres. A su regreso no pudo ir a la escuela debido a un cuadro de varicela.

La varicela está causada por un virus y se manifiesta mediante la erupción de pequeñas vesículas en la piel que provocan picor, fiebre alta, dolor de cabeza y en algunos casos afecta al sistema digestivo. Si se diera esta última situación, deberíamos mirar si hubo alguna vivencia con la siguiente tonalidad: «Me siento separado de mamá, ha cambiado, ya no la reconozco y no lo acepto».

Una niña llamada Marcia y su prima, ambas de 5 años, son cuidadas por su abuela. Un día la prima tiene varicela y la dejan en una habitación cerrada prohibiéndole a Marcia entrar a jugar. Ella de tanto en tanto la mira desde la puerta. Al tercer día consigue saltar todas las vigilancias, entra en la habitación y, como le daba mucha pena, se tumba con su prima para cuidarla. A los dos días Marcia tiene una erupción de varicela. ¿Cuál fue la separación? La tensión de estar tres días sin poder jugar con su prima, situación que finalmente se soluciona.

La rubeola o sarampión alemán está causada por un virus que se manifiesta con una erupción en la piel. También responde a un conflicto de separación, igual que otras enfermedades que tienen una manifestación en la piel, solo que cada una tendrá una especificidad.

La escarlatina está causada por una bacteria, estreptococo que se manifiesta con pequeñas manchas rojas en la piel, fiebre alta y dolor de garganta. El conflicto es de separación más un conflicto de «atrapar el bocado».

¡Caso alarma en el colegio! La mitad de los niños de 10 años de un curso de primaria regresan de vacaciones de Navidad y a los dos días hay un brote de escarlatina. Para los adultos es algo totalmente contagioso. Lo que les ha ocurrido a estos niños es que se lo pasan muy bien en el cole y se aburren en las fechas en que no ven a sus amigos. Al reencontrarse aparece la solución para los que lo han vivido como un conflicto y surge un brote de una enfermedad «infecciosa».

La tos ferina está causada por una bacteria que produce síntomas similares a un resfriado con tos y que aumenta gradualmente. La enfermedad se presenta en la fase de crisis épica de un conflicto de miedo en el ambiente, peligro, invasión de territorio con necesidad de alejar a alguien. Es el instante en que se vuelve a estar en estrés con el fin de evacuar el edema residual.

> Un niño llamado Martín, durante un fin de semana, va a casa de sus tíos y tiene muchas ganas de pasarlo bien con su primo, que es tres años mayor. Este tiene celos y cada vez que puede le molesta, sobre todo cuando nadie le ve. Cuando Martín regresa a su casa y se encuentra con la tranquilidad y seguridad de sus padres, aparece el cuadro respiratorio. «No te hace bien estar lejos» le dicen sus padres y a él le tranquiliza que nunca más tendrá que exponerse a la autoridad de su primo mayor.

Las enfermedades infecciosas responden también a la siguiente pregunta: **¿Quién eres?** Está comprobado que el niño, después de haber pasado un cuadro de este tipo y de tener fiebre, se encuentra más maduro sabiendo mejor quién es y dónde se encuentra. La enfermedad le ayuda a atravesar una etapa y a ver el mundo con nuevos ojos.

Ataque de pánico

Un ataque de pánico es un trastorno temporal que surge de repente en el que durante unos segundos o pocos minutos el niño siente un miedo profundo y lo vive con oposición o resistencia. Es el sentir de «esto no lo quiero» con la tonalidad de base de un gran miedo que está presente y estar alejado de lo que sí se quiere.

La oposición en el niño puede dar lugar a que exprese que no le gusta nada, que no quiere nada, que luche con todo y contra todos (padres, hermanos, amigos, familiares, desconocidos, etc.) y son los llamados «niños malcriados» o «maleducados». En el momento en que sufren el ataque de pánico están sintiendo un profundo miedo y se resisten a vivir lo que les toca vivir en ese instante. Un ataque de pánico es distinto de una rabieta.

Un niño de 3 años vive en continua lucha con sus padres y con mayor frecuencia con su madre.

En la búsqueda del conflicto programante, encontró una vivencia durante el embarazo. Esta mujer tenía un cargo directivo y un día, estando en el sexto mes de embarazo, se presentó en una reunión de dirección el gerente, quien despreció el trabajo que ella había realizado, la ridiculizó y se rió diciendo «con la barriga que tienes cualquiera haría las cosas mal». Tras ello, la cambió de puesto de trabajo dejándola sin contenido ni actividad.

Ella consultó abogados para denunciarlo, pero la necesidad del trabajo superó su indignación y continuó trabajando, solo que la sensación de miedo y resistencia con la vivencia de «no vuelvo a pasar por esto» estuvo presente hasta el alumbramiento. En el final del embarazo el bebé estuvo muy inquieto y la lactancia fue muy difícil para ambos porque no había manera de calmar al niño. Como parte de la terapia, además de descodificar, la madre le contó al niño lo que había ocurrido e hizo una terapia mediante el *abrazo de contención* de Jirina Prekop.

Según Prekop (1991) la terapia de contención...

consiste en establecer un intenso contacto físico (abrazo) de la madre o el padre con el niño, bajo las instrucciones del terapeuta. En el proceso en el que el adulto sujeta a su hijo se lleva a cabo una apertura de sentimientos lo bastante fuerte como para romper los conflictos de relación en los que ambos se encuentran. Dicha terapia rompe las conductas ambivalentes de amor y odio entre ambos, proporciona a los padres un control más efectivo de sus emociones y permite al niño entrar en un proceso de liga afectiva (re-bonding).

La Federación Española de Asociaciones de Ayuda al TDAH define al TDAH como un *trastorno biológico crónico de origen neurológico, provocado por un desequilibrio existente entre dos neurotransmisores cerebrales: la noradrenalina y la dopamina, que afectan directamente a las áreas del cerebro responsables del autocontrol y de la inhibición del comportamiento inadecuado. El TDAH provoca en el niño las siguientes alteraciones en su conducta:*
- *Hiperactividad: Presenta un nivel superior de actividad dada su edad.*
- *Impulsividad: Tiene dificultad para controlar sus conductas, emociones y pensamientos.*
- *Inatención: Tiene una gran dificultad o incapacidad para prestar atención y concentrarse.*

Estos síntomas no siempre están presentes conjuntamente —existen distintos subtipos de TDAH— y se manifiestan en al menos dos ambientes de la vida del niño (casa, colegio, etc.). Los niños son más propensos a sufrir TDAH que las niñas en una proporción de cuatro a uno.

Según la Descodificación Biológica, los síntomas en un niño diagnosticado por la medicina oficial de TDAH son la respuesta en fase de resolución a un doble conflicto de separación a partir de cambios inesperados, como por ejemplo la separación de los padres, de los abuelos, de la casa donde vivían, del colegio, de una mascota querida, de un/os amigo/os, etc. El comportamiento refleja las reacciones de protección o supervivencia que puede realizar ante lo que percibe como un peligro.

Tal como describía en un capítulo anterior, el Dr. Hamer localizó unos focos observables en un corte de un TAC sin contraste, que en el caso de una persona diagnosticada de TDAH se pueden observar los correspondientes en la corteza motora, la sensitiva y la postsensitiva (parietal).

Según el tipo de reacción del niño se observarán otros conflictos que se suman a los anteriormente mencionados. Por ejemplo, cuando hay **impulsividad y agresividad** es porque el niño ha vivido un conflicto de identidad y otro de resentimiento y cólera en su territorio. Es el caso de un niño que vive la separación de sus padres, tiene que estar dos días con cada uno y no sabe dónde está su lugar, dónde asentarse cómodamente y eso le frustra.

Cuando predomina la **hiperactividad** el niño ha vivido un conflicto de sentirse bloqueado, atrapado, inmóvil o incapaz de reaccionar, por ejemplo, cuando hay luchas por poder en la familia, o hay maltrato y el niño permanece encerrado en una habitación oyendo lo que ocurre sin poder hacer nada (incapaz, no valgo, no puedo, impotencia). También puede darse que haya una autoridad estricta que le impida realizar cualquier movimiento. Cuando se libera de la presión, el niño resuelve mediante el movimiento, algo que los adultos consideran excesivo, pero que es necesario para que descargue todas las tensiones acumuladas. El movimiento es una compensación.

En el caso de que predomine el **déficit de atención**, el conflicto que ha vivido el niño podemos decir que es de separación y se le asocia algo llamativo que es una situación de despiste o ausencia, por lo que al observar al niño más distraído se dirá que tiene falta de atención.

Estos niños son muy inteligentes, muchas veces están por encima de la media, son muy sensibles, perceptivos, instintivos e intuitivos, afectivos y captan todo lo que ocurre en el ambiente.

Un caso que refleja esto es el de un niño de 5 años, cuyos profesores se quejan a sus padres por su falta de atención e impulsividad. Recibe el diagnóstico de TDAH por parte de un psicopedagogo, quien a su vez observa un índice de inteligencia elevado. Antes de los 5 años su madre tuvo un trabajo que le restó mucho tiempo para estar con él y que además le exigía continuos viajes al extranjero y reuniones hasta altas horas de la madrugada, por lo que le veía muy poco. Este niño estaba al cuidado de una joven que, para poder hablar con sus amigas, le mantenía en su habitación «jugando a maquinitas» desde que le recogía en el colegio hasta que le daba la cena y lo ponía en la cama. Por un lado, se sentía separado de su madre y por otro lado sentía que no podía moverse de una habitación minúscula y que era castigado si salía de ella sin permiso.

Robert Whitaker (2015) narra en el libro *Anatomía de una epidemia* cómo se ha construido un sobrediagnóstico en el ámbito de la psiquiatría con el objetivo de medicar, tal como ocurre en el caso del TDAH.

Para salir del círculo vicioso del TDAH es necesario descodificar los posibles conflictos que están en su base: separación inesperada, movimiento restringido y/o separación brutal o contacto impuesto. El niño tiene unas necesidades totalmente descubiertas, porque su vida se aleja de lo que él cree que estaría bien.

Existen medidas alternativas a la medicación como revisar la manera de vivir de los adultos en el marco de la familia. También se puede facilitar la expresión de lo que siente el niño, el contacto físico, el masaje como juego, el juego familiar y contar sobre todo con la presencia de adultos responsables que vivan el aquí y ahora.

Terapia con los niños

El trabajo con un niño comienza desde el momento en que nos encontramos con sus padres, porque cuando los padres comprenden el funcionamiento de la enfermedad, viven de forma más tranquila los síntomas de los/as niños/as y pueden aplicar medidas naturales para aliviar los cuadros agudos de infección y/o inflamación de cualquier tipo.

En el caso de enfermedades físicas, son etapas que ayudan a los tejidos a regenerarse y renovarse, y para el/la niño/a una infección se convierte en una ayuda en su maduración. De hecho, muchos padres comentan que después de una enfermedad el/la niño/a realiza un cambio: ya puede absorber el exterior de otra manera, responde de forma más meditada.

¿Qué hacemos con los niños?

Jugar, pintar, cantar, contar cuentos y todo lo que se os ocurra para que puedan expresar lo que ha quedado guardado y que es lo que el síntoma manifiesta. Para que un niño nazca y se desarrolle de manera sana es necesario que aprenda a expresarse y tenga a su lado adultos que de niños se sanaron. No nace sabiéndolo, sino que poco a poco, a lo largo de su crecimiento, puede ir aprendiéndolo.

El ser humano camina hacia la **individuación**, que significa llegar a ser un individuo. Por individualidad entendemos nuestra peculiaridad más interna, última e incomparable: llegar a ser uno mismo, es decir, ir hacia la autorrealización. Jung decía: «La individuación es ser uno mismo para poder verte de igual a igual». Es la base de la crisis de identidad que tiene su apogeo en la crisis de la adolescencia. Durante esta etapa, e incluso antes, los jóvenes se quejan de los padres y es aplicable aquello de que ningún niño tiene los padres que «sueña» tener y solo el que no tiene padres tiene unos «padres de sueño».

Como dice Winnicott nos podemos sentir en la buena senda siendo lo que llama una madre «lo suficientemente buena» que es capaz de estar en contacto con el niño, de acoger sus necesidades, de darle su gratificación y también de acoger las frustraciones que se irán produciendo. ¡Una de cal y otra de arena!

Los adultos, aunque no sean «padres de sueño», se pueden conformar con ser lo mejor posible como seres humanos al tiempo que saben que tienen los mejores hijos para aprender a serlo.

CUENTO

Para antes de que tus hijos crezcan...

Hay un período en el que los padres quedamos huérfanos de nuestros hijos; es que ellos crecen independientemente de nosotros, como árboles murmurantes y pájaros imprudentes.

Crecen sin pedir permiso a la vida, con una estridencia alegre y a veces, con alardeada arrogancia. Pero NO crecen todos los días; crecen de repente.

Un día, se sientan cerca de ti y con increíble naturalidad, te dicen cualquier cosa que te indica que esa criatura, hasta ayer en pañales y con pasitos temblorosos e inseguros... creció.

¿Cuándo creció que no lo percibiste?

¿Dónde quedaron las fiestas infantiles, los juegos en la arena, los cumpleaños con payasos?

Crecieron en un ritual de obediencia orgánica y desobediencia civil.

Ahora estas ahí, en la puerta de la disco, esperando ansioso, no solo que no crezca, sino que aparezca...

Allí están muchos padres al volante, esperando que salgan zumbando sobre patines, con sus pelos largos y sueltos.

Y allí están nuestros hijos, entre hamburguesas y gaseosas; en las esquinas, con el uniforme de su generación y sus incómodas mochilas en la espalda. Y aquí estamos nosotros, con el pelo cano...

Y son nuestros hijos; los que amamos a pesar de los golpes de los vientos, de las escasas cosechas de paz, de las malas noticias y las dictaduras de las horas.

Ellos crecieron observando y aprendiendo con nuestros errores y nuestros aciertos; principalmente con los errores que esperamos no repitan...

Hay un período en que los padres vamos quedando huérfanos de hijos...; ya no los buscamos en las puertas de las discotecas y los cines.

Pasó el tiempo del piano, el fútbol, el ballet, la natación... Salieron del asiento de atrás y pasaron al volante de sus propias vidas.

Algunos deberíamos haber ido más junto a su cama, a la noche, para oír su alma respirando conversaciones y confidencias entre las sábanas de la infancia; y cuando fueron adolescentes, a los cubrecamas de aquellas piezas cubiertas de calcomanías, posters, agendas coloridas y discos ensordecedores.

Pero crecieron sin que agotáramos con ellos todo nuestro afecto. Al principio nos acompañaban al campo, a la playa, a piscinas y reuniones de conocidos; Navidad y Pascuas compartidas. Y había peleas en el auto por la ventana, los pedidos de chicles y la música de moda.

Después llegó el tiempo en que viajar con los padres se transformó en esfuerzo y sufrimiento: no podían dejar a sus amigos y a sus primeros amores.

Y quedamos los padres exiliados de los hijos.

Teníamos la soledad que siempre habíamos deseado...

Y nos llegó el momento en que solo miramos de lejos, algunos, en silencio, y esperamos que elijan bien en la búsqueda de la felicidad y conquisten el mundo del modo menos complejo posible.

El secreto es esperar...

En cualquier momento nos darán nietos.

El nieto es la hora del cariño ocioso y la picardía no ejercida en los propios hijos; por eso, los abuelos son tan desmesurados y distribuyen tan incontrolable cariño. Los nietos son la última oportunidad de reeditar nuestro afecto.

Por eso es necesario hacer algunas cosas adicionales, antes de que nuestros hijos crezcan.

Así es: las personas solo aprendemos a ser hijos, después de ser padres y solo aprendemos a ser padres, después de ser abuelos...

En fin, pareciera que solo aprendemos a vivir, después de que la vida se nos pasó...

Anónimo.

Para saber más

Películas:
- Pool, Léa (director). (2004). *La mariposa azul. En busca del sueño.* (título original: *The Blue Butterfly*).
  [Película]. Canadá: Alliance Atlantis Films / Odeon
- Linklater, Richard (director). (2014). *Momentos de una vida* (título original: *Boyhood*).
  [Película]. Estados Unidos: IFC Films.

Libros:
- Corkille Briggs, Dorothy. (2010). *El niño feliz.* Editorial Gedisa.
- Dolto, Françoise. (2010). *La dificultad de vivir.* Editorial Gedisa.
- Whitaker, Robert. (2015). *Anatomía de una epidemia.* Capitán Swing.

En la ley del todo o nada

«El todo está en la parte y la parte está en el todo».
HERMES TRISMEGISTO

Llegados aquí y compartiendo el nuevo paradigma sobre la salud, me atrevo a decir que el 100 % de nuestra existencia y de los que nos precedieron sigue una lógica bio-lógica aplastante. Perdonad mi entusiasmo, pero desde que conocí esta forma de interactuar con el cuerpo como informador de lo que ocurre en el alma, mi vida cambió y ahora ya no puedo mirar la Descodificación Biológica en porcentajes menores de aplicabilidad. Cuando alguien comenta: «¿Pero esta patología más grave también es debida a un conflicto biológico o sufrimiento interno con carga emocional?», solo puedo dar una respuesta: SÍ. Al 100 %. No creo que lo podamos aplicar en un 90, un 80 o un 30 %, dejando ciertas situaciones de lado.

Siendo más explícita, concluyo que tanto se trate de una enfermedad física (cáncer, enfermedad degenerativa neurológica, enfermedades agudas o crónicas, insuficiencias, etc.) como psíquica (trastornos de comportamientos), como de factores de inestabilidad existencial (valores o ideales de vida que no se cumplen según los deseos), incluso un accidente o cualquier otra circunstancia dolorosa, siempre hay detrás una lógica demostrable, aun a pesar de que atravesar un proceso de dificultades nos resulte doloroso y la primera intención sea la de alejarnos. Recordad: lo que se niega, se intenta alejar o no vivir, en síntesis, lo que se resiste persiste; lo que se acepta y se vive se transforma.

Como afirma Gregory Bateson (2011), en la vida encontramos patrones o pautas que se repiten, algo que vemos cuando aplicamos la lógica de encontrar la historia detrás de la historia. En historias de vida donde ha habido carencia, hay algunas compensaciones posibles: hacer más o hacer menos, tal y como ocurre a nivel celular en los distintos órganos cuando crecen más células o se ulceran o necrosan las capas celulares.

Lógica bio-lógica

Hemos visto el funcionamiento de la enfermedad que aparece ante un conflicto biológico y ahora podemos ver qué lógica sigue cada proceso. Con el ejemplo de María hemos visto que el evento en relación con el dinero con el que contaba habla del código biológico de ignominia, algo propio de lo que no puede disponer porque se lo han quitado o se han apropiado de ello de mala manera, que coincide exactamente con su vivencia. La respuesta solo puede pasar por un tipo de células que están en el páncreas y que son las que secretan las enzimas digestivas pancreáticas para digerir mejor las grasas. Por eso es lógico buscar vivencias en las que la situación se viva como indigesta con la tonalidad anteriormente mencionada.

Vimos también que quiere independizarse a la misma edad que su madre, por lo que repite un patrón con relación a conseguir la autonomía pasando por un dolor. Esto no se da por casualidad, sino que se trata de un dolor no aceptado. Fue su madre la que sufrió más la exclusión familiar. A su padre la familia de origen le apoyaba. Lo que se acepta se transforma. Lo que es inaceptable volverá a presentarse en la vida de cualquier forma para poder ser vivido, de modo que la existencia nos dará una nueva oportunidad para sanar.

Por otro lado, podemos imaginar que las circunstancias que rodean su concepción tienen un punto de dolor y que las demandas parentales podrían ser, entre otras, «une a la familia», «une a la pareja», «acaba lo que hemos empezado» o tantas otras peticiones hechas por los padres. Para poder desarrollar su propia misión de vida, María deberá devolver antes a sus padres las peticiones y anhelos que tenían sobre ella. Tomar conciencia es empezar a liberarse.

Buscando paralelismos, indago en la biografía de personas conocidas con los datos que se pueden encontrar sobre ellos.

Steve Jobs o Steven Paul Jobs nació en California y fue hijo biológico de dos estudiantes universitarios que lo dieron en adopción después de que sus respectivas familias les impidieran tenerlo. Puede ser un programante de varios conflictos, entre ellos la ignominia (infamia, vergüenza, deshonor, humillación, injusticia...).

Sus padres adoptivos le criaron junto a una hermana y, cuando él era pequeño, se trasladaron a vivir cerca de Palo Alto, donde comenzaba el auge de la informática y la electrónica. Con 12 años vio por primera vez un ordenador, quedó impresionado y poco después ya participaba en las clases de Hewlett-Packard. Si nos hacemos la pregunta de «¿qué necesidad puede encontrarse detrás de construir un equipo que necesita conexiones para funcionar?», podríamos responder que la lógica se ubica en unir partes que han estado desconectadas, quizás como le ha pasado a Jobs en relación con su familia de origen. ¿Y para qué sirve un ordenador? Para desarrollar y almacenar cantidades de información. Formulando hipótesis libres, quizás sea importante no olvidar datos y almacenarlos a buen recaudo.

Tal es su pasión que pasó horas diseñando junto a un amigo de la escuela secundaria llamado Woz los futuros ordenadores que se venderían dentro de la empresa que fundó y dirigió, Apple Computer Company, en 1976. A Jobs le interesaba vender y a Woz crear. Juntos eran un buen tándem que duró poco.

Sus biógrafos dicen que era una persona muy poco tolerante y empático con los demás y muy exigente en el trabajo, completamente dedicada a él, apasionada por crear nuevos productos sin importarle el coste emocional que tenía sobre su equipo de trabajo. Se le describe como insensible emocional ante las condiciones laborales de los trabajadores de sus empresas. Era una persona creativa y sin límites. Fue despedido del Consejo de Dirección de su compañía en 1985 y fundó otras empresas. Quizás el sentir de ese momento en el que tiene que dejar la empresa que ha fundado fue algo muy feo, indigesto, donde siente que le han sacado algo creado por él de muy malas maneras. Con el programa de ignominia actuando de fragilizante en su vida, esta vez el hecho de haber sido dejado de lado actuará como un desencadenante. Regresó a Apple y en 1997 le volvieron a nombrar director, función a la que renunció hacia el final de su vida, en el año 2011.

Las repeticiones han estado presentes en su vida. Por ejemplo, tuvo una hija a la que no acompañó en su infancia, producto de una relación de la juventud. El no reconocimiento inicial en su vida fue una constante que él devolvería a la sociedad de forma muy dura y que aplicaría de manera rígida sobre los demás.

En el año 2003 fue diagnosticado de un tumor neuroendocrino en el páncreas. Practicaba budismo y seguía una dieta vegetariana, por lo que no se le aplicarían los factores de riesgo, tal y como hemos visto que tampoco tenían resonancia en la vida de María. Es un tipo de tumor de crecimiento muy lento que pudo comenzar mucho tiempo antes de ser diagnosticado. Es posible que la insensibilidad emocional le impidiera expresar lo que sentía desde su vivencia más profunda, ya que, según las personas que le conocían de cerca, su manera de reaccionar era de tipo reptiliano, desde la pelea, el grito, los insultos desmesurados, el desprestigio y la insensibilidad. Os recuerdo que este es un análisis hecho a partir de los datos existentes sobre su vida y con una visión totalmente personal.

Otro caso es el de Luciano Pavarotti. Nació en Italia en el seno de una familia humilde con la que atravesó con penurias gran parte de su infancia. Durante la II Guerra Mundial, él y su familia tuvieron que estar todos en una habitación en el campo. Su padre era un apasionado de la música y le estimuló a cantar y prepararse en el mundo de los acordes.

Sus biógrafos comentan que los intereses que tuvo en su vida fueron las mujeres, la comida, el dinero y la música. Precisamente, todos estos elementos fueron los que escasearon durante su infancia y fueron también los que el tenor consiguió en grandes cantidades ya de adulto. Tuvo un primer matrimonio que dio como fruto a tres hijas mujeres. Se separó tras ser descubierto en una infidelidad, una separación que, según el propio Pavarotti, se llevó a cabo en unas condiciones duras y que le obligó a dar a su exmujer unos 100 millones de euros. Se casó a finales de 2003 con su asistente después de 14 años de pareja estable. Tuvieron mellizos, pero el varón falleció a los pocos días de nacer en enero del mismo año.

En el 2004 decidió realizar una gira final de carrera, de la que no pudo cumplir todos los conciertos por problemas de salud. Entre otros, tuvo una lesión vertebral interdiscal de la que se operó en enero de 2006. Las lesiones musculoesqueléticas tienen la connotación de no llegar al rendimiento con la necesidad de armonizar dos valores o dos historias en la vida que no pueden compatibilizarse y por las que se siente desvalorizado.

Poco tiempo después le diagnosticaron y operaron un tumor de páncreas. Desde la Descodificación Biológica lo entendemos como *ignominia* o le quitan algo propio de mala manera. En relación con este caso, hay varias hipótesis. Un tiempo antes de la aparición del cáncer, tuvo problemas con la Hacienda italiana y estuvo en juicio acusado por evasión fiscal. En comentarios realizados a amigos y en entrevistas para revistas, el tenor decía de su segunda mujer que a ella solo le interesaba su dinero. Este fue el caldo de cultivo de un tumor como el que le acompañó hasta su muerte en el año 2007 a la edad de 71 años. Pocos días después de la operación oncológica tuvo un proceso de neumonía, lo que nos indica un proceso **en reparación o vagotonía de un conflicto biológico de miedo a morir,** probablemente como consecuencia de descubrir la enfermedad.

La lógica en la construcción familiar

Vemos esta lógica con algunos ejemplos de los múltiples que se pueden encontrar. En el caso anterior mencionábamos cómo sufrir por «tener poco de X» puede llevar a buscar «tener mucho» y cómo con constancia se consigue. Si se ha vivido la poca disponibilidad de la familia porque todos los miembros trabajan para poder subsistir, los descendientes tendrán la oportunidad de hacer mucho estando poco disponibles, hacer mucho estando disponibles, hacer poco para estar disponibles o no hacer para ser fieles al sistema familiar de origen. De nuevo, veremos más claro este concepto con ejemplos:

Una mujer ha sufrido en su infancia por las alianzas inconscientes de su madre con sus hermanas mujeres. Cuando sea madre le dará la orden a su inconsciente de compensar su sufrimiento. La lógica nos dice que, si ha sufrido a través de mujeres, en su propia familia solo tendrá varones en su descendencia. Lo mismo que si ha sufrido con los hombres de la familia, solicitará la venida al mundo de mujeres. De igual manera ocurre a un hombre que solo tiene hijos varones o hijas mujeres.

Aquellas mujeres o aquellos hombres que han tenido que cuidar a varios hermanos pequeños (por lo general, son las hijas mujeres las encargadas de esta misión) se encuentran con dificultades para procrear como si su inconsciente les dijera que esa función ya fue desarrollada.

Otro caso no poco común es una familia en la que han muerto bebés al nacer, niños pequeños o madres en el parto o posparto, lo que hará que actúe como un aviso de peligro si una mujer de la descendencia quiere tener un hijo. Hasta que no haga los duelos necesarios que lleven a la aceptación de la historia familiar, se le imposibilitará el camino. El inconsciente biológico es tan sabio que efectúa una elección precisa. Por ejemplo, si en una generación se ha muerto un bebé en un accidente y este es el cuarto en el rango de hermandad, la futura descendencia de esa familia podrá llegar a tener hasta 3 hijos, porque la alarma saltará si se llega al cuarto hijo del que hay una memoria de muerte.

En una familia ha muerto un niño, pongamos por caso el número 2 de la filiación. Si el hijo o la hija llega a tener dos o más hijos, existirá algún motivo externo (trabajo, falta de dinero, falta de espacio, etc.) que hará que «entregue» ese hijo a sus padres para que pueda ser criado por aquellos que tanto sufrieron la pérdida y para la que el niño es un regalo-solución.

Unos padres se han separado y el hijo ha visto el sufrimiento de alguno de ellos, con el que inconscientemente se va a aliar. Pongamos por caso que es el padre, que al separarse con 55 años sufre el dejar a sus hijos y que, aunque sean mayores, él los quiere y le gustaría continuar compartiendo cosas con ellos. Le apena dejar el hogar y la forma de vida que lleva hasta el momento. Sufre lo que se llama un conflicto biológico de pérdida de territorio con la tonalidad de frustración afectiva y sexual, y al cabo de un tiempo de marchar, cuando ya comienza a hacer su vida, le aparecen unas manifestaciones cardiacas que no van a más. Uno de los tres hijos, el mayor, que está más identificado con el padre y con el supuesto sufrimiento, cuando llega a los 55 años, vive unos síntomas similares pero aumentados, y en crisis épica es ingresado por un infarto de miocardio. Su conflicto de pérdida de territorio refleja lo vivido por su padre o lo que él cree que vivió su padre.

Muchas otras posibilidades pueden nutrir el catálogo de compensaciones y repeticiones y las dinámicas familiares que las manifiestan. Aquí se trata de ver la lógica que hay detrás de lo que creemos que es la vida y adónde nos lleva, como si no tuviéramos nada que ver con ella.

Elecciones

Vocación, propensión, afición, gusto, preferencia, una llamada, inclinación o tendencia. Le llamemos como le llamemos, todo aquello que realizamos tiene una lógica en nuestra vida. Trátese de una profesión, de aficiones, de actividades, de estudios o de cualquier otra elección, la pregunta que podemos hacernos es:

¿Qué necesidad hubo en mi biografía o en la vida de mis ancestros que esta actividad viene a cubrir?

Tomemos por caso las actividades, gustos o profesiones relacionados con las letras, los idiomas, la palabra en sus distintos formatos. Aquí pueden surgir escritores, periodistas, locutores, comunicadores, profesores, lingüistas, traductores, editores, documentalistas, telemarketing, redactores, etc. Esta no es una lista exhaustiva y aun así podemos ver cómo cada elección se ha realizado desde un punto de estrés. Solo veremos la acepción en cuanto a la palabra en sí.

- Escritores: narrar lo que llevan dentro y ser leídos. ¿Por quién? ¿Para quién?
- Periodistas: contar lo que ocurre en otros ámbitos. No en el propio.
- Locutores: contar con la necesidad de ser escuchado. ¿Por quién? ¿Para quién?
- Comunicadores: hablar para cambiar algo o a alguien.
- Profesores: explicar lo que no se entendió.
- Lingüistas: la palabra correcta ha faltado.
- Traductores: entenderse con el otro en distintos idiomas. Memorias de inmigrantes.
- Editores: encontrar historias y publicar los hechos vividos en otro momento que no han sido narrados.
- Documentalistas: guardar la memoria, los recuerdos. Es necesario que no se olvide.
- Telemarketing: ayudar al otro a través de la comunicación o la aclaración.
- Redactores: explicarse bien.
- Palabras cruzadas: encontrar la lógica de la comunicación familiar. Entenderse.

Son ejemplos de un tipo de actividad con subtonalidades y cada una de ellas dará respuesta a otro instante. Os invito a mirar las elecciones de vida en relación a las vivencias biográficas o prebiográficas para encontrar el sentido biológico de la opción.

Transgeneracional

Hasta ahora nos hemos referido a experiencias vividas por nosotros mismos, pero también son importantes las experiencias heredadas. Cuando nacemos. nuestras células vienen con la información de las historias de la familia, lo que ellos han vivido y cómo lo han vivido, así como lo que han vivido sus ancestros. Son la genética y la epigenética juntas las que nos dan la respuesta. Con esta información y toda la que vayamos creando a lo largo de nuestra vida, nuestras células establecerán lo que podríamos llamar *programas*, que no son otra cosa que maneras de funcionar ante los acontecimientos con los que nos enfrentamos día a día. La manera de actuar ante ellos será lo que haga que aumente o no el nivel de estrés, la que puede provocar que enfermemos.

Un abuelo fue denunciado por un vecino y encerrado en la época de la guerra (una de las tantas para no ponerle nombre) y posteriormente asesinado cuando tenía 36 años, dejando hijos pequeños. Esto puede suponer un sufrimiento no aceptado por el árbol, que buscará salida a la tensión vivida a través de algún miembro. Un nieto de este señor, cuando llega a los 36 años, inicia un cuadro de esclerosis múltiple con parálisis de ambas piernas. La esclerosis múltiple aparece como consecuencia de un conflicto biológico de contrariedad en el movimiento, de no tener escapatoria, muchas veces física, como por ejemplo por haber estado encerrado, en prisión, privado de la libertad. Repetición que no significa sanación. Si la persona consigue ver y desactivar su conflicto y la memoria programante, el síntoma hará su curso en reparación y sanará.

Mencionaba al principio **incluso los accidentes**, y es que cada acto que vivimos tiene relación con todo nuestro ser, con la energía del momento, con las necesidades descubiertas del instante y es posible que el accidente sirva para movernos de la rigidez, para mostrarnos cuán lejos de nuestra coherencia nos encontramos o para proponernos un cambio.

Una persona diestra tiene una propuesta de trabajo en un destino que le lleva a alejarse de la ciudad en la que tantos años ha vivido. Acepta y se conforma diciendo que en el nuevo destino ganará más dinero, tendrá un mejor cargo o conocerá gente nueva y eso le apasiona. A pesar de toda la positividad que pone en el hecho del cambio, unos días antes de la mudanza se tropieza con una insignificante alfombra que tiene en su casa, por la que ha pasado y pisado miles de veces en 25 años y se hace un esguince en grado II en el pie derecho. ¿Por qué en este momento? ¿Por qué ese síntoma? El esguince en el pie derecho descarga el estrés de un movimiento en el que se siente la obligación de hacer o dirigirse hacia algún lado. Entendiendo el mensaje que le envía su cuerpo puede recuperarse y hacer planes de forma más tranquila según lo que él necesita. La recuperación le dará además un margen de tiempo para poder hacerlo.

¿Cuál es la confusión?
- Creer que la enfermedad es algo terrible que combatir en lugar de entender cuáles son los procesos de choque o conflictos biológicos y sus formas de resolución.
- Tomar la vida como un campo de minas por el que se pasa bien hasta que un día una de ellas se activa y te fastidia.
- Seguir creyendo en paradigmas obsoletos. Alguien dijo que la Tierra era plana y que si se navegaba hasta el borde de ella se podía caer al abismo y no salir nunca más. Y eso se creyó durante siglos. Hasta que se pudo demostrar lo contrario. Alguien dijo que haciendo sangrías se mejoraría el estado de los fluidos internos y con ello mejora la salud y el carácter y así se siguió aplicando hasta el siglo XIX.

Pero es desde mediados del siglo pasado cuando surgen innumerables ideas y contraideas sobre las causas de las enfermedades. Si para unos las carnes, las grasas, el vacunarse, fumar, el café o determinados hábitos son malos, para otros serán buenos. Unos demuestran una cosa y otros se dedican a ver lo contrario. Existen estudios de todo tipo para encontrar el foco que atacar y así medicar o aplicar la técnica que se considere más adecuada.

Alguien dice que el colesterol es malo y que se ha de combatir con una medicación de por vida porque es algo crónico con un alto riesgo de patología cardíaca. Luego aparecen los defensores del colesterol bueno, pero el malo hay que continuar destruyéndolo. Preguntémonos por la función biológica del colesterol. ¿Para qué sirve? Es un lípido fundamental en la construcción de la membrana de las células, por lo tanto, en la estructura celular. Además, participa en otros procesos como la síntesis de vitamina D, de hormonas sexuales o de las sales biliares. Aumenta naturalmente cuando hay heridas o se reconstruyen los tejidos. Por ello, si la tasa es elevada es porque se está en fase de reparación. En lugar de destruirlo y hacerlo bajar, hay que darle su lugar para que pueda finalizar los procesos de curación. Para tranquilizarnos no está demostrado que sea el colesterol el causante de los infartos y hay numerosa bibliografía al respecto. Nos podemos preguntar si comer pocas grasas es un factor para disminuir la posibilidad de lesiones cardiovasculares, si las personas que practican una dieta vegetariana tienen infartos, qué sucede con las que siguen una dieta mediterránea, o si ambas se aseguran que no tendrán infartos. Me cuesta creer que así pueda ser, ya que el infarto ocurre en la fase de crisis epileptoide, en plena vagotonía o reparación de un conflicto de pérdida de territorio.

Robert Whitaker (2015) estudió durante los últimos 50 años los casos de discapacidad mental y describió en el libro *Anatomía de una epidemia, medicamentos psiquiátricos y el asombroso aumento de las enfermedades mentales* el mismo fenómeno, pero aplicado a las patologías llamadas *psicológicas o mentales*. Hay un sobrediagnóstico, un aumento de medicación y una vez más se entra en el proceso de cronicidad. Se pregunta: «¿Podría nuestro paradigma farmacológico de atención, por alguna razón imprevista estar impulsando el aumento de las tasas de discapacidad?».

Todos queremos tener razón y que no nos la quiten, por lo que intentar demostrarlo mediante «métodos científicos» se transforma en la vía de avalar los resultados. Cuando alguien se cree con la razón le está diciendo al otro: ¡Tú no la tienes! El mundo es inmenso y todo tiene cabida y no al precio de despreciar las ideas del otro, sino de poder creer cada uno en las propias.

Cuántas ideas que hoy se comprueban obsoletas en otros momentos fueron una verdad para defender incluso con la muerte: siglos de creer en el enemigo exterior y tanta gente que lo toma como una verdad indiscutible. Pocos son los elegidos para intentar mostrar otras explicaciones y, si lo hacen, corren el riesgo de ser expulsados del sistema, privados de la libertad u obligados a retractarse de sus ideas. Esto es lo que le ocurrió al Dr. Hamer, pero a pesar de todo él continúa aportando una información y un trabajo valiosísimo para la comprensión de la salud de las personas.

«El que nada duda nada sabe». Proverbio griego.

Se ha generado una sociedad basada en el miedo que se protege de él o ataca el factor que cree que está en el origen de los problemas. Si tememos al sol, habrá que ponerse protección solar y cuanto mayor sea el número en el envase, más protegidos nos sentiremos. ¿Pero qué le decimos a la célula generadora de los melanocitos? Que el sol es un agresor que nos puede provocar cáncer de piel. Horror, terror, sentimos la agresión directa sobre la piel cuando Febo asoma y calienta destruyendo. El conflicto que afecta a la dermis, la parte en la que se encuentran los melanocitos, es el de ataque a la integridad o agresión directa a la piel. El resultado solo puede ser el que es.

Tememos a las comidas picantes, fuertes, saladas, fritos, muy calientes, muy frías, y para todo tenemos un antialgo. Si lo que se toma está muy caliente, nos dicen que puede provocar un cáncer de boca o de esófago, por lo que habrá que comer tibio. Si está muy salado, sube la presión, por lo que se puede usar un sustituto sin sodio; si es por el azúcar, debemos usar también sustitutos edulcorantes. Y así seguimos usando las creencias que provocan miedo en las personas para hacer que cedan el poder sobre su vida y su salud. La buena nueva es que podemos retomar ese poder.

Tomar en nuestras manos nuestro propio destino es hacernos responsables de todo lo que vivimos, incluso de las enfermedades que podemos pasar. Podemos cambiar nuestra energía al cambiar nuestros pensamientos e integrar las polaridades sin juicios ni luchas.

Recordad: no son las experiencias en sí las que nos enferman, sino la imagen que nos formamos de ellas. Es el contexto el que provee de significado. Si imaginamos un cambio de contexto, cambia el significado otorgado a la experiencia.

María, gracias, María

Hoy podemos ver a María hablando con sus amigas, compartiendo lo que le ocurre, abierta a la vida. Entendió el mensaje que le envió su cuerpo. Comprendió como todo lo vivido por su familia estaba impregnado en ella y vio repeticiones y compensaciones. Se dio cuenta de los esfuerzos que estaba haciendo cuando la vida podía ser vivida de manera mucho más fácil a como se había acostumbrado. Empezó un camino de evolución interior y la vida le correspondió de buena manera. Hoy es una mujer feliz que se siente responsable de sus vivencias, que sabe que su vida es un reflejo y que quiere que el mundo sea un lugar mejor para todos, incluso para los que están por llegar. Supo escuchar la petición de su alma.

El cuerpo nos habla

Hemos hablado de las oportunidades que nos dan las enfermedades para enfrentarnos a maneras de hacer que no son sanas para nosotros o no nos van bien y que, aun así, persistimos en mantener. Cuando las cambiamos, notamos que nuestro cuerpo sana y que nosotros mejoramos, porque está en nuestra mano poder cambiar aquello que nos hace mal. Y no solo eso, también depende de nosotros transformar la realidad que nos rodea. Así, como explicaba antes, si nosotros cambiamos la manera de ver el mundo, cambiamos la manera en que el mundo responde hacia nosotros.

Es increíble lo que podemos conseguir y la fuerza que tienen los pequeños cambios que hacemos. Es importante que seamos conscientes de esta capacidad que tenemos las personas para influir en el mundo que nos rodea. Con nuestro esfuerzo e iniciativa, podemos modificar el rumbo de la sociedad actual y dirigirnos hacía un mundo basado en los valores de paz y respeto. Es un camino que puede que sea largo, porque para llegar hasta allí todavía queda mucho por hacer; tienen que cambiar muchas situaciones y experiencias humanas para avanzar hacia una sociedad más respetuosa y que viva en paz. Sin embargo, hemos de comenzar en algún momento, y uno bueno es justamente cuando tenemos un síntoma y podemos responsabilizarnos de las vivencias que nos han llevado a él.

Todos, todos tenemos una responsabilidad personal e individual en este aspecto. Podemos revisar nuestra historia, modificar aquello que sabemos que no nos funciona bien y vivir más sanos, tanto en el ámbito personal como social. No tenemos tan solo una responsabilidad con nosotros mismos, sino que hay una responsabilidad colectiva que deberíamos comenzar a asumir. Juntos, si somos conscientes y trabajamos en ello, podemos emprender los cambios necesarios para progresar colectivamente.

Nuestra labor como seres humanos que vivimos en sociedad es ampliar la masa crítica para poder producir ese cambio de consciencia que permita dar un giro al mundo actual y trabajar basándonos en la empatía y la compasión; conseguir que cada vez seamos más, porque tendremos más fuerza y avanzaremos más rápido.

Ahora mismo tenemos vigentes unos sistemas que se protegen, que parecen intocables e inmutables, aunque en realidad no lo sean. Debemos ser conscientes de ello, y tenemos que colaborar para que vayan desactivándose, para dejar que nazcan sistemas nuevos y sanos. De nosotros depende esta transformación necesaria para seguir adelante en el camino.

Habrá quien piense que me refiero a una utopía. Lo respeto, pero no creo que lo sea, en absoluto. Los seres humanos como sistema han estado en evolución constante, no funcionábamos con los mismos valores hace 500, 1.000 o 2.000 años. Hemos ido avanzando, cambiando, adaptando nuestra sociedad a nuestros valores, a las nuevas maneras de pensar y de hacer. Somos una evolución constante que no debe detenerse hasta conseguir crear una nueva sociedad en la que respetemos a todos por igual. Es algo que no debemos olvidar: debemos amar al otro como a nosotros mismos. Y amarnos supone ser responsables de lo que vivimos para evitar dañarnos. Amarnos es saber que nuestras acciones pueden hacer mal al otro, pero que en ningún caso somos responsables de sus vivencias.

En mi opinión, venimos a este mundo para vivir experiencias que nos ayudan a evolucionar. Podemos oír los mensajes de la vida o podemos continuar caminado al lado de ellos quejándonos de nuestra existencia. Somos libres de escoger cómo queremos vivir y somos responsables de nuestra elección.

Y para despedirme, os dejo con una frase de la película *El ladrón de orquídeas*: «Tú eres lo que amas, no lo que te ama a ti. Yo decidí eso hace mucho tiempo».

Sé tú mismo, confía en las capacidades naturales, vive desde el amor. Crea lo que anhela tu corazón.
¡Que sea lo que tú deseas!

Bibliografía

Albom, M. (1999). *Martes con mi viejo profesor*. Barcelona: Círculo de Lectores.

Bateson, G. (1.ª edición 1979) (2011). *Espíritu y naturaleza*. Amorrortu Editores.

Blay, E. (2012). *El bebé emocional. La semilla del amor*. Barcelona: Editorial Círculo Rojo.

Bowlby, J. (1993). *El apego (El apego y la pérdida I)*. Paidós ibérica.

Chiozza, L. (2016). *Obras Completas. TOMO XIX. Cáncer. ¿Por qué a mí, por qué ahora?* CABA: Libros del Zorzal.

Chiozza, L. (2016). *¿Por qué enfermamos? La historia que se oculta en el cuerpo*. CABA: Paidós. Libros del Zorzal.

Cyrulnik, B. (2001). *Los alimentos afectivos*. Argentina: Nueva Visión.

Daillie, L. (2014). *La lógica del síntoma. Descodificación del Estrés Biológico y Transgeneracional*. Ediciones Berangel.

Damasio, A. (1994). *El error de Descartes: la razón de las emociones*. Santiago de Chile: Editorial Andrés Bello.

Damasio, A. (2005). *En busca de Spinoza. Neurobiología de la emoción y los sentimientos*. Barcelona: Editorial Crítica.

Dispenza, J. (2012). *Deja de ser tú. La mente crea tu realidad*. Ediciones Urano.

Groddeck, G. (1977). *The Meaning of Illness: Selected Psychoanalytic Writings*. International Universities Press.

Hamer, R. (1997) *Testamento de la Nueva Medicina Germánica I y II*. Amici di Dirk.

Hamer, R. (2011). *Germánica Nueva Medicina*. Amici di Dirk.

Holmes, T.; Rahe, R. (1967). *«The Social Readjustment Rating Scale»*. Journal of Psychosomatic Research, Volume 11, Issue 2, August 1967, Pages 213-218.

Laborit, H. (1985). *Éloge de la fuite.* París: Gallimard.

Laborit, H. (1989). *Dios no juega a los dados.* Editorial Laia, S.A.

Lamotte, PJT. (2002). *Écouter et comprendre la maladie. Essai sur un modèle psycho-cérébro-organique.* Pierre Téqui Editeur.

Ledoux, J. (1996). *El cerebro emocional.* Buenos Aires: Editorial Planeta Argentina.

Lerminiaux, J. (2009). *Image mentale et déclenchement d'un cáncer.* Editions Clin d'oeil. Belgica.

Levine, P., Frederick, A. (1999). *Curar el trauma.* Editorial Urano.

Levine, P. (2013). *En una voz no hablada.* Buenos Aires: Alma Lepik Editorial.

Liedloff, J. (2003). *El concepto del continuum: en busca del bienestar perdido.* Ob Stare.

Lipton, B. (2007). *La biología de la creencia: la liberación del poder de la conciencia, la materia y los milagros.* Palmyra.

Lorenz, K. (1986). *Fundamentos de la etología: estudio comparado de las conductas.* Paidos Ibérica.

Maclean, P. (1990). *The Triune Brain in Evolution: Role in Paleocerebral Functions.* Plenum Press.

Manes, F., Niro, M. (2014). *Usar el cerebro: conocer nuestra mente para vivir mejor.* Planeta.

Miller, A. (2009). *El drama del niño dotado.* Editorial Tusquets.

Moore, T. (2005). *Las noches oscuras del alma.* Ediciones Urano.

Moorjani, A. (2013). *Morir para ser yo.* Gaia ediciones.

Nicon, L. (2007). TIPI : *Technique d'identification sensorielle des peurs inconscientes.* Montpellier: Emotion.

Obissier, P. (2014). *Descodificación biológica y destino familiar.* Barcelona: Ediciones Obelisco.

O'Sullivan, S. (2016). *Todo está en tu cabeza. Historias reales de enfermedades imaginarias.* Barcelona: Editorial Ariel.

Pellizan, P. (2013). *Me he tratado con la nueva medicina del Dr. Hamer: un extraordinario acercamiento terapéutico.* Barcelona: Ediciones Obelisco.

Prekop, J.; Hellinger, B. (2009). *Si supieran cuánto los amo.* Editorial Herder.

Prekop, J. (1991). *Si me hubieras sujetado... Bases y práctica de la terapia de contención.* Editorial Herder.

Prekop, J. (2009). *El pequeño tirano: la línea media entre límites y permisividad.* Editorial Herder.

Renard, L. (2016). *El cáncer domesticado: los inimaginables recursos del ser humano.* Barcelona: Editorial Obelisco.

Rizzolati, G. (2006). *Las neuronas espejo: los mecanismos de la empatía emocional.* Paidós Ibérica.

Rosen, S. (2009). *Mi voz irá contigo: cuentos didácticos de Milton Erickson.* Paidós Ibérica.

Rothschild, B. (2015). *El cuerpo recuerda. La psicofisiología del trauma y el tratamiento del trauma.* Barcelona: Editorial Eleftheria.

Satprem. (1989). *La mente de las células.* Editorial Edaf.

Sellam, S. (2009). *Principios de Psicosomática Clínica. Cuando el espíritu influencia al cuerpo.* Ediciones Bérangel.

Simonton, C. (1993). *Sanar es un viaje.* Editorial Urano.

Simonton, S.; Simonton, C.; Creighton, J. (1998). *Recuperar la salud: una apuesta por la vida.* Los libros del comienzo.

Scott, M J.; Stradling, S G. (1992). *Counseling for Post-Traumatic Stress Disorder.* London: Sage Publications.

Soulier, O. (2013). *Historias de vida. Mensajes del cuerpo.* Francia: Editions Sens & Symboles.

Tolle, E. (2013). *Una nueva tierra.* Grijalbo.

Van der Kolk, B. (1994). *El cuerpo lleva la cuenta: cerebro, mente y cuerpo en la superación del trauma.* Harvard Review of Psychiatry.

Whitaker, R. (2015). *Anatomía de una epidemia.* Capitán Swing.

Yehuda, R. y otros autores. (1990). *Low urinary cortisol excretion in patients with posttraumatic stress disorder.* The Journal of nervous and mental disease. Volumen 178. Número 6. Páginas 366-369.

Yehuda, R., McFarlane, A. (1995). *Conflict between current knowledge about posttraumatic stress disorder and its original conceptual basis.* American Journal of Psychiatry. Volumen 152. Número 12. Páginas 1705-1713.

Yehuda, R. (1997). *Psychobiology of posttraumatic stress disorder.* Edited by Rachel Yehuda and Alexander C. McFarlane.

Artículos en línea

American Cancer Society. (2016). *Factores de riesgo del cáncer de páncreas.* [en línea]. Disponible en: http://www.cancer.org/espanol/cancer/cancerdepancreas/guiadetallada/cancer-de-pancreas-causes-risk-factors. [fecha de consulta: Septiembre 2016.]

Rincón, Laura. (2008). *Terapia de Contención.* [en línea]. Disponible en: http://terapiadecontencionchile.blogspot.com.es/ [fecha de consulta: Septiembre 2016.]

Federación Española de Asociaciones de Ayuda al Déficit de Atención e Hiperactividad. (Sin fecha), *Sobre el TDAH.* [en línea]. Disponible en: http://www.feaadah.org/es/sobre-el-tdah/ [fecha de consulta: Septiembre 2016.]

Índice de Películas

Annaud, Jean-Jacques. (Director). (1981). *En busca del fuego* (Título Original: *La guerre du feu*). [Película]. Francia: Belstar Productions / Ciné Trail / Famous Players / International Cinemedia Center / Royal Bank / Stéphan Films.

Barnz, Daniel. (Director). (2014). *Cake* [Película]. Estados Unidos: Cinelou Films / We're Not Brothers Productions.

Boone, Josh. (Director). (2014). *Bajo la misma estrella* (Título Original: *The Fault in Our Stars*). [Película]. Estados Unidos: Fox 2000 Pictures / Temple Hill Entertainment.

Chapman, Michael. (Director). (1985). *El clan del oso cavernario* (Título Original: *The Clan of the Cave Bear*). [Película]. Estados Unidos: Warner Bros.

Coixet, Isabel. (Director). (2003). *Mi vida sin mí* (Título Original: *My Life Without Me*). [Película]. España: El Deseo S.A. / Milestone Productions Inc.

Coixet, Isabel. (Director). (2005). *La vida secreta de las palabras.* [Película]. España: El Deseo S.A. / Mediapro.

Daldry, Stephen. (Director). (2008). *El lector* (Título Original: *The Reader*). [Película]. Estados Unidos: The Weinstein Company / Mirage Enterprises / Neunte Babelsberg Film.

Haines, Randa. (Director). (1991). *El doctor* (Título Original: *The Doctor*). [Película]. Estados Unidos: Touchstone Pictures / Silver Screen Partners IV.

Hooper, Tom. (Director). (2010). *El discurso del Rey* (Título Original: *The King's Speech*). [Película]. Reino Unido: UK Film Council / The Weinstein Co. / Momentum Pictures / Aegis Film Fund / Molinare London / Filmnation Entertainment.

Jonze, Spike. (Director). (2002). *El ladrón de orquídeas* (Título Original: *Adaptation*). [Película]. Estados Unidos: Columbia Pictures / Intermedia.

Kurosawa, Akira. (Director). (1952). *Vivir* (Título Original: *Ikiru*). [Película]. Japón: Toho Company.

Levine, Jonathan. (Director). (2011). *50/50.* [Película]. Estados Unidos: Summit Entertainment / Mandate Pictures / Relativity Media.

Linklater, Richard. (Director). (2014). *Momentos de una vida* (Título Original: *Boyhood*). [Película]. Estados Unidos: IFC Films.

Malaterre, Jacques. (Director). (2007). *El amanecer del hombre* (Título Original: *Le sacre de l'homme*). [Película, Documental]. Francia: uFilm / France 2 (FR2).

Malaterre, Jacques; Chip Proser. (Directores). (2005). *Homo sapiens.* [Película, Documental]. Francia: Ballistic Pictures.

Malaterre, Jacques; Javier G. Salanova. (Directores). (2003). *La odisea de la especie* (Título Original: *L'Odyssée de l'espèce*). [Miniserie de TV, Documental]. Francia: France 3 Cinéma / RTBF / Mac Guff Ligne / Transparences Productions / 17 Juin Production.

Muccino, Gabriele. (Director). (2006). *En busca de la felicidad* (Título Original: *The Pursuit of Happiness*). [Película]. Estados Unidos: Columbia Pictures / Overbrook Entertainment / Escape Artists.

Napier, James. (Director). (2014). *El caballo negro* (Título Original: *The Dark Horse*). [Película]. Nueva Zelanda: Columbia Pictures.

Nelson, Jessie. (Director). (2001). *Yo soy Sam* (Título Original: *I Am Sam*). [Película]. Estados Unidos: Columbia Pictures / Overbrook Entertainment / Escape Artists.

Nichols, Mike. (Director). (2001). *Amar la vida* (Título Original: *Wit*). [Película]. Estados Unidos: HBO Films / Avenue Pictures Productions.

Pool, Léa. (Director). (2004). *La mariposa azul. En busca del sueño.* (Título Original: *The Blue Butterfly*). [Película]. Canadá: Alliance Atlantis Films / Odeon Films / Galafilm Productions / Global Arts Productions.

Ramis, Harold. (Director). (1993). *El día de la marmota* (Título Original: *Groundhog Day*). [Película]. Estados Unidos: Columbia Pictures.

Resnais, Alain. (Director). (1980). *Mi tío de América* (Título Original: *Mon oncle d'Amérique*). [Película]. Francia: Philippe Dussart / Andrea Films / TF1.

Saura, Carlos. (Director). (1989). *La noche oscura.* [Película]. España: Andrés Vicente Gómez.

Segal, Peter. (Director). (2003). *Ejecutivo agresivo* (Título Original: *Anger Management*). [Película]. Estados Unidos: Columbia Pictures.

Turteltaub, Jon. (Director). (2000). *El chico* (Título Original: *The Kid*) [Película]. Estados Unidos: Walt Disney Pictures.

Winkler, Irwin. (Director). (2001). *La casa de mi vida* (Título Original: *Life as a House*). [Película]. Estados Unidos: New Line Cinema.

Referencias Prólogo Marcelo R. Ceberio

Abuín, M. R., & Rivera, L. D. (2014). *La medición de síntomas psicológicos y psicosomáticos: el Listado de Síntomas Breve* (LSB-50). Clínica y Salud, 25(2), 131-141.

Bateson, G. (1972). *Step to an ecology of mind. USA: Ballantines Books.* Versión cast. (1976). *Pasos hacia una ecología de la mente.* Buenos Aires: Carlos Lohlé.

Bateson, G y Ruesch, J. (1984) *Communication. The Social Matrix of Psychiatry. Norton & Company,* Nueva York. Versión cast. *Comunicación, la matriz social de la psiquiatría.* Paidós, Barcelona.

Bateson, Gregory (1979) *Mind and Nature. A Necessary Unity. E. P. Dutton,* New York, 1979. Versión cast. *Espíritu y naturaleza.* Amorrortu, Buenos Aires.

Bonet, Jose. (1998-2003) *El estrés como factor de vulnerabilidad: de la molécula al síndrome.* Gador. Buenos Aires.

Church, D., Hawk, C., Brooks, A. J., Toukolehto, O., Wren, M., Dinter, I., & Stein, P. (2013). *Psychological trauma symptom improvement in veterans using emotional freedom techniques: a randomized controlled trial.* The Journal of nervous and mental disease, 201(2), 153-160.

Goleman, Daniel (1996) *La inteligencia emocional.* Javier Vergara. Buenos Aires.

Le Doux, Joseph (1999) *El cerebro emocional.* Planeta. Barcelona.

McEwen BS. (2006) *Protective and damaging effects of stress mediators: central role of the brain.* Dialogues Clin Neurosci. 8 (4): 367-81. USA.

Pert C (2003) *The moleculum of emotion.* Simon and Shuster. USA.

Selvini Palassoli, Mara (1975) *Paradosso e contraparadosso. Un nuovo modello nella terapia della famiglia a transazione schizofrénica.* Feltrinelli. Milán. 1975. Versión cast. (1988) *Paradoja y Paradoja. Un nuevo modelo en la terapia de la familia de transacción esquizofrénica.* Paidós. Barcelona.

Selvini Palassoli, M. ; Cirillo, S. ; Selvini M. ; Sorrentino, A. (1988) *I giocchi psicotici nella famiglia.* Raffaello Cortina, Milano. Versión cast. (1990) *Los juegos psicóticos de la familia.* Paidós. Barcelona.

Sterling P, Eyer J. (1988) *Allostasis: a new paradigm to explain arousal pathology.* En: Fisher S, Reason J, editors. *Handbook of life stress, cognition and health.* New York. John Wiley. New York.

Otras publicaciones de
Gaia ediciones

De la misma autora

EL REFLEJO DE NUESTRAS EMOCIONES
La descodificación de los sentimientos a través del cine
ÁNGELES WOLDER HELLING

El reflejo de nuestras emociones te propone conocer la Descodificación Biológica de tus sentimientos a través de más de 200 películas en las que podrás ver reflejada tu propia historia y descubrir así cuál es el conflicto que ha modelado tu camino de vida, para que, en caso de que lo desees, puedas escoger otra manera de vivir.

Gaia ediciones

AMAR SIN SUFRIR

El libro de los hijos

VIRGINIA BLANES

Amar sin sufrir aborda los obstáculos y las inercias personales y familiares que se repiten generación tras generación y, a la vez que ilumina nuestras heridas emocionales más antiguas, nos ayuda a liberarnos de la tendencia o la necesidad de juzgar sus causas.

EL ARTE DE PARAR EL TIEMPO

Mindfulness práctico para gente ocupada

PEDRAM SHOJAI

¿Qué ocurriría si tuvieses tiempo para lograr lo que quieres en la vida?

¿Qué pasaría si en lugar de sentirte sin tiempo para nada, fueras capaz de lograr abundancia de tiempo?

Gaia ediciones

LAS FUERZAS DEL AMOR
Las nuevas constelaciones familiares

Brigitte Champetier de Ribes

Las fuerzas del amor, de Brigitte Champetier de Ribes, nos lleva a la esencia de las constelaciones familiares y de la vida a través de una comprensión actualizada de los Órdenes del Amor expuestos por Bert Hellinger.

EMPEZAR A CONSTELAR
Apoyando los primeros pasos del constelador, en sintonía con el movimiento del espíritu

Brigitte Champetier de Ribes

Es este un libro eminentemente práctico que aporta pistas y posibilita nuevas tomas de consciencia, crecimiento continuo, creatividad e investigación a través de todo un abanico de ejercicios fenomenológicos y sistémicos: cómo hacer el vacío, purificarse, vivir las órdenes del amor y de la ayuda, etc.

Gaia ediciones

EL LENGUAJE DEL ALMA

El arte de escuchar la vida y alinearse con ella

JOSEP SOLER SALA

En *El lenguaje del alma* descubrirás que la respuesta es definitivamente SÍ: sí, la Vida es sabia; sí, todo lo que ocurre en la vida y en el cuerpo tiene sentido; y sí, hay alguien que siempre está ahí para nosotros, y ese alguien es nuestra alma.

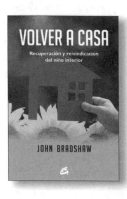

VOLVER A CASA

Recuperación y reivindicación del niño interior

JOHN BRADSHAW

Volver a casa es la obra en la que se expone dicho método como un conjunto bien ordenado de pautas y técnicas que permiten averiguar si en algún momento de nuestro pasado sufrimos una herida limitante, y aprender el modo de reconectar y recuperar de forma gradual y eficaz los recursos, las energías y la motivación que quedaron extraviados en la infancia.

Gaia ediciones

ESTE DOLOR NO ES MÍO
Identifica y resuelve los traumas familiares heredados

MARK WOLYNN

Las raíces de nuestras dificultades actuales se remontan en muchos casos a antiguos traumas familiares sin resolver, una carga que pasa inadvertida de generación en generación y que ahora podemos liberar, acabando así con el ciclo heredado de dolor.

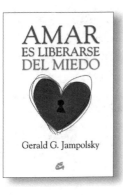

AMAR ES LIBERARSE DEL MIEDO

GERALD G. JAMPOLSKY

Amar es liberarse del miedo ha servido de guía a millones de lectores en el camino de la autosanación gracias a la profundidad, el poder y la sencillez de su mensaje. Abraza sus palabras con una mente abierta y un corazón decidido y permite que ellas te dirijan a una vida en la que la negatividad, la duda y el miedo se sustituyen por optimismo, alegría y amor.

Gaia ediciones

DE LA CODEPENDENCIA A LA LIBERTAD

Cara a cara con el miedo

JOSEP SOLER SALA

Es éste un libro para todos aquellos que desean investigar los aspectos más profundos de su vida. El enfoque y el mensaje son sencillos: a través de la aceptación, la comprensión y la amplitud podemos descubrir y sanar las heridas más profundas de nuestra alma.

JUEGOS MINDFULNESS

Mindfulness y meditación para niños, adolescentes y toda la familia

SUSAN KAISER GREENLAND

Los Juegos mindfulness son una forma maravillosa de fomentar en los niños la capacidad de concentración a la vez que se les enseña a regular sus emociones y a responder a cualquier situación con serenidad, bondad y compasión.

Para más información
sobre otros títulos de
GAIA EDICIONES

visita
www.alfaomega.es
Email: alfaomega@alfaomega.es
Tel.: 91 614 53 46